111 GRÜNDE, DEN TSV 1860 MÜNCHEN ZU LIEBEN

Claus Melchior

111 GRÜNDE, DEN TSV 1860 MÜNCHEN ZU LIEBEN

Eine Liebeserklärung an den großartigsten Fußballverein der Welt

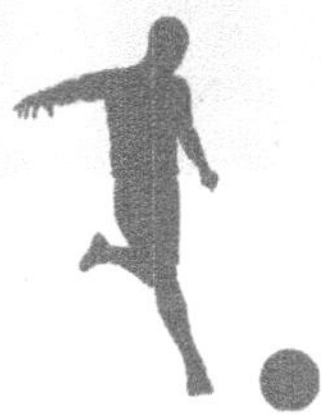

Aktualisierte und erweiterte Neuausgabe. Mit elf Bonusgründen!

WIR SIND DER ZWÖLFTE MANN, FUSSBALL IST UNSERE LIEBE!

INHALT

VON LÖWEN UND DER JAGD NACH DEM GLÜCK

VORWORT

»Ja; renn nur nach dem Glück
doch renne nicht zu sehr!
Denn alle rennen nach dem Glück
Das Glück rennt hinterher.«

Bertolt Brecht, »Das Lied von der Unzulänglichkeit des menschlichen Strebens«

Seit über 150 Jahren gibt es den TSV München von 1860, seit über 100 Jahren wird in diesem Verein Fußball gespielt. Der Verein gehört zu München wie das Hofbräuhaus, die Isar und Karl Valentin. Um die Fußballer des Vereins ranken sich Mythen und Legenden, sie feierten große Erfolge und erlebten Zeiten tiefen Niedergangs. Aus der Bedeutung des Vereins und seinen Erfolgen ist ein Anspruch erwachsen, der nicht leicht einzulösen ist. Das verursacht Leiden, vor allem bei den Fans, aber der immer neue Anlauf, das Glück zu fassen zu bekommen, macht irgendwie ja auch den Reiz der Sache aus.

Seit nunmehr zehn Jahren spielen die Löwen in der 2. Liga und arbeiten sich an dem Versuch ab, in die Bundesliga zurückzukehren. Und obwohl es in der Stadt noch einen weiteren, nicht ganz unbedeutenden Fußballclub gibt, hat das Interesse am TSV 1860 nicht nachgelassen. Kaum ein Zweitligist kann eine größere Fangemeinde für sich reklamieren, die Medien schenken ihm große Aufmerksamkeit, von wichtigen Sitzungen und Versammlungen wird mit Livetickern im Internet berichtet. All das mag auch darin begründet sein, dass es im Verein meist recht turbulent zugeht, dass er immer neue Geschichten schreibt, aber es zeugt in erster Linie von der festen Verankerung des Vereins im Leben der Stadt.

Leicht haben es die Löwen ihren Anhängern in den letzten Jahren also nicht gemacht. Doch der Sommer 2013 könnte der

Beginn neuer Einheit sein. Mit überwältigender Mehrheit hat die Mitgliederversammlung einen neuen Präsidenten gewählt, der sich damit einer Legitimierung erfreuen kann, wie kaum einer seiner Vorgänger. Der Videotext einer großen Fernsehanstalt sprach gar von »einer für 1860-Verhältnisse harmonischen Versammlung«. Erstmals seit Jahren wird das Ziel des Wiederaufstiegs wieder offensiv vertreten. Die Hoffnung gehört zum Verein wie das Leiden, warten wir ab, ob sich das Glück diesmal erhaschen lässt oder ob der Löwenblues die Fans erneut ergreifen wird.

Eine große Münchner Tageszeitung beschrieb den TSV 1860 einmal als Verein zwischen »Tradition und Chaos«, zwischen »Euphorie und Komödiantenstadl«. Anders gesagt: 1860, das ist das pralle Leben. Wie könnte man einen solchen Verein nicht lieben. All jenen, die das seit Jahren in nicht geringer Zahl tun, reicht eigentlich ein einfacher Grund: »Einmal Löwe, immer Löwe«. Allen anderen werden in diesem Buch 110 weitere Gründe geliefert. Dabei geht es um große Spiele und herbe Pleiten, Spielerpersönlichkeiten und Paradiesvögel, gute Zeiten und schlechte Zeiten, den ganz normalen Wahnsinn eines keineswegs normalen Fußballvereins also.

Claus Melchior

Vorwort zur zweiten Auflage

In der kurzen Zeitspanne seit Abfassung dieses Vorworts ist viel passiert und nichts hat sich geändert. Die Hoffnungen, das im Sommer 2013 mit großer Mehrheit von den Mitgliedern gewählte Präsidium könne nun in Ruhe und mit Erfolg wirken, erfüllten sich nicht. Ein spitzfindiges Vereinsmitglied sah die Legitimität der Wahl durch einen Formfehler in Frage gestellt und brach einen bizarren Rechtsstreit vom Zaun, der die Handlungsfähigkeit des Vereins in Frage stellte. Gehandelt wurde im Personalbereich dennoch: Trainer kamen und mussten wieder gehen; auch der kaufmännische Geschäftsführer, der Geschäftsführer Sport und nicht zuletzt große Teile der Mannschaft wurden ausgetauscht. In die Saison 2014/15 ging man mit einer neu zusammengestellten Weltauswahl. Die zwischenzeitliche Übernahme der Roten Laterne mag Abstiegskampf suggerieren, und es könnte sein, dass mal wieder der eigene Nachwuchs die Kastanien aus dem Feuer holen muss, doch selbstverständlich steht der lang ersehnte Wiederaufstieg ins Oberhaus weiterhin unmittelbar bevor. Münchens große Liebe bleibt sich treu!

Claus Melchior, im November 2014

Vorwort zur dritten Auflage

Wir könnten dieses Vorwort mit dem gleichen Satz wie die Einleitung zur 2. Auflage beginnen. Allein, mit dem Glauben an den vermeintlich unmittelbar bevorstehenden Aufstieg kann man keine Scherze mehr machen, der hat sich in der Tat verflüchtigt angesichts einer bisher weitgehend auf Abstiegsrängen verbrachten Saison 2015/16.

Doch eine Englische Woche mit drei Siegen in sieben Tagen lässt die Hoffnung wachsen, die Saison könne als die Spielzeit des großen Frühlingserwachens in die Vereinsgeschichte eingehen. Und wann jemals hätte eine große Liebe nicht auch schlechte Zeiten aushalten müssen?

Claus Melchior, im März 2016

Vorwort zur vierten Auflage

Was soll man sagen? 1860 spielt in der Regionalliga, die Suche nach dem Glück geht weiter, eine neue Liga ist wie ein neues Leben, die Liebe der Fans bleibt, und die Hoffnung stirbt zuletzt …

Claus Melchior, im Dezember 2017

1. KAPITEL

EINMAL LÖWE, IMMER LÖWE

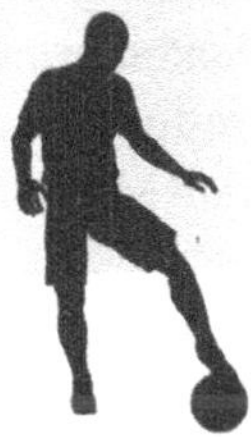

1. GRUND

Weil: »Einmal Löwe, immer Löwe«

Hobbyfußballer kicken im Park auf der grünen Wiese und ihr Tun erregt allenfalls das Interesse vorbeikommender Spaziergänger. Organisierte Hobbyfußballer kicken auf Sportplätzen in den unteren Spielklassen vor kleiner Kulisse. Spitzenfußballer kicken vor zahlreichen Zuschauern in Stadien und Arenen, sie werden dafür bezahlt und ihre Vereine sind auf das Publikumsinteresse angewiesen, um den Spielbetrieb finanzieren zu können.

Ein einfaches Tauschgeschäft also, die Spieler zeigen Leistung und die Vereine bekommen Geld vom zahlenden Publikum in den Stadien und von den Fernsehanstalten, denen die Zuschauer gute Quoten bringen? Nein, so einfach ist es nicht. Fußball ist kein ein Produkt, das der Kunde je nach Qualität mit Zuspruch belohnt oder Missachtung straft. Die Form der Kundenbindung ist eine ganz andere. Fans gehen mit ihrem Verein durch Dick und Dünn, sie bleiben treu durch alle Höhen und Tiefen, die Beziehung zum Verein ist oft die intensivste und dauerhafteste eines ganzen Lebens. Und wenn es einen Verein gibt, dessen Fans dies in beispielhafter Weise belegen, dann ist es der TSV München 1860.

Spätestens seit den Zwanzigerjahren des vorigen Jahrhunderts, als der Verein sich in der Spitze des Münchner Fußballs etablierte und erstmals auch überregional für Aufsehen sorgte, können sich die Löwen auf eine breite Fanbasis stützen. Diese trug den Verein in den sportlich eher bescheidenen Fünfzigerjahren, begleitete ihn in die Bundesliga und zu den größten Erfolgen der Vereinsgeschichte und blieb auch nach dem ersten Bundesligaabstieg unverändert treu.

In jenen Jahren galt es als ausgemacht, dass 1860 der beliebteste Verein der Stadt mit der größten Anhängerschaft war; als ältester und erfolgreichster Sportverein der Isarmetropole war man in allen

Gesellschaftsschichten verwurzelt. Letzteres hat sich bis heute nicht geändert, auch wenn der inzwischen übermächtige Lokalrivale nicht nur im ganzen Land sondern auch in der Stadt an Zuspruch gewonnen hat.

Der TSV 1860 hat es seinen Fans selten leicht gemacht, vielleicht macht aber gerade das den Reiz des Vereins aus. Siege feiern ist einfach; auch in schwierigen Zeiten engagiert zu bleiben, zeugt von wahrer Treue. Dieses Engagement zeigten die Löwen-Fans in großem Maße nach dem Zwangsabstieg im Jahre 1982, anders wäre ein Jahrzehnt in der Drittklassigkeit kaum zu überstehen gewesen. Die Treue wurde später mit einer Dekade in der Erstklassigkeit belohnt. Inzwischen macht der Verein erneut schwierige Zeiten durch und immer noch kann er sich der Unterstützung einer großen Fangemeinde erfreuen, auch wenn diese mitunter der Verzweiflung nahe sein mag.

Rational erfassbar ist das natürlich nicht, aber nicht jedes Phänomen bedarf einer rationalen Erklärung. Und gerade der Fußball hat ohnehin nicht unbedingt viel mit Vernunft zu tun. Vermutlich muss man einfach von der Existenz eines Löwenvirus ausgehen, der einmal Infizierte ein Leben lang nicht mehr los lässt. Löwen-Fans wissen: Einmal Löwe, immer Löwe!

2. GRUND

Weil der TSV 1860 der älteste Münchner Sportverein ist

TSV steht für Turn- und Sportverein. Doch bevor der Sport Aufnahme in den Vereinsnamen fand, kam das Turnen. Das sind jene seltsamen Übungen an merkwürdigen Geräten, mit denen uns die Lehrer im Sportunterricht quälten, obwohl, oder gerade weil, wir viel lieber Fußball gespielt hätten. Erfunden hat diese Tortur der »Turnvater« Friedrich Ludwig Jahn, nach dem bis heute Straßen und Plätze benannt sind. Jahn wollte im frühen 19. Jahrhundert die deutsche Jugend für den Kampf gegen die französischen Besatzer kräftigen. Die Turner waren Bannerträger eines Freiheitskampfes und verfolgten demokratische Ideale, aber sie waren auch ein Hort von Deutschtümelei und Fremdenfeindlichkeit, fortschrittlich und reaktionär in einem also. Nach dem Ende der napoleonischen Kriege galt die Bewegung den Herrschenden immerhin als subversiv genug, um sie nach Kräften zu unterdrücken. Die Organisation in Vereinen blieb bis 1840 verboten.

Im Revolutionsjahr 1848 endlich vereinten sich auch in München die Turner in einem Verein. Er nannte sich Münchner Turnverein und war der erste seiner Art in der Stadt. Die liberale Revolution scheiterte jedoch in ganz Deutschland, die Reaktion gewann erneut die Oberhand und in München wurde der gerade erst gegründete Turnverein bereits im Jahre 1850 wieder verboten. Doch bereits zehn Jahre später kamen einige Mitglieder des verbotenen Vereins wieder zusammen und beschlossen am 16. Mai 1860 eine Neugründung, die sie zunächst mit dem Namen »Verein zur körperlichen Ausbildung« tarnten. 1862 kehrte man zum ursprünglichen Namen zurück und seit 1866 nannte man sich Turnverein München.

Diesmal sollte das Projekt von Dauer sein. Mit der 1871 vollzogenen Reichsgründung war ein wesentliches Ziel der Turnbewegung erreicht und wie den meisten Deutschen war den Turnern die Einheit wichtiger als die Demokratie. Spätestens damit verlor die Bewegung ihren Schrecken für die Herrschenden und man konnte sich auf den Weg in die Mitte der Gesellschaft begeben. Und so entwickelte sich der im Südosten der Stadt beheimatete Turnverein München zu einem großen bürgerlichen Turnverein, dessen Mitglieder vorwiegend aus den so genannten »besseren Kreisen« kamen, die das Ziel körperlicher Ertüchtigung verfolgten und auch am gemütlichen gemeinschaftlichen Vereinsleben Gefallen fanden.

An Fußball war in jener Zeit noch nicht zu denken; der junge Sport, der in England zunehmend an Popularität gewann, hatte in

Deutschland noch nicht recht Fuß gefasst. In München sollte dies, im Vergleich zu anderen deutschen Städten ohnehin recht lange dauern, denn erst 1896 wurde in der Isarmetropole der erste Fußballverein mit Namen Terra Pila gegründet. Die Turner allerdings hatten ein Problem: die Jugend verlor zunehmend das Interesse an der stark reglementierten Turnerei, bei der zudem nicht der Leistungsgedanke im Vordergrund stand. Ballspiele, darunter auch und besonders der Fußball, weckten erheblich größere Begeisterung.

Auch beim Turnverein München konnte man sich dieser Entwicklung nicht verschließen und so gründete man im Jahre 1899 eine »Spielriege«. Dieses Jahr gilt bis heute offiziell als Gründungsjahr der Fußballabteilung des TSV 1860. Ob in der Spielriege jedoch tatsächlich von Anfang an auch Fußball gespielt wurde, ist nicht so sicher. Möglich, dass man sich zunächst »Turnspielen« wie Schlagball oder Faustball widmete. Ihr erstes Spiel absolvierten die Fußballer von 1860 jedenfalls erst am 27. Juli 1902 gegen den 1. Münchner Fußballclub 1896, wie sich die Pioniere von Terra Pila inzwischen nannten. Drei Jahre ganz ohne Wettspiel, das ist eine lange Zeit, normalerweise wagten sich Fußballvereine und Fußballabteilungen nach ihrer Gründung wesentlich schneller an Vergleiche mit anderen Teams.

Wie auch immer, der Grundstein war gelegt und das Fußballspiel sollte fortan auch im Turnverein München eine Heimat haben. Die Turner taten sich zwar immer noch schwer mit der neuen Sportbewegung, zu der auch die bei 1860 ebenfalls populäre Leichtathletik gehörte, doch aufhalten konnten sie sie nicht. Diese Entwicklungen fanden 1919 ihren Niederschlag in der Umbenennung des Vereins in Turn- und Sportverein München von 1860. Und auf ihre Tradition als ältester Münchner Sportverein sind die Löwen bis heute mit vollem Recht stolz.

3. GRUND

Weil: »Wir kommen wieder!«

Ein Österreicher soll einmal einer guten Fee begegnet sein, die ihm die Erfüllung eines Wunsches in Aussicht stellte. »Dann hätt' ich gern das ewige Leben«, sagt er. Daraufhin die Fee: »Tut mir leid, das übersteigt meine Möglichkeiten. Was darf's stattdessen sein?« – »Dann möcht' ich an dem Tag sterben, an dem Österreich Fußball-Weltmeister wird!« – »Du Gauner«, entgegnet die Fee voller Respekt. Böse Zungen behaupten, der Witz funktioniere auch, wenn der Mann sich den Tod am Tag der Rückkehr des TSV 1860 in die Bundesliga wünschen würde. Löwen-Fans glauben dies natürlich nicht, sondern gehen davon aus, dass ein solcher Wunsch ein schnelles Ableben zur Folge haben würde.

Worauf stützt sich die optimistische Hoffnung auf eine baldige Wiederkehr? Fans des TSV 1860 betrachten die höchste Spielklasse als das natürliche Habitat der Fußballmannschaft des Vereins und in nahezu drei Vierteln der Jahre seit Beginn des organisierten Fußballsports in München bewegte man sich auch in diesen Regionen.

Man begann in der Saison auf 1905/06 auf höchster Ebene. Die erste Unterbrechung brachte der Abstieg aus der damaligen Ostkreisliga in der Saison 1912/13, der unter überaus undurchsichtigen Begleiterscheinungen zustande kam. Der FC Wacker München zog mit zwei Siegen in Nachholspielen gegen den 1. FC Nürnberg noch an 1860 vorbei, die er der Papierform nach nie hätte erringen dürfen. Für einen Bestechungsversuch der Wackeraner gab es einige Indizien, der Verband verfügte jedoch keine Bestrafung. Die Löwen atmeten tief durch und kehrten gleich in der folgenden Saison in die oberste Liga zurück, in der sie sich bis in die 1950er unangefochten behaupteten.

In der Oberliga Süd ging es zweimal nach unten, zum ersten Mal 1953. Die Rückkehr gelang zwei Jahre später, doch noch einmal musste man zurück in die 2. Oberliga Süd. Mit dem Aufstieg in der Saison 1956/57 war diese kurze Episode als Fahrstuhlmannschaft abgeschlossen.

Es folgten die erfolgreichsten Jahre der Vereinsgeschichte, doch 1970, nur vier Jahre nach dem Meistertitel, musste man in die Regionalliga Süd, wie die zweithöchste Spielklasse nun hieß. Ein Schock, sicher, aber wohl auch nur ein Betriebsunfall, so dachte man. Doch Spielzeit um Spielzeit verfehlte man den Wiederaufstieg und die Geduld der Fans wurde auf eine harte Probe gestellt. Der Glaube ging jedoch nie verloren und fand seinen Ausdruck in der Parole »Wir kommen wieder!« Sogar Buttons mit dieser Aufschrift wurden verkauft und erlaubten den Fans, ihre Überzeugung zur Schau zu stellen.

Nach sieben mageren Jahren war es endlich soweit. Unter Trainer Heinz Lucas gelang in der Saison 1976/77 die Rückkehr in die Bundesliga. Doch es folgten nicht etwa sieben (oder mehr) fette Jahre, nein, man fand sich erneut im Fahrstuhl wieder. 1978 ging es zurück in die 2. Liga, 1979 wieder nach oben, diesmal hielt man sich zwei Jahre, nach dem erneuten Abstieg wurde der Wiederaufstieg knapp verfehlt und wegen des Lizenzentzugs durch den DFB musste man gar in die drittklassige Bayernliga.

Sicher nur vorübergehend, so auch diesmal die einhellige Meinung unter den Fans. Doch der Aufenthalt in der Bayernliga markierte die zweite große Geduldsprobe und wiederum hieß es in unverbrüchlicher Treue »Wir kommen wieder!« 1991 war es endlich soweit und der Verein kehrte in die 2. Liga zurück. Auch diesmal gab es den Rückschlag in Form des sofortigen Abstiegs, dann aber ging es 1992/93 und 1993/94 zweimal nach oben und endlich gehörte 1860 wieder der Liga an, die man so lange nur aus der Ferne verfolgt hatte.

Zehn Jahre konnte man sich in der Bundesliga halten. Der Abstieg im Jahre 2003/04 kam überraschend und war ebenso dumm wie überflüssig. Trotz angespannter finanzieller Lage hätten wohl die wenigsten erwartet, dass es zu einer über ein Jahrzehnt währenden Geduldsprobe kommen würde, die in der Viertklassigkeit endete. Doch irgendwann hat es bisher noch immer geklappt mit dem Gang nach oben und deshalb gilt weiterhin der Glaubenssatz: »Wir kommen wieder!«

4. GRUND

Weil der TSV 1860 auf der Meisterschale steht

So viele Vereine sind es gar nicht, die sich schon einmal Deutscher Fußballmeister nennen durften. Und der TSV München 1860 gehört dazu, war sogar einer der ersten, dem dies in der damals gerade erst eingeführten Bundesliga gelang. Weshalb die Meisterlöwen der Saison 1965/66 bis heute einen Ehrenplatz in der Vereinsgeschichte einnehmen.

Auch wenn es die erste Meisterschaft war, aus heiterem Himmel kam sie nicht. Schließlich war man 1963 letzter Meister der Oberliga Süd geworden, hatte 1964 den DFB-Pokal gewonnen und 1965 das Finale des Europapokals der Pokalsieger erreicht. Signifikante Abgänge waren vor der Saison 1965/66 nicht zu verzeichnen, wohl aber mit Timo Konietzka von Borussia Dortmund und dem Jugoslawen Željko Perušić zwei Neuzugänge, die als Verstärkungen gelten durften. Kein Wunder also, dass die Löwen zusammen mit den beiden ersten Bundesligameistern 1. FC Köln und Werder Bremen sowie Borussia Dortmund vor der Saison zum engeren Favoritenkreis gehörten. Auch bei Trainer Max Merkel, der seine Mannschaft unter den ersten zwei der Tabelle erwartete.

Nicht auf der Rechnung hatten die Experten den gerade aufgestiegenen Lokalrivalen FC Bayern, den die Löwen am 1. Spieltag im ausverkauften Stadion an der Grünwalder Straße empfingen. Es wurde eine gnadenlose Treterei, am Ende reichte ein Tor von

Timo Konietzka aus der 1. Minute zum ersten Saisonsieg. Klare Erfolge beim 1. FC Nürnberg (4:1) und gegen Hannover 96 (5:0) brachten nach drei Spieltagen erstmals die Tabellenführung, die jedoch nach einem 0:3 in Kaiserslautern gleich wieder verloren ging. Ein Spaziergang sollte der Weg zum Titel nicht werden. Erst am 8. Spieltag kehrte man an die Tabellenspitze zurück, die man dann allerdings bis zum Ende der Vorrunde behaupten sollte. Wichtig dabei vor allem 2:1-Heimsiege gegen die direkten Konkurrenten aus Köln und Dortmund am 7. und 16. Spieltag.

Als härtester Verfolger entpuppten sich aber zunächst die überraschend starken Bayern, die sich mit einem klaren 3:0-Derbysieg zum Rückrundenauftakt bis auf einen Punkt an die Löwen heran schieben konnten. Am 22. Spieltag übernahmen sie sogar die Führung, wobei 1860 allerdings noch ein Nachholspiel in Hinterhand hatte. Zwei Spieltage später, nach einem 1:3 beim 1. FC Köln, standen die Löwen jedoch nur noch auf Platz 3 hinter den Borussen und den Bayern, Nachholspiel hin oder her. Das Verhältnis zwischen Trainer und Mannschaft war nicht das beste und so langsam schienen den Spielern die Kräfte auszugehen. Nach dem 30. Spieltag stand das Spitzentrio punktgleich auf den vorderen Plätzen, die Verfolger, auch der 1. FC Köln und Werder Bremen, waren abgeschlagen. Zwei Spieltage später lagen Borussia Dortmund und 1860 immer noch gleichauf, einen Punkt dahinter die Bayern. Würden sie nach dem Spitzenduell vom 33. Spieltag der lachende Dritte sein? Nein, denn die Löwen zeigten am 21. Mai 1966 in Dortmund eine konzentrierte Leistung und eroberten mit einem 2:0 durch Tore von Rudi Brunnenmeier und Peter Grosser in der 66. und 89. Minute die Tabellenführung zurück. Die Bayern hatten sich mit einem 1:4 gegen den 1. FC Köln selbst aus dem Rennen genommen, und so würde am letzten Spieltag ein Unentschieden gegen den Hamburger SV zum endgültigen Titelgewinn reichen. Dieses Spiel endete 1:1, und da die Borussen gleichzeitig in Frankfurt untergingen, hätte sogar eine Niederlage keinen Schaden mehr angerichtet.

Gerade mal fünfzehn Spieler waren im Laufe der Saison für 1860 zum Einsatz gekommen, aus heutiger Sicht unvorstellbar, auch wenn es zu berücksichtigen gilt, dass damals noch nicht ausgewechselt werden durfte. Hier die Namen der fünfzehn Helden: Petar Radenković, Bernd Patzke, Hans Reich, Manfred Wagner, Rudolf Zeiser, Rudolf Steiner, Željko Perušić, Peter Grosser, Otto Luttrop, Wilfried Kohlars, Friedhelm Konietzka, Alfred Heiß, Rudolf Brunnenmeier, Hans Rebele, Hans Küppers. Nicht unerwähnt bleiben sollen auch die restlichen Mitglieder des Kaders: Ersatztorwart Wilfried Tepe sowie Hans Fischer, Ludwig Bründl, Helmut Richert, Ernst Winterhalter und Alfred Kohlhäufl. Erstaunlicherweise absolvierten nur die beiden Jugoslawen Radenković und Perušić alle 34 Spiele.

Die Löwen hatten die meisten Tore erzielt und die drittbeste Abwehr gestellt, man führte die Auswärts- und die Hinrundentabelle an, war daheim und in der Rückrunde hingegen nur die jeweils viertbeste Mannschaft. Einen Platzverweis gab es nicht zu verzeichnen. Die meisten Tore erzielte Timo Konietzka, der mit 26 Treffern Platz 2 der Torjägerliste hinter Lothar Emmerich vom BVB belegte, auch Peter Grosser (18) und Rudi Brunnenmeier (15) schoben sich in die Top Ten dieser Liste.

Mit diesem Titelgewinn erfüllte sich der Lebenstraum von Präsident Adalbert Wetzel, einmal auf dem Marienplatz den Fans die Meisterschale präsentieren zu können.

5. GRUND

Weil bei 1860 das Chaos Methode hat (Oder: Es lebe die Anarchie!)

Könnte man folgendes Szenario glaubhaft erfinden? Die Fußballmannschaft eines großen Sportvereins feiert in den 1960ern ihre größten Erfolge. Die Mannschaft sägt ihren Erfolgstrainer ab, im Vorstand reden viele mit, die von Fußball nicht die leiseste Ahnung haben, trotz all der Erfolge ist der Verein hoch verschuldet und steigt nur vier Jahre nach dem Meistertitel aus der Bundesliga ab.

Mehrere Politiker versuchen, den Verein zu sanieren und gleichzeitig den Wiederaufstieg zu schaffen, einem gelingt das sogar. Doch nur wenige Jahre später hat er den Verein so vollständig ruiniert, dass diesem die Lizenz entzogen wird.

In zehn Jahren Drittklassigkeit »verbraucht« der Verein dreizehn Trainer und hat für einige Jahre einen Präsidenten, der einerseits viel Geld in den Verein pumpt, andererseits aber nicht in der Lage ist, die Fähigkeit, ein erfolgreiches Wirtschaftsunternehmen zu führen, auf das Fußballgeschäft und den Verein zu übertragen. Weshalb er beständig den Einflüsterungen permanent wechselnder »Berater« erliegt.

Im folgenden Jahrzehnt führt ein Präsident den Verein in die Erstklassigkeit zurück, schafft es jedoch trotz aller Erfolge binnen kurzem, die Fanszene zu spalten, versucht, seinen mäßig begabten Sohn in der Vereinsführung zu etablieren, und drängt den Verein in das Abenteuer eines finanziell kaum zu stemmenden Stadionbaus.

Nach einer Bestechungsaffäre um besagten Sohn muss besagter Präsident zurücktreten, setzt aber als Nachfolger noch einen für das Amt nur bedingt geeigneten Gefolgsmann durch. Gleichzeitig steigt der Verein aus der Bundesliga ab und gerät, nicht zuletzt wegen des Stadionbaus, in eine tiefe finanzielle Krise.

Es folgen in kurzer Zeit drei weitere Präsidenten, von denen einer sich im permanenten Streit mit dem Geschäftsführer der Gesellschaft befindet, in die der Profifußball ausgelagert ist. Besagter Geschäftsführer muss gehen, nachdem er besagten Präsidenten als Kopf identifiziert hat, von dem her der Fisch stinke. All dies findet unter den Augen eines Aufsichtsrats statt, der offenkundig weder beaufsichtigt noch berät. Der Verein leistet sich einen sportlichen Leiter, der die Kosten der Mannschaft trotz größter finanzieller

Not um mehrere Millionen aufstockt, ohne sichtbaren sportlichen Erfolg. Der Versuch, einen Investor zu gewinnen, scheitert an Vorgaben der DFL.

Das Defizit nimmt existenzbedrohende Dimensionen an. Ein neuer Präsident bewahrt den Verein vor der Insolvenz, indem er einen arabischen Investor ins Boot holt. Der Investor hat offenbar keinen Schimmer, worauf er sich da eingelassen hat und welche Beschränkungen ihm die 50+1-Regel auferlegt. Er tritt wiederholt mit massiver Kritik an den handelnden Personen des Vereins an die Öffentlichkeit, ohne ein plausibles eigenes Konzept vorzulegen. Das Verhältnis zwischen Investor und Vereinsführung verschlechtert sich zusehends. Der Aufsichtsrat drängt den Präsidenten aus dem Amt und installiert einen Nachfolger, dem es binnen einer Woche gelingt, die Kommunikation mit dem Investor auf den Nullpunkt zu bringen, und der später von der Delegiertenversammlung des Vereins nicht im Amt bestätigt wird. Große Teile der Mitglieder wären gerne den Investor los, der Investor wäre vermutlich gerne seine Anteile wieder los, und ein vernunftbegabter Mensch wird sich in dieser Situation kaum als Präsident zur Verfügung stellen. Und so treibt das Vereinsschiff weiter durch die hohe See, auch wenn sich erstaunlicherweise immer wieder ein neuer Kapitän findet, der sich bemüht, das Schiff auf Kurs zu halten.

Das wirklich wahre Leben! Und da gibt es Leute, die sagen, die Anarchie habe in Deutschland nie eine Chance gehabt …

6. GRUND

Weil bei 1860 die großen Trainer (fast) alle Max heißen

Begibt man sich auf die Suche nach den erfolgreichsten Trainern des TSV München 1860, die nicht Werner heißen, so stößt man auf drei Herren, die erstaunlicherweise alle den Vornamen Max tragen.

Der erste in der Reihe ist Max Breunig. Der gebürtige Karlsruher war vor dem 1. Weltkrieg der vermutlich beste deutsche Mittelläufer. Mit dem Karlsruher FV gewann er 1910 die Deutsche Meisterschaft und zwischen 1910 und 1913 kam er neunmal in der Nationalmannschaft zum Einsatz, unter anderem bei den Olympischen Spielen 1912 in Stockholm. Das klingt bescheiden, aber man darf nicht vergessen, dass Länderspiele damals vergleichsweise selten waren und bei der Aufstellung oft Spieler aus der Region des Austragungsortes bevorzugt wurden.

Nach dem Ende des Krieges und seiner aktiven Laufbahn, arbeitete Breunig als Trainer. 1926 kam er zu den Löwen und seine Arbeit trug sofort Früchte. Das spielerische Niveau der Mannschaft verbesserte sich gewaltig und in der Saison 1926/27 erreichte 1860 erstmals die Endrunde um die Deutsche Meisterschaft. In der 1. Runde gelang in Dortmund ein 3:1-Sieg gegen Schalke 04 und im Viertelfinale schaltete man im eigenen Stadion den VfB Leipzig mit 3:0 aus. Erst im Halbfinale setzte es beim Titelfavoriten und späteren Meister 1. FC Nürnberg eine 1:4-Niederlage.

1928 verließ Breunig München vorübergehend, kehrte jedoch 1930 zu den Löwen zurück. Wieder zeitigte seine Arbeit sofort Erfolge. Erneut erreichte man die Meisterschaftsrunde und diesmal führte der Weg sogar bis ins Endspiel, das am 14. Juni 1931 in Köln höchst unglücklich mit 2:3 gegen Hertha BSC verloren ging. Wieder hatte Breunig eine Mannschaft von hoher spielerischer Qualität geformt.

1932/33 gelang nochmals der Einzug in die Endrunde. Mit einem 2:0 in Köln über den VfL Benrath und einem 3:0 in Nürnberg über SuSV Beuthen war das Halbfinale erreicht, dort bedeutete ein 0:4 gegen Schalke 04 in Leipzig die Endstation. Im Sommer 1934 nahm Breunig endgültig Abschied von München. Die bisher größten Erfolge der Löwenfußballer waren mit seinem Namen verbunden.

Zu diesem Zeitpunkt trug der zweite Max bereits das Löwentrikot. Der Landshuter Max Schäfer war 1927 zu 1860 gekommen und wurde sowohl im Sturm wie in der Abwehr eingesetzt. 1931 gehörte er der Endspielmannschaft an, 1934 wurde er einmal in die Nationalelf berufen. 1936/37 bestritt er seine letzten Punktspiele im Löwendress und in der folgenden Saison übernahm er erstmals die Trainingsleitung, zunächst nur für ein Jahr.

Nach einer Zeit als Verbandstrainer kehrte der inzwischen promovierte Sportlehrer 1940 zu 1860 zurück und gewann in der Saison 1940/41 sofort die Meisterschaft in der Gauliga Bayern, die erste Ligameisterschaft in der Geschichte der Löwenfußballer. In den Gruppenspielen zur Deutschen Meisterschaft traf man auf Rapid Wien, den VfL Neckarau und die Stuttgarter Kickers und scheiterte knapp an den Wienern, die dann auch den Titel holten.

1942 führte Schäfer die Mannschaft mit dem Pokalsieg zum ersten großen Titel. Die Gauligasaison 1942/43 beendete man erneut auf Platz 1. In den Spielen um die Deutsche Meisterschaft siegte man mit 3:0 beim VfB Stuttgart und mit 2:0 gegen die Offenbacher Kickers, scheiterte aber im Viertelfinale mit 0:2 bei der Wiener Vienna.

Nach dem Krieg trainierte Max Schäfer, der lange vor Ralf Rangnick den Beinamen »Fußball-Professor« erhalten hatte, die Löwen nochmals von 1947 bis 1951 und von 1953 bis 1956. Unter ihm qualifizierte man sich 1948 für die Endrunde zur Deutschen Meisterschaft, schied aber mit einem 1:5 in Worms gegen den 1. FC Kaiserslautern aus. Bei allen Erfolgen der Löwenfußballer seit dem Abschied von Max Breunig hatte er die Zügel in der Hand gehalten.

Vergleichbare Erfolge blieben aus, bis ein weiterer Max bei den Löwen das Kommando übernahm. Max Merkel war nun wirklich der große Max unter den Löwentrainern, weshalb ihm ein eigenes Kapitel zusteht. Unverständlich, warum es den Verantwortlichen bei 1860 bis heute nicht gelungen ist, einen weiteren Max als Trainer zu verpflichten, um endlich dem Elend der Unterklassigkeit zu entrinnen.

7. GRUND

Weil Rudi Brunnenmeier der Torschützenkönig der Löwen ist

Von allen großen Stürmern des TSV München 1860 war Rudi Brunnenmeier vermutlich der größte. Dieter Schneider, von 2011 bis 2013 Präsident des Vereins und wie Brunnenmeier einst in Olching beheimatet, meint sogar, einen besseren Spieler habe 1860 nie gehabt.

Bereits in der Saison 1957/58 wurde das 1941 geborene Nachwuchstalent mit einer Sondergenehmigung in der ersten Mannschaft seines Heimatvereins SC Olching eingesetzt, der in der damals fünftklassigen A-Klasse spielte. 1959/60 verpasste der Verein aus dem Münchner Umland den Aufstieg in die 2. Amateurliga nur knapp, Brunnenmeier soll 87 aller Olchinger Tore erzielt haben. Im Sommer 1960 wechselte er zum TSV 1860 in die Oberliga Süd.

Die Umstellung auf die neue Liga bereitete dem jungen Mann keine Schwierigkeiten. Gleich seine erste Saison schloss er mit 23 Treffern als Torschützenkönig ab. Auch in den beiden folgenden Spielzeiten gehörte er zu den besten Torjägern und hatte damit erheblichen Anteil an der Qualifikation der Löwen für die Bundesliga. In der Endrunde zur Deutschen Meisterschaft war er 1963 in sechs Spielen fünfmal erfolgreich. Die erste Bundesligasaison beendete er mit 19 Torerfolgen auf Platz 3 der Torjägerliste, im folgenden Jahr waren es sogar 24 Einschüsse, die ihm die Torjägerkanone einbrachten. In der Meisterschaftssaison steuerte er 15 Treffer bei.

Angesichts dieser Zahlen hätte man eine glanzvolle Länderspielkarriere erwarten dürfen, doch die DFB-Trainer hatten mit dem Starstürmer der Löwen so ihre Probleme. Von 1962 bis 1964 absolvierte er vier Spiele in der U23-Nationalmannschaft. Am 4. November 1964 debütierte er in der A-Mannschaft im wichtigen WM-Qualifikationsspiel in Berlin gegen Schweden gleich mit einem

Tor zum 1:0; das Spiel endete 1:1. In seinem zweiten Spiel, im März 1965 gegen Italien, durfte er das DFB-Team sogar als Kapitän auf das Feld führen, wieder gab es ein 1:1. Auch beim Rückspiel gegen Schweden in Stockholm, in dem die WM-Teilnahme gesichert wurde, war er dabei, und danach folgten noch Spiele gegen Österreich und Zypern, letzteres mit zwei Torerfolgen. Fünf Länderspiele mit drei Toren, dabei sollte es bleiben. Dazwischen lag noch ein Einsatz in der B-Nationalmannschaft gegen die Sowjetunion. Die Einladung zu diesem Spiel soll den Münchner kurzfristig und in verkatertem Zustand erreicht haben; es heißt, er sei vormittags nach Köln geflogen und habe dann im Hotel seinen Rausch ausgeschlafen. Auf jeden Fall war er fit genug, um am Abend zwei Tore zum 3:0-Erfolg der deutschen Mannschaft beizusteuern.

Solche Eskapaden mögen Bundestrainer Helmut Schön nicht verborgen geblieben sein und so durfte Brunnenmeier nicht mit zur Weltmeisterschaft nach England. Obwohl im besten Fußballeralter sollte er die Form der Jahre 1960 bis 1966 nie mehr erreichen. 1966/67 waren es nur noch sieben Bundesligatore, im der folgenden Spielzeit nur noch eines. Danach wechselte er in die Schweiz, wo er für Xamax Neuchâtel und den FC Zürich spielte, später dann auch noch nach Österreich zum FC Bregenz. Er hatte mit massiven Alkoholproblemen zu kämpfen und geriet mit dem Gesetz in Konflikt.

Später arbeitete er mit einigem Erfolg als Trainer beim FC Garmisch-Partenkirchen und versuchte sich auch in gleicher Funktion bei Wacker München. Die alten Probleme holten ihn jedoch immer wieder ein, oft musste er sich mit Gelegenheitsjobs über Wasser halten. Möglicherweise hätte er sein Leben besser im Griff behalten, hätte er nicht bereits im Alter von 18 Jahren den Vater verloren, der Einzige, auf den er nach eigener Aussage gehört habe. Auch er selbst erreichte kein hohes Alter, am 18. April 2003 verstarb Rudi Brunnenmeier wie sein Vater an einem Krebsleiden.

Heute gelten Benjamin Lauth und Bernhard Winkler als die erfolgreichsten Torjäger des TSV 1860 in 1. und 2. Liga. Bezieht man aber die Jahre vor Gründung der Bundesliga mit ein und addiert einfach die für die ersten Mannschaft erzielten Ligatore, so kann keiner Rudi Brunnenmeier das Wasser reichen. Er ist und bleibt der Torschützenkönig der Löwen.

8. GRUND

Weil der TSV 1860 den FC Bayern mal in einer Saison mit 7:1 und 8:0 besiegte

Mit dem Kriegsausbruch im August 1914 kam der Fußballspielbetrieb in München umgehend nahezu vollständig zum Erliegen, nur vereinzelt wurden Wohltätigkeitsspiele ausgetragen. An einen gesamtbayerischen Ligabetrieb, wie vor dem Krieg üblich, war nicht zu denken. Erst im Herbst 1915 gab es wieder Ligaspiele der Münchner Vereine untereinander. Ab diesem Zeitpunkt wurde jeweils eine separate Herbst- und Frühjahrsmeisterschaft ausgetragen. Dieser Modus galt auch noch in der Saison 1918/19, denn der Weltkrieg ging ja erst im November 1918 zu Ende, als die Herbstsaison schon im Gange war.

An der Herbstrunde 1918 beteiligte sich auch der MTV Ingolstadt, was die Münchner Vereine vor einige Reiseprobleme stellte. So konnten die Löwen zum Saisonauftakt in Ingolstadt zunächst nur mit sieben Spielern antreten, da die anderen vier im überfüllten Zug keinen Platz mehr gefunden hatten. Zweien gelang wohl noch die Nachreise, mit am Schluss neun Spielern erreichten die Löwen ein 1:1. Ein weiteres Problem lag darin, dass viele Spieler noch nicht aus dem Krieg zurückgekehrt waren, und die Vereine somit normalerweise nicht ihre stärkste Mannschaft stellen konnten.

Zum Hinspiel zwischen Bayern München und dem Turnverein 1860 am 27. Oktober 1918 auf dem Bayernplatz (eigentlich dem Platz des Münchner SC) an der Leopoldstraße in Schwabing kündigte der *Generalanzeiger* der *Münchner Neuesten Nachrichten* allerdings die »beiderseits stärksten Mannschaften« an und versprach einen »scharfen Kampf«. Die Bayern spielten in der ersten Viertelstunde nur mit zehn Mann und mussten gleich in der 1. Minute den Führungstreffer der Löwen hinnehmen. In der 24. Minute fiel der Ausgleich, zehn Minuten später gingen die Löwen durch den Linksaußen Sebastian Gabler erneut in Führung. Mit diesem Ergebnis endete die erste Hälfte, doch nach der Pause erhöhten die »Turner«, wie sie in den damaligen Spielberichten meist genannt wurden, nach und nach auf 7:1. Eine Überraschung, die die *Münchner Neuesten Nachrichten* auf das »wirklich gute Fußballkönnen« der siegreichen und die »schlecht spielende Läuferreihe und den ›toten‹ Sturm« der unterlegenen Mannschaft zurückführten.

Das Rückspiel fand am 22. Dezember 1918 an der Grünwalder Straße statt. Die *Münchner Zeitung* schloss in ihrem Vorbericht eine Wiederholung des hohen Hinspielergebnisses aus, da im Vergleich zu jenem Spiel 1860 etwas geschwächt, die Bayern jedoch verstärkt antreten würden. Weit gefehlt! Die Bayern begannen diesmal gar nur mit neun Mann und lagen bald mit 0:1 zurück. Auch gegen die vollständige Bayernmannschaft erzielten die Löwen bis zur Pause noch zwei Treffer, in der zweiten Halbzeit gelangen gegen nunmehr nur noch zehn Bayern vier weitere. Dann wurden zwei Bayernspieler und ein Sechziger des Feldes verwiesen und 1860 markierte noch einen letzten Treffer zum Endstand von 8:0. Dreimal hatte man außerdem den Pfosten anvisiert. Den Löwen wurde ein »glänzendes Spiel« bescheinigt; die Ursache für das Debakel sahen die *Münchner Neusten Nachrichten* in der »Unlust einiger Bayernleute am Kampf«.

Es war zwar »nur« die Kriegsrunde und keine ganz offizielle Meisterschaft, doch die Ergebnisse waren den Bayern offenbar peinlich. Die Festschrift zum 50-jährigen Bestehen des Vereins enthält eine Liste, die sämtliche Spiele der Jahre von 1900 bis 1950 aufführen soll. Das 0:8 gegen den TV 1860 vom 22. Dezember 1918 wird in dieser Liste schlichtweg unterschlagen.

9. GRUND

Weil das Löwenherz in Giesing schlägt

Gelegentlich wird die Behauptung aufgestellt, der TSV München 1860 sei ein Arbeiterverein. Das ist historisch zwar Unsinn und dient vor allem dazu, sich vom als Schicki-Micki-Verein empfunden Lokalrivalen abzugrenzen, hat aber zumindest insofern auch einen realen Hintergrund, als die Fußballer des Vereins seit nunmehr über hundert Jahren in Giesing, einem echten Münchner Arbeiterviertel, beheimatet sind und deshalb lange Zeit vermutlich auch das Publikum mit dem höchsten Arbeiteranteil aller Münchner Fußballvereine hatten.

Die erste Turnhalle des Vereins stand, wie es sich für einen Turnverein ziemte, an der Jahnstraße, die zweite an der Auenstraße, wo sich bis in die Achtzigerjahre auch die Geschäftsstelle befand. Die Fußballer spielten zunächst an der Isar auf der Schyrenwiese, mitunter auch auf der Theresienwiese. Dann hatte man einen Waldsportplatz in Holzapfelkreuth und 1908 zog man schließlich nach Giesing an die Alpenstraße. Der »Alpenplatz« erwies sich schon bald als unzulänglich und so pachtete man im Jahre 1911 ein Areal an der Grünwalder Straße und richtete dort einen Sportplatz ein, von Anfang an mit einer kleinen Tribüne.

In den 1920ern erfolgte der Ausbau zum Stadion mit Erweiterung der Sitztribüne und Errichtung einer großen Stehtribüne auf der Gegengerade, der sogenannten Stehhalle. Das Stadion war nun das größte in München und alle Münchner Erstligisten trugen dort ihre Spiele aus. Infolge der Wirtschaftskrise konnte der Verein jedoch die mit dem Stadionbau verbundenen Lasten nicht mehr bewältigen, was 1937 zum Verkauf der Anlage an die Stadt München führte. Bis dahin hatte sie den Namen Heinrich Zischs getragen, dessen Initiative und Einsatz der Stadionausbau zu verdanken war. Nach dem Verkauf fungierte der im 1. Weltkrieg gefallene Münchner Leichtathlet Hanns Braun kurzzeitig als Namenspatron, nach dem 2. Weltkrieg lautete die offizielle Bezeichnung dann Städtisches Stadion an der Grünwalder Straße. In der Bevölkerung wurde allerdings weiterhin der etablierte Name Sechzigerstadion verwendet und so ist es bis heute.

Die Verbindung des TSV 1860 mit Giesing verstärkte sich mit der Pachtung eines zusätzlichen Platzes an der Grünwalder Straße 114 im Jahre 1927. Daraus wurde das bis heute benutzte Trainingsgelände, inzwischen auch Sitz der Geschäftsstelle. Bis zur Eröffnung des Olympiastadions trugen sowohl 1860 wie auch der FC Bayern ihre Heimspiele im Stadion aus, dort also feierte der TSV 1860 seine größten fußballerischen Erfolge. Ganz Fußballdeutschland kennt seitdem die alte, von Hand betriebene Anzeigetafel in der Westkurve und auch die Häuserreihe hinter der Ostkurve, auf der anderen Seite der Grünwalder Straße, aus deren Zimmern man einen direkten Blick auf den Stadionrasen hat.

Dennoch machte man den Gang ins Olympiastadion mit und kehrte nur sporadisch in die alte Heimat zurück. Das Stadion überstand diesen Exodus und erhielt in den Siebzigern sogar eine neue Sitztribüne auf der Gegengerade. Genau richtig für die Bayernligajahre, in denen die Heimspiele wieder an alter Stätte ausgetragen wurden.

So blieb es auch bis zur ersten Bundesligasaison nach dem Durchmarsch aus der Bayernliga. Dann jedoch verfügte Präsident Karl-Heinz Wildmoser den erneuten Umzug ins Olympiastadion, das inzwischen stark mit dem FC Bayern und seinen Erfolgen identifiziert wurde, während das Stadion an der Grünwalder Straße ein zentrales Element der Identität des TSV 1860 bildete. Fortan wurde die Stadionfrage zum Gegenstand andauernder Debatten und trug nicht unerheblich zur Spaltung der Fanszene bei.

Nach dem Bundesligaabstieg 2004 kehrt man noch einmal für eine Saison ins Sechzigerstadion zurück. Das erste Heimspiel gegen die SpVgg Unterhaching wurde zum Festtag für Giesing und die Löwen-Fans, nur das Ergebnis (2:2) stimmte nicht. Nach dieser Saison, in der man dem Wiederaufstieg so nahe gekommen war, wie seitdem nicht mehr, ging es in die neue Arena nach Fröttmaning im Münchner Norden. Ein Abenteuer, in das Karl-Heinz Wildmoser den Verein gestürzt hatte. Die Mehrheit der Fans hätte die Profimannschaft allemal lieber in einem renovierten eigenen Stadion gesehen.

Wie sehr die Fans immer noch an der alten Heimat hängen, zeigt sich an den Transparenten, die bei gelegentlichen Freundschaftsspielauftritten dort zu sehen sind. »Football's coming home« heißt es dann, oder auch »Heimat ist, wo das Herz weh tut«. Doch der Zahn der Zeit hat an der alten Anlage genagt und nach dem Auszug der Löwen war ihre Existenz wiederholt gefährdet. Nicht zuletzt die Bemühungen des Vereins »Freunde des Sechz'ger Stadions« verhinderten den Abriss der traditionsreichsten Münchner Fußballstätte. Die Stadt München beschloss den drittligafähigen Umbau und zur Saison 2013/14 steht das Stadion an der Grünwalder der zweiten Mannschaft des TSV 1860 und auch den A-Junioren wieder zur Verfügung.

Mit der erhofften Rückkehr der Profifußballer wird es wohl nichts mehr, doch der Zwangsabstieg in die Regionalliga Bayern hat die Lage grundlegend verändert, wovon an anderer Stelle die Rede sein wird. Das Herz des TSV 1860 schlägt auf jeden Fall weiterhin in Giesing.

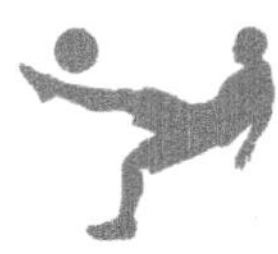

10. GRUND

Weil der Kaiser ein Giesinger und eigentlich ein Löwe ist

Giesing ist die fußballerische Heimat des TSV 1860. Der wohl weltberühmteste Münchner ist Giesinger und zudem Fußballer – und dennoch werden die wenigsten seiner Verehrer den Kaiser mit 1860 in Verbindung bringen. Wie konnte das passieren?

Franz Beckenbauer wurde kurz nach Ende des 2. Weltkriegs in Giesing geboren. Die Vorstadt hat er natürlich schon lange verlassen, was aber nicht bedeutet, dass die Giesinger Kindheit auch ihn verlassen hat. »Obergiesing gegen Untergiesing«, so der abfällige Kommentar, wenn ihm ein Fußballspiel, besonders ein Lokalderby, mal wieder nicht gefallen hat. Ein Grummeln, das durchaus auch als Zeichen von Heimatverbundenheit gewertet werden darf.

Beckenbauer begann mit dem Fußballspiel beim SC München von 1906, dessen Platz an der St.-Martin-Straße in Giesing lag. Laut Vereinschronik bis 1956 eher eine Mischung aus Wiese und Acker, wandelte ihn die Stadt München in jenem Jahr in einen roten Ascheplatz um, der im Spielerjargon fortan als »Kampfplatz Rote Erde« bezeichnet wurde. Als Zuschauer besuchte der Franz aber auch das Stadion an der Grünwalder Straße, so zum Beispiel bei einem internationalen Jugendturnier zu Pfingsten 1956, bei dem unter anderem auch Manchester United mit Bobby Charlton zu Gast war, aber auch bei Spielen der Sechziger, von deren Spielern er besonders den technisch hochbegabten Kurt Mondschein schätzte.

Die Geschichte, warum der eigentlich logische Wechsel des noch begabteren Franz Beckenbauer zu den Löwen nicht zustande kam, ist oft erzählt worden. Lassen wir den Protagonisten selbst zu Wort kommen: »Für mich hat alles beim SC 1906 München begonnen. (…) Dann bestimmte jene Ohrfeige meinen weiteren Weg, die mittlerweile schon Fußballgeschichte gemacht hat. Wie bei jedem Buben im Arbeiterviertel Giesing hat der TSV 1860 München auch in meinen Träumen die Hauptrolle gespielt. (…) Bis wir beim Münchner Schülerturnier mit dem SC 1906 das Endspiel gegen den TSV 1860 erreichten. Mein Gegenspieler war groß und kräftig und schimpfte mich bei jedem Zweikampf einen Deppen. Günter Jahnke hieß er. Dann schob ich ihm den Ball durch die Beine, schoss ein Tor – und fing mir eine schallende Watsch'n von ihm. Womit das Thema Sechzig erledigt war. ›Jetzt geh'n wir zu den Bayern‹, gab ich damals den Mitspielern die Parole aus.‹« (Franz

Beckenbauer, *Meine Gegner – meine Freunde.* Rasch und Röhring: Hamburg, 1987, S. 46 f.)

Zweifellos die bedeutendste Ohrfeige der Fußballgeschichte! Wie aber hätten sich die Dinge entwickelt, wäre Beckenbauer tatsächlich, wie geplant, zu den Löwen gewechselt? Erlauben wir uns, ein wenig zu spekulieren: Bei den Bayern rückte er aus der Jugend in eine junge Mannschaft auf, die sich im Neuaufbau befand, nachdem dem Verein die Aufnahme in die Bundesliga verweigert worden war. Bei 1860 hätte er sich in einem gestandenen Team etablieren müssen, das zu den besten des Landes gehörte. Aufgrund seines enormen Talents wäre ihm das sicher auch gelungen. Was aber dann? Die Vereinsführung der Sechziger agierte in jenen Jahren wenig professionell und konnte trotz der sportlichen Erfolge kein solides Fundament für eine sichere Zukunft schaffen. Hätten die Erfolge mit Franz Beckenbauer angehalten und damit die Unzulänglichkeiten des Managements kompensiert, wäre es also 1970 nicht zum Abstieg gekommen? Durchaus möglich. Noch wahrscheinlicher aber vor allem, dass es dem FC Bayern ohne den Kaiser nicht so einfach gelungen wäre, sich unter den Spitzenteams der Bundesliga zu etablieren. Nicht auszuschließen also, dass 1860 die Nummer eins in München geblieben wäre und den Bayern ein ähnliches Schicksal geblüht hätte wie beispielsweise den Stuttgarter Kickers und dem FSV Frankfurt, die nach Einführung der Bundesliga den nunmehr unangefochtenen Ortsrivalen nie mehr Paroli bieten konnten.

Giesing ist immer noch der Nabel der Fußballwelt. Hätte Frank Beckenbauer das Löwentrikot getragen, so wüsste dies heute vermutlich die ganze Welt. Der FC Bayern sollte Günter Jahnke, wenn er denn so hieß, ein Denkmal setzen …

2. KAPITEL

KÖNIGE VON GIESING

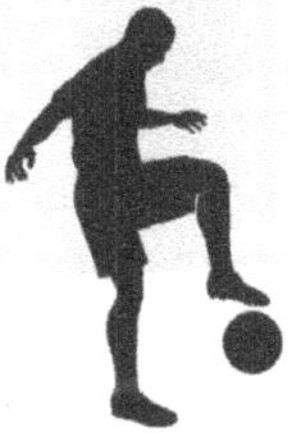

11. GRUND

Weil der König von Giesing ein Löwe ist

Eine gefühlte Ewigkeit kämpfte der TSV 1860 nach dem Lizenzentzug von 1982 in der Bayernliga um den Wiederaufstieg in den Profifußball. Karsten Wettberg war der Trainer, mit dem die Rückkehr 1991 endlich gelang, und damit sicherte er sich auf ewige Zeiten einen Platz im Löwen-Pantheon.

Der 1941 im brandenburgischen Friesack geborene Wettberg lebt seit 1974 im niederbayerischen Elsendorf und arbeitete als Postler und engagierter Gewerkschafter in Ingolstadt. Er spielte aktiv Fußball und als Fan begleitete er in den 1960ern den TSV 1860 auf dem Weg zu Meisterschaft und Europapokalfinale. Ein Jahrzehnt später begann er eine im bayerischen Fußball einzigartige Trainerkarriere. Er führte den MTV Ingolstadt, die SpVgg Landshut und die SpVgg Unterhaching zur Bayernligameisterschaft, mit dem ESV Ingolstadt gelang ihm der Aufstieg in die oberste bayerische Amateurklasse.

Kein Wunder, dass ein solcher Meistermacher bald auch für 1860 ein Thema wurde. Zweimal musste er absagen, da er sich bereits anderweitig gebunden hatte, 1990 klappte es dann. Wettberg betreute in der Saison 1989/90 die SpVgg Unterhaching in der 2. Liga. Als sein für die nächste Saison geplanter Wechsel zu den Löwen bekannt wurde, nahmen die Hachinger dies zum Anlass, ihn sofort freizustellen. Daraufhin tat 1860 gleiches mit Willi Bierofka und am 21. Februar 1990 wurde Karsten Wettberg Trainer bei seinem Lieblingsverein.

Es begann mit einem Unentschieden bei der SpVgg Weiden, dann brachte eine Serie von sieben Siegen die Löwen wieder in Reichweite der scheinbar bereits enteilten 05er aus Schweinfurt. Es folgten zwei Unentschieden; ein Sieg im letzten Saisonspiel gegen die Schweinfurter hätte die Meisterschaft gebracht, doch es langte nur zu einem 3:3.

In der folgenden Saison aber konnte niemand Wettberg und die Löwen aufhalten. 22 Siege und zehn Unentschieden brachten unangefochten die Meisterschaft. In die Aufstiegsrunde startete man mit drei Unentschieden, um dann mit drei Siegen den Aufstieg klar zu machen. Das summierte sich zu 49 Liga- und Aufstiegsspielen ohne Niederlage seit dem Trainerwechsel. Bei der Aufstiegsfeier am 16. Juni 1991 auf dem Marienplatz rief Münchens Oberbürgermeister Georg Kronawitter Karsten Wettberg zum »König von Giesing« aus.

Wettberg war ein überaus emotionaler Trainer, kein kühler Analytiker, sondern ein hochbegabter Motivator, der an der Seitenlinie sein Temperament oft kaum zügeln konnte. Die Fans liebten ihn nicht nur, weil er Erfolg hatte, sondern weil seine Identifikation mit dem Verein nie in Zweifel stand, weil er letztlich auch ein Fan war. Ein sehr volkstümlicher König also.

Ähnlich wie zuvor in Unterhaching lief es in der 2. Liga nicht so gut für ihn. Es war eine besondere Saison, die erste gemeinsame nach der deutschen Wiedervereinigung, weshalb die 2. Liga in einer Süd- und einer Nordstaffel mit jeweils zwölf Vereinen spielte. Die Mannschaft hatte mit Verletzungsproblemen zu kämpfen und konnte sich nie entscheidend von der Abstiegszone absetzen. Wettberg schien zunehmend an Rückhalt im Präsidium zu verlieren. Am vorletzten Spieltag gelang ein 3:0 gegen Darmstadt 98. Die Fans trugen den Trainer auf Schultern vom Platz, doch der Klassenerhalt war noch nicht gesichert, und nach einem 0:1 beim VfB Leipzig war man zwar nicht Direktabsteiger, musste sich den Zweitligaplatz aber in einer Qualifikationsrunde sichern. Zwei Tage nach dem Spiel in Leipzig wurde Wettberg entlassen; der erhoffte Ruck ging dennoch nicht durch die Mannschaft und der Klassenerhalt wurde in den Qualifikationsspielen verspielt.

Damit ist die Geschichte von Karsten Wettberg und dem TSV 1860 aber keineswegs zu Ende. Für vierzehn Monate, von März 2007 bis Mai 2008, diente er dem Verein als Vizepräsident.

Zunächst von der Fan-Gruppierung »Pro 1860« als Präsident vorgeschlagen, erfuhr er heftige Opposition von KGaA-Geschäftsführer Stefan Ziffzer und wurde schließlich zum Vizepräsidenten gewählt. In diesem Amt gab er eine bessere Figur ab als der ihm vorgezogene Präsident Albrecht von Linde. Insgesamt stand die kurze Amtszeit dieses Präsidiums jedoch unter keinem guten Stern.

Nach diesem Ausflug ins Funktionärswesen zog es Wettberg wieder auf den Trainingsplatz zurück. Im April 2009 übernahm er den SV Seligenporten, den er in gewohnter Weise in die Regionalliga Bayern führte. Seine alte Liebe, den TSV 1860, weist er gelegentlich auf talentierte Nachwuchsspieler hin. Und für die Fans wird er auf ewig der König von Giesing bleiben.

12. GRUND

Weil die Löwen der Hitze trotzten

Der Vereinspokal wurde in der Bundesrepublik nach dem Krieg erst 1953 wieder eingeführt und firmierte nun unter dem Namen DFB-Pokal. In den Oberligajahren bis 1963 mussten sich die Vereine auf regionaler Ebene für die Schlussrunden qualifizieren, diese fanden dann im Sommer und Herbst statt, das Finale mitunter gar erst im Dezember. Nur zweimal, 1962 und 1963, war es den Löwen gelungen, sich für die 1. Hauptrunde zu qualifizieren, beide Male kam man bis ins Viertelfinale.

Der etablierte Ablauf änderte sich mit Einführung der Bundesliga, denn ab der Saison 1963/64 wurde der Wettbewerb parallel zur Ligasaison durchgeführt. Die Bundesligisten waren nun automatisch qualifiziert, die unterklassigen Vereine ermittelten in der ersten Saisonhälfte ihre Vertreter für die Schlussrunden, die in der zweiten Saisonhälfte, im Frühjahr, ausgetragen wurden. Das Endspiel bildete fortan üblicherweise den Saisonabschluss, gewissermaßen als Ersatz für das Endspiel um die Deutsche Meisterschaft, das es nun ja nicht mehr gab.

Der Pokalwettbewerb der ersten Bundesligasaison begann für die Löwen im April 1964 mit einem Heimspiel gegen den Vorjahresfinalisten Borussia Dortmund, eine hohe Hürde, die mit 2:0 sicher genommen wurde. In der nächsten Runde ging es, wieder im eigenen Stadion, mit dem 1. FC Kaiserslautern erneut gegen einen Ligakonkurrenten, der mit 4:2 aus dem Weg geräumt wurde. Die restlichen Runden fanden nach dem Ende der Bundesligaspiele statt und nachdem 1860 diese beschaulich im sicheren Mittelfeld beendet hatte, bot der Pokal die Möglichkeit, noch ein Zeichen zu setzen.

Im Viertelfinale musste man zum gerade aus der Bundesliga abgestiegenen 1. FC Saarbrücken. Die Saarländer gingen im Ludwigspark zwar in Führung, doch am Ende stand ein sicheres 3:1 der Löwen. Der *Sportkurier*, eine süddeutsche Sportzeitung, vermeldete in seinem Spielbericht sogar ein 4:1, das von Berti Kraus in der 69. Minute erzielt worden sein sollte. Eine rätselhaftes Phantomtor, das der Berichterstatter dieses Blattes absolut exklusiv hatte!

Der Sieg von Saarbrücken schien bereits den Finaleinzug zu bedeuten, denn im Halbfinale wurde dem TSV 1860 mit Altona 93 der letzte verbliebene Regionalligist zugelost. (Die Regionalliga war damals die zweithöchste Spielklasse.) Doch die Hamburger legten sich in der einheimischen Adolf-Jäger-Kampfbahn mächtig ins Zeug, hielten gut mit und gingen in der 70. Minute sogar in Führung. Erst fünf Minuten vor dem Abpfiff konnte Kraus ausgleichen. In der Verlängerung setzte sich dann die konditionelle Überlegenheit des Erstligisten durch, der noch drei weitere Tore zum 4:1-Endstand erzielte.

Am 13. Juli 1963 ging es im Endspiel im Stuttgarter Neckarstadion gegen die Frankfurter Eintracht, die in der Bundesliga auf Platz 3 gelandet war und als Favorit galt. Die Löwen reisten bereits am Dienstag vor dem Spiel nach Stuttgart. Es war eine heiße Woche, das Thermometer kletterte bis auf 40 Grad. Das Spiel war für

16.00 Uhr angesetzt; es sollte ja an die Tradition des Meisterschafsfinales anknüpfen und eine Fernsehübertragung zu bester Sendezeit am Samstagabend nach der Tagesschau wäre damals für ein Fußballspiel kaum zu haben gewesen. Da bis zum Spieltag keine Wetteränderung vorhergesagt war, scheuchte Max Merkel seine Schützlinge Tag für Tag in der heißen Mittagssonne über den Trainingsplatz, um sie an die tropischen Temperaturen zu gewöhnen.

Es zahlte sich aus, denn die Löwen kamen mit der glühenden Hitze weitaus besser zurecht als die Frankfurter. Kurz vor der Pause markierte Wilfried Kohlars, der anstelle von Peter Grosser zum Einsatz gekommen war, den Führungstreffer; nach einer Stunde sorgte Rudi Brunnenmeier mit dem 2:0 für die Entscheidung. Und das, obwohl Verteidiger Rudi Steiner sich bereits nach zehn Minuten verletzt hatte und den Rest des Spiels als Statist auf Linksaußen verbrachte, das übliche Schicksal angeschlagener Spieler in Zeiten, da noch nicht ausgewechselt werden durfte.

Den zweiten Pokalsieg seiner Geschichte nach 1942 errang der TSV 1860 mit folgender Mannschaft: Petar Radenković, Manfred Wagner, Rudolf Steiner, Rudolf Zeiser, Alfons Stemmer, Otto Luttrop, Engelbert Kraus, Wilfried Kohlars, Rudolf Brunnenmeier, Hans Küppers, Alfred Heiß.

13. GRUND

Weil 1860 Pelé und den perfekten Fußball nach München brachte

Heutzutage kann ein oberklassiger Fußballverein zumindest in der eigenen Stadt mit einem Freundschaftsspiel kaum einen Hund hinter dem Ofen hervorlocken. Das war einmal anders. Vor Einführung der Bundesliga, in Zeiten, da das Fernsehen noch in den sprichwörtlichen Kinderschuhen steckte, boten dem Publikum

Freundschaftsspiele mit Mannschaften aus anderen Oberligen reizvolle Vergleichsmöglichkeiten und Spiele gegen internationale Gegner waren nahezu die einzige Möglichkeit, Stars in Augenschein zu nehmen, die man damals auch im Fernsehen nur selten zu Gesicht bekam. Den Vereinen dienten solche Spiele deshalb als lukrative Einnahmequelle.

Einen besonderen Leckerbissen bot der TSV 1860 seinem Publikum am 27. Mai 1960. Im gerade umgebauten Stadion an der Grünwalder Straße präsentierte er den FC Santos aus Brasilien. 35.000 Zuschauer wollten sich dieses Spiel nicht entgehen lassen, denn die Brasilianer hatten Pelé in ihren Reihen. Der später von der FIFA als »Weltfußballer des 20. Jahrhunderts« ausgezeichnete junge Mann war damals zwar noch keine zwanzig Jahre alt, galt jedoch nach seinem überragenden Debüt bei der Weltmeisterschaft 1958 in Schweden bereits als das, was man heute einen Superstar nennen würde.

Finanziell war das Spiel für 1860 vermutlich ein Erfolg, sportlich eher weniger. Pelé traf dreimal und die Brasilianer gingen als 9:1-Sieger vom Platz. Doch was machte das schon, angesichts des vom *Sportkurier* gezogenen Fazits: »Was die Zuschauer an perfektem Fußball geboten bekamen, stellt alles bisher in München Gezeigte in den Schatten.«

Sieben Jahre später gastierten der FC Santos und Pelé erneut an der Grünwalder Straße. Diesmal erschienen 20.000 Zuschauer und das Spiel verlief wesentlich ausgeglichener. In der ersten Halbzeit gingen die Löwen sogar mit 3:1 in Führung, doch nach der Pause drehten die Brasilianer das Spiel. Endstand 5:4 für Santos, mit zwei Toren, darunter der Siegtreffer, von Pelé.

14. GRUND

Weil »bestes Torwart von Welt« für die Löwen gespielt hat

Zu den Positionen, die Löwentrainer Max Merkel im Rahmen seiner Generalüberholung der Mannschaft vor der letzten Oberligasaison 1962/63 neu besetzen wollte, gehörte auch die des Torwarts. Den richtigen Mann glaubte er in den Reihen des Südwest-Oberligisten Wormatia Worms gefunden zu haben, wo ein Jugoslawe namens Petar Radenković den Kasten hütete. Man traf sich im Wormser Bahnhofsrestaurant; Radenković wollte erst über Geld reden, nachdem Merkel ihn im anstehenden Spiel am selben Tag gegen den 1. FC Kaiserslautern begutachtet hatte. Radenković überzeugte und die Löwen verpflichteten ihn. In seiner Autobiografie spricht Merkel von seinem besten Einkauf.

Radenković hatte in seiner serbischen Heimat zunächst für Roter Stern Belgrad gespielt, danach acht Jahre für den Lokalrivalen OFK, mit dem er zweimal den jugoslawischen Pokal holte. Insgesamt dreimal kam er in der jugoslawischen Nationalmannschaft zum Einsatz. Das zweite dieser Spiele war das Endspiel des Olympischen Fußballturniers 1956 in Melbourne, in dem Jugoslawien der Mannschaft der Sowjetunion unterlag, bei der Torhüterlegende Lew Jaschin im Kasten stand. Die Einberufung zum Militärdienst verhinderte die Teilnahme Radenkovićs an der Weltmeisterschaft 1958. Im Jahre 1960 machte er sich auf den Weg nach Deutschland und erhielt einen Vertrag bei Wormatia Worms, für die er nach Ablauf einer einjährigen Sperre im Dezember 1961 sein Debüt gab. Nur wenige Spiele reichten aus, um Max Merkels Späher auf sich aufmerksam zu machen, und der Rest ist Geschichte.

München und Radenković schienen wie für einander gemacht. Der Jugoslawe erwies sich nicht nur, wie erhofft, als erstklassiger Torwart, sondern auch als großer Entertainer. Der Sportjournalist

Hans Schiefele gab ihm den Spitznamen Radi, mit dem er sich allerdings nur zögerlich anfreunden konnte. Berühmt wurde der Radi vor allem durch seine weiten Ausflüge, bei denen er gelegentlich sogar die Mittellinie überschritt. Wobei er natürlich auf schmalen Grat wanderte, denn ein Ballverlust konnte böse Folgen haben.

In seiner ersten Saison für die Löwen bestritt Radenković alle Oberligaspiele und trug nicht unerheblich zum Gewinn der Meisterschaft bei, die letztlich die Bundesligaqualifikation bedeutete. Ganz ohne Ärger mit Trainer Merkel ging es allerdings nicht ab. Bei einem Osterturnier in Berlin war er im ersten Spiel wegen einer Disziplinlosigkeit ausgewechselt worden, im zweiten Spiel ließ er sich wiederholt auf Debatten mit dem Schiedsrichter ein und dabei sogar ein Tor zu. Merkel nahm ihn erneut aus dem Spiel und wollte ihn suspendieren. Radi gelobte Besserung und kam mit einer Geldstrafe davon. Ausgerechnet in den Endrundenbegegnungen zur Deutschen Meisterschaft geriet er dann in eine Formkrise und war an einigen Gegentoren in den Auftaktspielen gegen Borussia Dortmund und den HSV nicht unschuldig. Im Trainingslager kam es anschließend zu einem Disput mit Merkel und Radenković wurde für die beiden nächsten Spiele gegen Borussia Neunkirchen vereinsintern gesperrt.

In den Erfolgsjahren des TSV 1860 von 1963 bis 1966 gehörte der Radi zu den ersten großen Stars der Bundesliga. Das Publikum liebte ihn und er begann seine an anderer Stelle gewürdigte Gesangskarriere. In erster Linie aber war er der große Rückhalt der Löwenmannschaft auf dem Weg zu Meisterschaft, Pokalsieg und Europapokalfinale. Dennoch verpflichtete Merkel für die Saison 1966/67 mit Wolfgang Fahrian einen weiteren Torhüter, der immerhin schon das Tor der deutschen Nationalmannschaft gehütet hatte. Merkel waren die vielen Sondertermine ein Dorn im Auge, die der Radi für Werbezwecke und andere geschäftliche Verpflichtungen in Anspruch nahm. Radenković revanchierte sich mit einer tragenden Rolle bei der Spielerrevolte, die Merkel den Job kostete.

Von nun an ging's bergab mit den Löwen, doch der Radi hielt dem Verein die Treue. Im Abstiegsjahr 1969/70 war er einer der wenigen aus der Meistermannschaft, der immer noch im Kader stand. Doch die Regionalliga Süd wollte er sich nicht mehr antun und so beendete er im Sommer 1970 seine Karriere. Er blieb in München und wirkte erfolgreich als Hotelier und Gastronom. Nach dem Zerfall des jugoslawischen Staatenverbunds war er auch für den serbischen Fußballverband tätig und inzwischen verbringt er Teile des Jahres sowohl in seiner alten wie seiner neuen Heimat.

Der beste Torhüter, den die Löwen je hatten, oder – nach eigener Einschätzung – »bestes Torwart von Welt«. Wer wollte ihm widersprechen?

15. GRUND

Weil die Löwen den Zuschauerrekord im Stadion an der Grünwalder Straße halten

Die dritte Saison der Oberliga Süd, 1947/48, ließ sich für den TSV 1860 recht gut an. Nach einem holprigen Start hatte man sich langsam in die Spitzengruppe geschoben und lieferte sich mit dem 1. FC Nürnberg und dem FC Bayern einen packenden Dreikampf um die Meisterschaft und Platz 2, der ebenfalls zur Teilnahme an der Endrunde zur Deutschen Meisterschaft berechtigte.

Am 14. März 1948 stand das Spitzenspiel gegen den 1. FC Nürnberg im Stadion an der Grünwalder Straße an. Ein Sieg musste her, denn der Club war auf vier Punkte davongezogen. Doch die Vorzeichen schienen ungünstig, am Spieltag zuvor hatte es eine böse 2:8-Schlappe beim VfB Stuttgart gegeben. Egal, angesichts der Tabellenkonstellation übte das Duell der alten Rivalen eine enorme Anziehungskraft auf das Münchner Publikum aus; bereits Tage zuvor galt das Spiel als ausverkauft.

Einige Fans sollen im Stadion übernachtet haben, andere kamen bereits um sechs Uhr morgens, um sich einen guten Platz zu sichern. Offenbar wurden die Stadiontore früh geöffnet, denn bereits um elf Uhr war das Stadion bis zum Rand gefüllt, für ein Spiel, das, wohlgemerkt, um 15 Uhr beginnen sollte. Schließlich sollen sich 58.000 Zuschauer in dem von den Zerstörungen des Krieges noch keineswegs wieder hergestellten Stadion befunden haben. Offiziell erlaubt waren 45.000, doch die Löwen mochten sich hier wohl ein Geschäft nicht entgehen lassen und verkauften weitaus mehr Eintrittskarten.

Angesichts der Überfüllung des Stadions wollte die Polizei das Spiel absagen lassen. Angeblich erreichte die entsprechende Verfügung den Verein zu spät und so wurde das Spiel angepfiffen. Die Menge blieb friedlich, es kam nur zu kleineren Zwischenfällen und auch die Ränge und Tribünen hielten den Menschenmassen stand. Es hätte freilich auch anders kommen können, doch bei einer Absage des Spiels wären mit einiger Sicherheit Chaos und Ausschreitungen die Folge gewesen.

Auch das Spiel nahm für die Löwen einen glücklichen Verlauf. Unmittelbar vor der Pause erzielte Mittelstürmer Otto Thanner den Führungstreffer und in der 65. Minute erhöhte Engelbert Schmidhuber auf 2:0. Dann kamen die Clubberer zu einem kuriosen Anschlusstreffer. Löwenverteidiger Otto Glas legte sich im Strafraum den Ball mit der Hand zum Freistoß zurecht, in der Annahme, der Schiedsrichter habe das Spiel unterbrochen. Dem war aber nicht so, der Unparteiische musste auf Handelfmeter für Nürnberg entscheiden und Max Morlock verwandelte. Doch es blieb beim 2:1 und die Löwen hatten den Anschluss zum Spitzenreiter wieder hergestellt. Der 1. FC Nürnberg verteidigte die Tabellenspitze bis zum Saisonende, doch 1860 hielt die Verfolger auf Distanz und sicherte sich Platz 2. Im Viertelfinalspiel um die Deutsche Meisterschaft gab es dann aber im Stadion von Wormatia Worms eine deftige 1:5-Niederlage gegen die Walter-Elf des 1. FC Kaiserslautern. Ganz so dramatisch war der Leistungsunterschied allerdings nicht, denn bis zur 64. Minute hatte das Spiel 1:1 gestanden.

Eine ähnliche Zuschauerzahl wie an jenem 14. März 1948 wurde im Stadion an der Grünwalder Straße nie mehr auch nur annährend erreicht. Polizei und zuständige Behörden hätten so etwas nicht noch einmal zugelassen, nachdem man diesmal mit dem Schrecken davon gekommen war. Ein Zuschauerrekord für die Ewigkeit.

16. GRUND

Weil bei 1860 das Maskottchen Interviews gibt

Zu den Dingen, die der echte Fan nicht braucht, die aber anscheinend von den Vereinen für unverzichtbar gehalten werden, gehören jene Maskottchen, die mit der Vereinsfahne in der Hand auf dem Rasen herumhüpfen, die Fans animieren sollen und nach dem Spiel die Spieler abklatschen. Eine Arbeitsbeschaffungsmaßnahme für Studenten auf der Suche nach einem Nebenjob.

Auch der TSV 1860 legte sich einst so ein Maskottchen zu. Man entschied sich, was nahe lag, für einen Löwen. Im Unterschied zum armen Goleo, der bei der Weltmeisterschaft 2006 ohne Hose nach draußen geschickt wurde, war der Löwenlöwe mit dem schönsten Trikot der Welt und den dazugehörigen Shorts ordentlich bekleidet. Er imponierte vor allem durch eine gewaltige Löwenmähne, die dem ansonsten namenlosen Tier bei den Fans die Bezeichnung »Rastalöwe« einbrachte.

Der Rastalöwe war das einzige richtige Maskottchen im deutschen Fußball, was sage ich, im Weltfußball. Überhaupt nicht nachvollziehbar deshalb, dass er im Sommer 2008 gekündigt und durch zwei Designerlöwen namens Sechzger und Sechzgerl ersetzt wurde, denen jede Individualität abging. Seinen Unmut über diese Maßnahme gab der Rastalöwe am 8. August 2008 in einem Interview mit Reporter Markus Schäflein von der *Süddeutschen Zeitung* zu Protokoll. Darin kündigte er arbeitsrechtliche Schritte an und wetterte gegen jene Oberflächlichkeit, die ihn ob seines ungewöhnlichen Äußeren aus dem Stadion verbanne. Auch sei sein Satz, die Spiele des TSV 1860 seien nur auf Drogen zu ertragen, völlig falsch interpretiert worden. Wie sehr er trotz seiner Unangepasstheit die Mechanismen des Fußballgeschäfts beherrschte, zeigt seine floskelhafte Antwort auf die Frage, was er tun werde, wenn die Faninitiative, die seine Rückkehr ins Amt forderte, nicht zum Erfolg führen sollte: »Dann gehe ich Golf spielen oder mit meiner Frau wandern.«

Erfolg scheint den angekündigten juristischen Maßnahmen nicht beschieden gewesen zu sein. Zumindest war zu einem eventuellen Rechtsstreit Löwe gegen Löwen nichts in Erfahrung zu bringen. Bei den Fans aber bleibt der Rastalöwe unvergessen und seine Rückkehr würde wohl mit ähnlichem Jubel begrüßt wie einst die von Benny Lauth.

17. GRUND

Weil man gleichzeitig Löwe, Fußballgott und Finanzbeamter sein kann

In der ersten Bundesligasaison nach dem Durchmarsch aus dem Amateurlager stand noch eine ganze Reihe von Spielern in der Mannschaft, die bereits in der Bayernliga das Löwentrikot getragen hatte. Fest zum Stamm gehörten aber nur drei von ihnen, Bernhard Trares und Thomas Miller, die beide auf 31 Einsätze kamen, alle davon in der Startelf, und Armin Störzenhofecker, der aber bei elf seiner 27 Einsätze eingewechselt wurde.

Von Bernhard Trares hatte man dies erwartet, der war eigentlich nicht für die Bayernliga sondern für höhere Aufgaben geholt worden. Auch das Laufwunder Armin Störzenhofecker hatte man sich vielleicht als Bundesligaspieler vorstellen können. Aber Thomas Miller? Er war für die SpVgg Unterhaching und den FC Augsburg in der Bayernliga aktiv gewesen, bevor er zu den Löwen wechselte, und mehr als diese Liga trauten ihm viele auch nicht zu. Doch nach dem ersten Aufstieg aus der Bayernliga kam er in der 2. Liga in allen 36 Saisonspielen zum Einsatz und versäumte keine einzige Spielminute! Was nicht nur für sein Leistungsvermögen und seine Ausdauer spricht, sondern auch für seine Fairness, denn eine Gelb-Sperre gehört für einen Defensivspieler bei so vielen Spielen eigentlich doch fast dazu. Auch in der Zweitligasaison nach dem zweiten Aufstieg aus der Bayernliga gehörte in 35 Spielen zu den Leistungsträgern, und so nahm Werner Lorant ihn selbstverständlich auch mit in die Bundesliga. Insgesamt kam er in drei Spielzeiten auf 82 Bundesligaeinsätze und belehrte alle eines Besseren, die ihn für einen Bayernligaspieler gehalten hatten.

Bei den Fans erfreute sich der unermüdliche Abwehrrecke enormer Beliebtheit, immer wieder wurde er als Fußballgott gefeiert. Im Hauptberuf war Thomas Miller Finanzbeamter. Einen populäreren Vertreter seiner Zunft gab es in jenen Jahren vermutlich in ganz Deutschland nicht.

18. GRUND

Weil sich beim TSV ganz Europa trifft

Ausländische Spieler spielten im deutschen Fußball bereits seit den Pionierjahren eine Rolle, auch wenn sich ihre Zahl in Grenzen hielt. Vor dem 1. Weltkrieg und auch in den Jahren danach handelte es sich oft um Studenten, die sich für einige Auslandssemester in die Fremde begeben hatten und weiterhin ihren Sport ausüben wollten. In den Zwanzigerjahren kamen dann vor allem Spieler aus Österreich und Ungarn dazu, die de facto Profis waren und ihre Künste auf dem ganzen Kontinent anboten. Nach dem 2. Weltkrieg blieb die Zahl der erlaubten Ausländer pro Team beschränkt, bis das Bosman-Urteil alles veränderte. Seit Einführung der Bundesliga schöpfte die Mehrzahl der Vereine die Quote von zwei erlaubten Ausländern auch aus mit Spielern, die in den allermeisten Fällen aus Europa kamen.

Auch München 1860 hatte nahezu von Anfang den einen oder anderen Ausländer in seinen Reihen. Die ersten waren Österreicher, ihnen ist in diesem Buch ein eigenes Kapitel gewidmet. In den Jahren 1911 und 1912 spielte mit Dr. Klaus Hansen ein Däne bei den Sechzigern, und zwar als Verteidiger. Etwa zur gleichen Zeit schloss sich auch ein Stürmer aus Teplitz mit Namen Pospech den Löwen an. (Die Festschrift zum 30-jährigen Jubiläum der Fußballabteilung schreibt Pospiech, die zeitgenössische Presse mehrheitlich Pospech.)

In den Jahren zwischen den Kriegen zeigten sich die Löwen wenig kosmopolitisch. Neben dem Österreicher Robert Hönig, der von 1920 bis 1923 zur Mannschaft gehörte, absolvierte der norwegische Internationale Arvid Syrrist in der Spielzeit 1929/30 einige Spiele für die Löwen. Während der Kriegsjahre waren es wieder einige Österreicher, die den Weg zu 1860 fanden, und außerdem die beiden bulgarischen Torhüter Atanas Talew und Raitcho Bogoslowoff.

In der Oberliga Süd spielte 1860 zunächst ohne Ausländer. Nachdem man 1953 in die 2. Liga Süd abstiegen war und den sofortigen Wiederaufstieg verpasst hatte, verstärkte man sich mit den beiden Jugoslawen Filip Lesjak und Slavko Pelicon. In Jugoslawien war der Eiserne Vorhang durchlässiger; im Unterschied zu den Ländern des Warschauer Pakts wurde Fußballspielern dort der Wechsel ins Ausland erlaubt, meist allerdings erst im fortgeschrittenen Fußballeralter. Adalbert Wetzel musste einige Mühe darauf verwenden, die Freigabe der beiden Kandidaten zu erreichen. Es lohnte sich, denn man schaffte tatsächlich den Wiederaufstieg und die beiden blieben insgesamt drei Spielzeiten bei den Löwen. In der Saison 1957/58 absolvierte der Ungar László Molnár acht Spiele für 1860; er war während des Ungarnaufstands 1956 in den Westen geflohen.

In den ersten Bundesligajahren bis 1970 blieb es bei Jugoslawen. Der berühmteste war natürlich Radi Radenković. 1964/65 spielte Stefan Bena ein Jahr bei den Löwen. Länger blieb Željko Perušić, die Lunge der Meisterschaft, der 1965 zum Kader stieß und den Verein erst nach dem Abstieg 1970 wieder verließ. Nachdem es einmal so gut geklappt hatte, versuchte man es 1973 erneut mit einem jugoslawischen Torhüter, doch Fahrija Dautbegović brach seine Zelte nach nur einem Jahr wieder ab. Mehr Glück hatte man mit Libero Ahmet Glavović (ab 1976) und dem Flügelflitzer Ivica Senzen (ab 1979), die jeweils drei Jahre blieben und zu Publikumslieblingen wurden.

In den Siebzigern kam mit Konrad Holenstein (1970/71) auch erstmals ein Schweizer zu den Löwen. Vier weitere Landsleute, Marco Walker, Rémo Meyer, Martin Angha und Nico Andermatt, spielten später für 1860. Gerade mal drei Monate hielt es Arne Rastad, der erste Däne seit Klaus Hansen, in München aus. Auch Niels Poulsen (1978/79) blieb nicht lange. Besser lief es für Jan Højland Nielsen, der von 1974 bis 1979 ein Sechziger war. Seitdem spielte mit Frank Pingel in der Saison 1991/92 nur noch ein Däne bei 1860, bevor sich Christian Gytkjær in der Saison 2016/17 versuchte. Mit Gerard Schoonewille hatte die Löwen 1975/76 erstmals einen Holländer in ihren Reihen, ihm folgten später Gerald Vanenburg (1998 bis 2000) und Quido Lanzaat (2004 bis 2006).

In den Bayernligajahren, als man aus Verzweiflung vieles probierte, um endlich wieder in die 2. Liga zu gelangen, kam es zu einigen merkwürdigen Experimenten. 1985 holte man gleich drei Tschechoslowaken: Jaroslav Netolička, Zdeněk Prokeš, und Miroslav Gerhat. Nur Prokeš entwickelte sich zum Leistungsträger. Im ersten Jahrzehnt des neuen Jahrtausends bediente man sich erneut in Tschechien. Roman Týce schlug voll ein, hatte aber immer wieder mit schweren Verletzungen zu kämpfen. Auch Tomáš Votava war verletzungsanfällig und schaffte in vier Jahre gerade mal 49 Ligaspiele. Martin Čižek ging nach zwei Jahren zur SpVgg Unterhaching; Michal Kolomazník schoss die Löwen in der Saison 2004/05 beinahe zurück in die Bundesliga und ging bald danach denselben Weg wie Čižek.

Zurück zur Bayernliga. 1987/88 setzte man große Hoffnungen auf zwei isländische Nationalspieler, Guðni Bergsson und Ragnar Margeirsson, die auf zusammen fünf Einsätze kamen. Trainer Uwe Klimaschefski glaubte zu wissen warum: Island sei etwa so groß wie Schwabing, da müsse es nix heißen, wenn einer Nationalspieler sei. Der Vorwurf fällt natürlich auf die Vereinsverantwortlichen zurück, die die Spieler geholt hatten. Vielleicht wäre man weiter gekommen, hätte man sich in Schwabing auf Talentsuche begeben.

Merkwürdig gering ist die Zahl der Spieler aus den großen europäischen Ländern. Matthieu Béda war der erste Franzose, die Trainer, mit denen er es bei den Löwen zu tun hatte, konnten mit ihm wenig anfangen. Ihm folgten 2015 Romuald Lacazette und 2016 Karim Matmour, der seine Länderspiele allerdings für Algerien bestritt. Erst 2012 kam mit Guillermo Vallori der erste Spanier, der 2014 dann gleich dreifache Gesellschaft in Gestalt von Ilie Sánchez, Edu Bedia und Rodri erhielt. Einen Profi aus England oder Italien hatte 1860 bisher nicht unter Vertrag.

Wenig Glück hatten die Löwen in den letzten zwei Jahrzehnten mit Spielern aus Skandinavien. Mats Lilienberg, der einzige Schwede, schaffte den Durchbruch nicht. Der Norweger Ørjan Berg (1991/92) kämpfte gerade mal ein halbes Jahr vergeblich gegen den Abstieg. Auch seine Landsleute Vidar Riseth und Erik Mykland blieben nicht lange. Beide kamen als Spieler in den besten Jahren mit großer internationaler Erfahrung und konnten die in sie gesetzten Hoffnungen nicht erfüllen. In diese Kategorie gehören auch der Finne Janne Saarinen und der Belgier Didier Dheedene, wie Riseth und Mykland Champions-League-Spieler, bevor sie zu 1860 kamen.

Als Volltreffer erwiesen sich entgegen einige Verpflichtungen in den Neunzigerjahren: Piotr Nowak, Miroslav Stević und Daniel Borimirov. Piotr Nowak war der erste Pole bei 1860 und hatte beträchtlichen Anteil daran, 1860 in der Bundesliga zu etablieren.

Stević stabilisierte zusammen mit Jens Jeremies das defensive Mittelfeld. Borimirov war zwar nicht der beständigste in seinen Leistungen, hatte bei der Rückkehr in seine Heimat aber über 200 Bundesligaspiele absolviert.

Neben Piotr Nowak trugen noch drei weitere Polen das Löwentrikot, Marek Leśniak für ein halbes Jahr in der ersten Saisonhälfte 1995/96, dann von 2004 bis 2008 Łukasz Szukała und seit Sommer 2012 Rechtsverteidiger Grzegorz Wojtkowiak. Aus Bulgarien versuchte sich noch Hristo Jovov in den späten 1990ern. Weitaus größter die Zahl von Spielern aus dem früheren Jugoslawien, die sich nach Stević noch bei den Löwen versuchten. Der berühmteste unter ihnen war der Kroate Davor Šuker (2001 bis 2003), der nicht unerheblich am Ausscheiden der deutschen Mannschaft bei der WM 1998 beteiligt gewesen war. Libero Elvis Braiković (1994 bis 1996) überzeugte ebensowenig wie Mittelfeldspieler Besnik Hasi (1997/98). Slobodan Komljenović (2004 bis 2006) bestritt zwar Länderspiele für Serbien, ist aber gebürtiger Frankfurter. Nemanja Vučićević (2004 bis 2007) blieb durch eine Dopingaffäre in Erinnerung. Antonio Rukavina etablierte sich von 2008 bis 2012 als solider Zweitligaverteidiger, während sich Aleksandar Ignjovski (2009 bis 2011) als großes Talent im defensiven Mittelfeld erwies, das leider nicht gehalten werden konnte. Die letzten in dieser Reihe sind Djordje Rakić (2010 bis 2012), Ardijan Dzokaj (2009 für ein halbes Jahr), Marin Tomasov (2012–2014) sowie Ivica Olić und Filip Stojković (beide 2016/17). Der 2014 zu den Löwen gestoßene Valdet Rama ist im ehemaligen Jugoslawien geboren, in Deutschland aufgewachsen und spielt international für Albanien. Der 2015 von den Löwen verpflichtete Stefan Mugoša stammt aus Montenegro. Der erste Ungar bei 1860 war Gábor Király, der die sportliche Hosenmode bekanntlich auf neue Höhen führte, dies allerdings schon in seiner Zeit vor den Löwen. Kurz nach Királys Abgang stieß sein Landsmann Krisztián Simon zu 1860. Aus Rumänien kam 1980 Viorel Năstase, der nach dreizehn Monaten seine Zukunft in Italien sah. Große Hoffnungen setzte man

2009 in Florin Lovin, der seine erste Saison bei 1860 wegen eines Kreuzbandrisses weitgehend versäumte und in der zweiten dann nicht mehr so recht in die Gänge kam.

Kurze Gastspiele bei 1860 gaben bisher drei Griechen, Paul Koutsouliakos (1991/92), Charilaos Pappas (2009/10) und Grigoris Makos (2012/13), letzterer kam nach der Europameisterschaftsteilnahme für sein Heimatland als großer Hoffnungsträger, war zunächst länger verletzt und konnte dann in der Mannschaft nie mehr Fuß fassen. Einen »richtigen« Türken hatten die Löwen bisher nicht im Kader, Timur Yanyali (1994/95) und Tarik Çamdal (2009 bis 2011) waren echte Münchner Kindl und auch Erol Bulut (2004/05) ist in Deutschland geboren. Bleiben noch ein Russe, Denis Bushuev (2004/05), ein Georgier, Mate Ghvinianidze, der sich zwischen 2006 und 2011 einen Ruf als »Partylöwe« erarbeitete, und mit Christophe Lepoint ein Belgier, der 2003/04 seinen einzigen Bundesligaeinsatz im vorentscheidenden Abstiegsduell gegen Hertha BSC hatte und in der folgenden Saison noch einige Male in der 2. Liga ran durfte.

Weiße Flecken auf der Löweneuropakarte? Italien und Großbritannien haben wir bereits erwähnt, Portugal und Irland wären zu nennen, außerdem eine ganze Reihe von Nachfolgestaaten der vormaligen Sowjetunion.

19. GRUND

Weil man bei 1860 Respekt vor alten Meistern hat

Petar Radenković hängte die Fußballschuhe im Sommer 1970 an den berühmten Nagel. Er hätte ein besseres Karriereende verdient gehabt als den Abstieg aus der Bundesliga. Sieben Jahre später, am 8. Juli 1977, sollten seine großartigen Leistungen für den TSV 1860 mit einem Abschiedsspiel gewürdigt werden. Dabei galt es auch, den geschafften Wiederaufstieg zu feiern.

25.000 Zuschauer kamen an jenem Tag ins Olympiastadion, um die Meistermannschaft von 1966 im Duell mit jenem Team zu sehen, das in der neuen Saison in der Bundesliga bestehen sollte. Max Merkel, mit dem der Radi nicht das beste Verhältnis hatte, war zu jenem Termin wohl unerwünscht, weshalb die Meister von einem anderen Altmeister betreut wurden, nämlich Fritz Walter. Sammy Drechsel, der Gründer der Münchner Lach- und Schießgesellschaft, agierte als »Technischer Leiter«, was immer das bedeuten mochte.

Fritz Walter leistete offenbar ganze Arbeit, denn das Spiel endete mit einem doch überraschenden, ja sensationellen, 4:1-Sieg der alten Meister. Sicher, die 1977er Löwen hatten erst zwei Tagen zuvor das Training aufgenommen, aber voll im Saft standen ihre Gegner ja vermutlich auch nicht gerade. Dennoch hatten sie mehr zuzusetzen, denn zur Pause hatte es nur 1:1 gestanden. Die Tore erzielten Timo Konietzka und Otto Luttrop, die beide doppelt trafen.

Die Ergebnisse von Vorbereitungsspielen sind bekanntlich mit Vorsicht zu genießen. Möglicherweise war das aktuelle Team von der Spielkunst der Altmeister aber doch ziemlich beeindruckt. Wie anders wäre zu erklären, dass es fünfzehn Spieltage und den besonderen Ansporn eines Lokalderbys brauchte, um endlich zum ersten Saisonsieg zu kommen?

20. GRUND

Weil die zweite Wahl auch mal die bessere sein kann

Als der TSV 1860 1961 nach dem Abgang von Hans Hipp einen neuen Trainer suchte, bemühte man sich um Helmut Schneider, der bei einer Reihe von Oberligavereinen überaus erfolgreich gearbeitet hatte und mit Borussia Dortmund zweimal Deutscher Meister geworden war. Doch Schneider verhandelte auch mit dem FC Bayern, bei dem er dann einen Vertrag unterschrieb.

So entschied sich Adalbert Wetzel für Max Merkel, der seit 1958 Borussia Dortmund trainiert und dort 1961 das Finale um die Deutsche Meisterschaft erreicht hatte. Der gebürtige Wiener hatte beim SK Rapid mit dem Fußballspielen begonnen. Er war ein knorriger Verteidiger, aus denen ja oft die besten Trainer geschnitzt werden. In jungen Jahren, kurz nach dem »Anschluss« Österreichs, wurde er von Sepp Herberger einmal in die deutsche Nationalmannschaft berufen, auf seine alten Tage als Spieler durfte er 1952 auch einmal das österreichische Nationaltrikot tragen.

Seine Trainerlaufbahn begann er in den Niederlanden, wo er in Den Haag arbeitete und dann auch für ein gutes Jahr die Nationalmannschaft betreute. In diese Zeit fällt ein 2:1-Sieg in Düsseldorf beim Weltmeister Deutschland, der bis dahin wohl größte internationale Erfolg des damals noch völlig unbedeutenden niederländischen Fußballs. Nach zwei Jahren bei Rapid Wien mit einem Meistertitel ging er dann nach Dortmund.

Die Aufgabe, die ihm nun in München bevorstand, war eine gewaltige. Er sollte den Verein in die neue Bundesliga führen, deren baldige Einführung zu erwarten war, und im Sommer 1961 konnte sich wohl kaum jemand vorstellen, dass ein mittelmäßiger Oberligist wie 1860 zu den Auserwählten gehören könnte. Doch die Chemie zwischen Wetzel und Merkel stimmte, der Trainer hatte die nötige Rückendeckung und ging frisch ans Werk. In der Saison 1961/62 landete die Mannschaft auf Platz 7, keine Verbesserung nach Platz 6 im Vorjahr, doch Merkel wusste nun, wo er den Hebel ansetzen musste. Er musterte eine Reihe von älteren Spielern aus, holte junge Leute wie Hans Rebele, Rudi Zeiser und Wilfried Kohlars, dazu einen neuen Torwart namens Petar Radenković, und gab den Oberligatitel als Saisonziel aus, denn nur als Südmeister würde die Nominierung für die Bundesliga zu erreichen sein.

Es klappte, 1860 kam in die Bundesliga und begann von Erfolg zu Erfolg zu eilen: Pokalsieg, Europapokalfinale, Meisterschaft. Trotz all dieser Erfolge ließ sich jedoch nicht sagen, dass Trainer und Mannschaft eine Einheit bildeten. Im Gegenteil, das Verhältnis verschlechterte sich zusehends, die Spieler bemängelten den oft wenig freundlichen Umgang des Trainers mit ihnen. Auch im Verein hatte sich Merkel mit verschiedenen Äußerungen nicht nur Freunde gemacht. Für ihn war 1860 immer noch ein Turnverein mit wenig professionellen Strukturen. All diese Querelen kulminierten in Merkels Entlassung im Dezember 1966, nur ein halbes Jahr nach dem Meistertitel. Adalbert Wetzel hatte bis zuletzt zu ihm gehalten, konnte ihn aber auch nicht mehr stützen.

Merkel ging nach Franken und wurde mit dem 1. FC Nürnberg in der Saison 1967/68 Meister. Doch auch dort kam bereits im nächsten Jahr der große Crash, Merkel musste gehen und der Club stieg als einziger Meister der Bundesligageschichte im Jahr nach dem Titelgewinn ab. Nach erfolgreichen Jahren in Spanien kehrte der große Zampano 1974 zu 1860 zurück, nahm aber schon im April 1975 erneut seinen Hut, denn sportlich hatte er nur wenig bewegt, obwohl er auch als Technischer Direktor fungierte, mithin großen Einfluss hatte.

In späteren Jahren beschränkte sich Merkel überwiegend auf seine Tätigkeit als Kolumnist für eine deutsche Tageszeitung. Unterhaltsam war er dabei immer, unter seinen oft ätzenden Sprüchen waren einige Klassiker, doch er machte sich damit nicht nur Freunde. Er starb im November 2006 in Putzbrunn bei München. Der Stadt seiner größten Erfolge war er treu geblieben.

Helmut Schneider wurde mit den Bayern in den beiden letzten Oberligajahren jeweils Dritter, was normalerweise zum Bundesligaeinzug hätte reichen sollen. Doch Merkel übertrumpfte ihn mit der Süddeutschen Meisterschaft und kein anderer Trainer hätte in dieser spezifischen Situation wohl eine größere Erfolgsgeschichte schreiben können. Möglicherweise verdanken sich die größten Erfolge der Löwenfußballer unter anderem Merkels konfrontativer Art. Vermutlich verhinderte genau dieses Auftreten aber auch eine weitere Ausdehnung der Ära Merkel bei 1860.

3. KAPITEL

LÖWEN FÜR WEMBLEY

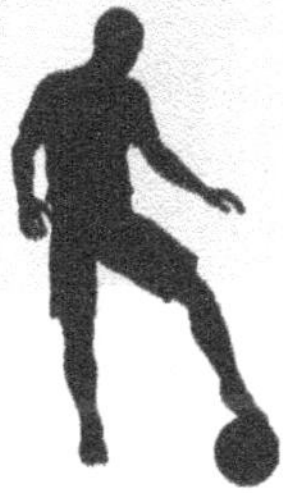

21. GRUND

Weil die Löwen den Weg nach Wembley fanden

Der Pokalsieg von 1964 bedeutete zugleich die Teilnahmeberechtigung am Europapokal der Pokalsieger. Deutsche Vereine waren in diesem Wettbewerb, der erstmals in der Saison 1960/61 zur Austragung gekommen war, bisher nur zu kleineren Erfolgen gekommen. Der 1. FC Nürnberg hatte 1962/63 immerhin das Halbfinale erreicht; gleiches war im Jahr zuvor dem DDR-Vertreter Motor Jena gelungen.Die Löwen wollten es besser machen. Die Auslosung der 1. Runde brachte mit Union Sportive Luxemburg einen leichten Gegner. Das Hinspiel im Großherzogtum wurde mit 4:0 gewonnen, im Rückspiel an der Grünwalder Straße hieß es gar 6:0. Im Achtelfinale wartete mit dem portugiesischen Pokalsieger FC Porto ein anderes Kaliber. Wieder durfte man zunächst reisen und kehrte durch ein Tor von Fredi Heiß mit einem 1:0-Sieg zurück. Heiß markierte auch den Führungstreffer im Rückspiel, zur Halbzeit hieß es 1:1 und dieses Ergebnis wurde auch ins Ziel gerettet.

Im Viertelfinale ging es gegen die Armeemannschaft von Legia Warschau, wieder zuerst auswärts. Bei einer morgendlichen Inspektion präsentierte der Platz sich tief gefroren und völlig vereist, doch irgendwie wurde er spielfähig gemacht, und die Löwen erwiesen sich wie so oft als Winterkönige. 4:0 hieß es am Ende durch Tore von Grosser, Küppers und zweimal Heiß. Keine Probleme auch im Rückspiel, mit einem torlosen Unentschieden wurde das Halbfinale erreicht. Dort wurde den Löwen der AC Turin zugelost. Ende der Fahnenstange, so die allgemeine Einschätzung. Zum vierten Mal durfte 1860 das Hinspiel auswärts bestreiten. Bereits in der 10. Minute gingen die Italiener in Führung, kurz vor der Pause steuerte Otto Luttrop ein Eigentor bei. Weitere Tore fielen nicht, das 0:2 ließ den Löwen nur noch eine kleine Chance.

Das Rückspiel am 27. April 1965 sollte zu einem der denkwürdigsten Spiele in der langen Geschichte der Löwenfußballer werden. 44.000 Zuschauer füllten unter Flutlicht das ausverkaufte Stadion an der Grünwalder Straße bis zum Rand und trieben die Mannschaft beständig nach vorn. Bereits in der 12. Minute bedeutete ein Freistoß von »Atom-Otto« Luttrop die Führung und schon in der 26. Minute war durch einen Treffer von Fredi Heiß der Rückstand aus dem Hinspiel aufgeholt. Und es sollte noch besser kommen: acht Minuten nach der Pause entschied der tschechische Schiedsrichter nach einem Foul an Rebele auf Elfmeter. Luttrop verwandelte und das Finale winkte. Doch zum Entsetzen des Publikums verkürzten die Italiener in der 74. Minute auf 1:3 und dabei blieb es.

Nach heutiger Regelung hätte dieses Auswärtstor der Italiener das Ausscheiden der Sechziger bedeutet. Damals jedoch kam es bei Torgleichheit zu einem Entscheidungsspiel auf neutralem Platz. Als Austragungsort wurde Zürich bestimmt. Etwa 25.000 Zuschauer wollten sich diese Begegnung nicht entgehen lassen, darunter ca. 10.000 Löwen-Fans, die sich in einer von mehreren Münchner Firmen gesponserten Karawane mit Reisebussen von der Theresienwiese aus auf den Weg in die Schweiz gemacht hatten. Es sollte eine weitere magische Nacht werden. Die erste Halbzeit verlief torlos, in der 59. Minute brachte ein satter Schuss von Hansi Rebele die 1:0-Führung für 1860. Nun machten die Italiener gewaltig Druck, doch Schlussmann Petar Radenković zeigte eine seiner besten Leistungen im Löwendress und vereitelte alle Bemühungen des Gegners. In der letzten Minute fanden die Löwen dann doch noch einmal den Weg in den gegnerischen Strafraum. Peter Grosser wurde gefoult und Otto Luttrop verwandelte den fälligen Strafstoß zum 2:0-Endstand.

Im anderen Halbfinale hatte sich West Ham United knapp gegen Real Saragossa durchgesetzt. Im Endspiel in Wembley, der Kathedrale des Fußballs schlechthin, würden die Löwen also auf einen Gegner mit Heimvorteil treffen. Erneut machten sich etwa 10.000

Fans auf den Weg, diesmal bildeten sie die Minderheit unter den 100.000, die dem Spiel insgesamt beiwohnten. Dieses Finale am 19. Mai 1965 bestritt 1860 ganz in Weiß, genau wie das allererste Fußballspiel der Vereinsgeschichte. Die Hammers präsentierten sich in ihren traditionellen burgunderroten Hemden mit blauen Ärmeln, dazu weißen Hosen und Stutzen. In der Mannschaft standen mit Kapitän Bobby Moore, Geoff Hurst und Martin Peters drei Spieler, die ein Jahr später an gleicher Stelle gegen eine deutsche Mannschaft ohne Löwenspieler den Weltmeistertitel gewinnen sollten.

Für den TSV 1860 führte Rudi Brunnenmeier folgende Mannschaft auf das Spielfeld: Petar Radenković, Manfred Wagner, Wilfried Kohlars, Stefan Bena, Hans Reich, Otto Luttrop, Alfred Heiß, Hans Küppers, Rudolf Brunnenmeier, Peter Grosser, Hans Rebele. Verteidiger Bernd Patzke fehlte verletzt und um den Einsatz von Fredi Heiß hatte man lange bangen müssen, denn der hatte sich zuvor in einem Bundesligaspiel eine Muskelzerrung zugezogen. Erst am Morgen des Spieltags fiel unter Mitwirkung von DFB-Masseur Erich Deuser die Entscheidung. Heiß konnte spielen, der vorgesehene Ersatzmann Berti Kraus musste draußen bleiben, ausgewechselt werden durfte damals noch nicht.

Nach Spielbeginn dauerte es eine Weile, bis die Löwen ihrer Nervosität Herr wurden. West Ham begann stark, doch dann kamen 1860 besser ins Spiel. Torlos ging es in die Pause. Gleich nach Wiederanpfiff ein Pfostenschuss für das Team aus dem Londoner Osten, langsam begann die Waage sich zu seinen Gunsten zu neigen. In der 69. Minute gelangte das Leder nach einem Ballverlust der Löwen auf schnellstem Wege zu Rechtsaußen Alan Sealey und der traf aus etwa zwölf Metern unhaltbar für den Radi ins Netz. Und nur zwei Minuten später schlug Sealey erneut zu, nach einem Freistoß von Bobby Moore aus kurzer Distanz. Vielleicht hatte er ganz knapp im Abseits gestanden, doch Schiedsrichter István Zsolt aus Ungarn entschied auf Tor. Die Entscheidung war gefallen, der Europapokal ging an West Ham United.

Dennoch bereiteten die Münchner am folgenden Tag den Löwen und ihrem Trainer Max Merkel einen begeisterten Empfang. Das Team trug englische Bowler-Hüte, im Triumphzug ging es zum Marienplatz, wo Oberbürgermeister Hans-Jochen Vogel die Mannschaft vor Tausenden von Fans begrüßte. Prominentester Gast bei einer abendlichen Feier im Bürgerbräukeller war Goldfinger Gert Fröbe. Und am folgenden Tag traf die englische Königin Elisabeth II. im Rahmen eines Staatsbesuchs in München ein, dies allerdings nicht zu Ehren des TSV 1860.

Dieser Europapokalauftritt gewann den Löwen viele Fans und das Finale von Wembley blieb auch international in bester Erinnerung. Für ihr sportliches Auftreten in diesem Spiel wurden beide Mannschaften später mit einem Fair-Play-Preis der UNESCO ausgezeichnet.

22. GRUND

Weil das Münchner Derby das traditionsreichste Stadtderby des Landes ist

Die große Zeit der Stadtderbys waren die frühen Jahre des Fußballs, als die Ligenpyramide noch keine Spitze hatte. Mehrere Derbys zwischen den Spitzenteams der großen Städte waren Jahr für Jahr an der Tagesordnung. Die Reduzierung der Zahl der obersten Ligen auf sechzehn Gauligen durch die Nazis bedeutete gegenüber dem vorherigen Zustand bereits eine Konzentration an der Spitze, aber München oder Nürnberg waren in der bayerischen Gauliga meist immer noch mit mindestens drei Vereinen vertreten. Die Einführung der Oberligen nach dem 2. Weltkrieg führte zu einer weiteren Konzentration der Kräfte, doch in der Oberliga Süd war es immer noch der Normalfall, dass zwei Vereine aus München dabei waren, zwei aus Stuttgart, zwei aus Mannheim, zwei aus Frankfurt und zwei aus Augsburg. Dazu kam das Nürnberg/Fürther-Derby und oft machten sich die Spielplangestalter den Spaß, all diese Spiele an einem Spieltag anzusetzen, so dass an jenem Tag fast in der ganzen Liga Derbyfieber herrschte. Und die Rollen zwischen den Stadtrivalen waren selten so eindeutig verteilt, dass man vor der Saison hätte zuverlässig vorhersagen können, wer in der Tabelle am Ende die Nase vorn haben würde.

Dann kam die Bundesliga und bereitete der Derbyherrlichkeit ein Ende. Mit einer Ausnahme: 1965 stieg der FC Bayern auf und das Münchner Derby wurde damit zum ersten Stadtderby, das in der Bundesliga zum Austrag kam. Auch andere Städte schafften es, ab und an mal, zwei Vereine gleichzeitig in die Bundesliga zu bringen. Doch dies blieben Episoden, selbst der FC St. Pauli schaffte nie mehr als drei Bundesligajahre am Stück. Der TSV 1860 und der FC Bayern hingegen kommen auf immerhin achtzehn gemeinsame Bundesligajahre, auch wenn die Rollen inzwischen ebenso eindeutig verteilt sind wie in anderen Städten. München bleibt neben Hamburg und Berlin auch die einzige Stadt, die einen bundesliga-tauglichen Zweitligisten beherbergt – auch wenn die Löwen seit dem Sommer 2017 nur noch ein Zweitligist im Wartestand sind. (Nürnberg/Fürth lassen wir mal ganz formalistisch außen vor, denn das Frankenderby ist im strikten Sinne ja kein Stadtderby.)

Vor dem 1. Weltkrieg dominierten vier Vereine den Münchner Fußball: der FC Bayern und der MTV 1879, dahinter rangierten mit etwas Abstand der FC Wacker und 1860. Nach dem Krieg schied der MTV aus diesem Quartett aus und Wacker hatte einige große Jahre, doch spätestens gegen Ende der Zwanzigerjahre etablierte sich das Duell zwischen Bayern und Sechziger, zwischen Rot und Blau, als das große Münchner Derby. Die beiden Vereine trafen sich das erste Mal am 21. September 1902, Bayern gewann mit 3:0. Die Löwen gewannen erstmals am 1. November 1903 und zwar mit 2:0. Höchster Löwensieg ist ein 8:0 vom 22. Dezember 1918, die Bayern errangen ihren höchsten Sieg mit 9:1 gleich in der zweiten Begegnung am

7. Dezember 1902. Das torreichste Spiel ist ein 9:4 für 1860 vom 4. Juli 1915. Insgesamt sieht die Bilanz den FC Bayern im Vorteil.

Eine neue Blüte erlebte das Münchner Derby in den Bundesligajahren der Löwen zwischen 1994 und 2004. Die Duelle waren meist heiß umkämpft und man bekam sich nicht nur auf dem Spielfeld sondern auch an der Seitenlinie in die Wolle. Den Höhepunkt für die Löwen-Fans bildete natürlich die Saison 1999/2000, als beide Derbys an 1860 gingen. Seit dem Abstieg sind die Löwen in drei Privatspielen gegen den FC Bayern ungeschlagen. Die momentan letzte Begegnung ist zugleich auch das letzte Pflichtspiel zwischen den beiden Vereinen. Am 27. Februar 2008 traf man sich im Viertelfinale des DFB-Pokals, der FC Bayern siegte durch eine zweifelhaften Elfmeter in der letzten Minute der Verlängerung mit 1:0.

Dass die Münchner immer noch vom Derbyvirus infiziert sind, zeigt sich, wenn die zweiten Mannschaften oder die besten Jugendteams aufeinander treffen. Oder wie neuerdings in der Regionalliga die Erste der Löwen und die Zweite der Roten. Ein Sieg gegen den Lokalrivalen ist immer noch mehr wert als ein Sieg gegen jede andere Mannschaft. Da mit einem Abstieg des FC Bayern auf absehbare Zeit bei realistischer Betrachtung nicht zu rechnen ist, sind die Löwen aufgefordert, dafür zu sorgen, dass es bald wieder zu einem »richtigen« Derby kommt.

23. GRUND

Weil die Löwen magische Spitznamen haben

Der Fußball hat uns viele schöne Spitznamen geschenkt, von »Uns Uwe« über den »Boss«, Helmut Rahn, zu »Ente« Lippens und »Stan« Libuda. Natürlich gehört der »Kaiser« in diese Reihe, aber auch »Acker«, wie ein schussgewaltiger Mittelstürmer namens Gerhard Schröder von seinen Mitspielern beim TuS Talle genannt wurde.

Wobei es einen kleinen Unterschied zu machen gilt zwischen jenen Namen, die tatsächlich als Rufnamen gebraucht werden, und jenen, die eher in der Öffentlichkeit und den Medien Anwendung finden. Helmut Rahn wurde von seinen Mitspielern wohl tatsächlich, lange vor Bruce Springsteen, Boss gerufen, Franz Beckenbauer hingegen war für seine Kollegen wohl einfach der Franz (im Unterschied zu Didi Hamann, den seine Mitspieler und Trainer in England in der Tat Kaiser nannten).

Auch bei 1860 gibt es eine reiche Tradition von Spitznamen, wobei wir uns nicht um einfache Ableitungen aus Vor- oder Nachnamen kümmern wollen wie zum Beispiel Wiggerl (von Ludwig), Fonse (von Alfons) oder Biero (von Bierofka). Und vor den Spielernamen kommen die Bezeichnungen, mit denen der Verein selbst und seine Mannschaften belegt werden: 1860, das sind die Löwen, die Sechziger, die Blauen, die Giesinger, die Turner usw.

Viele Spieler, wie zum Beispiel Thomas »Icke« Häßler, brachten ihren Spitznamen mit, als sie zu 1860 stießen. Otto Luttrop kam als »Atom-Otto« ob seiner berüchtigt harten Freistöße. Bei »Timo« Konietzka glaubten seine Mitspieler bei Borussia Dortmund eine Ähnlichkeit mit dem russischen General Timoschenko entdeckt zu haben; später ließ er sich den Timo sogar an Stelle seines eigentlichen Vornamens Friedhelm im Pass eintragen. Franz Gerber wurde »Schlangen-Franz« genannt, nicht weil der Stürmer sich gekonnt durch Abwehrreihen wand, sondern weil die Reptilien sein Hobby waren. Harry Ellbracht firmierte bereits bei den Fans seiner vorigen Vereine als »Stolper-Harry« und die Löwen-Fans sahen keinen Anlass, davon abzurücken. Eher intern gebräuchlich war der Spitzname von Horst Wohlers, »Fussel«.

Aber die Tradition von Löwen-Spitznamen reicht weiter zurück. Trainer Max Breunig verpasste dem eher kleinwüchsigen Ludwig Lachner den Beinamen »Pipin«, in Anlehnung an den Frankenkönig Pippin der Kurze. Kleine Statur, zumindest in jungen Jahren, erklärt eine Reihe weiterer Spitznamen. Sowohl Georg Bayerer wie auch Fritz Sommer wurden auch »Buale«, also kleiner Bub, genannt. Bei Ludwig Bründl kam nicht die bayerische Variante sondern das hochdeutsche »Bubi« zur Anwendung. Und Otto Thanner wurde »Biwi« gerufen, abgeleitete von »Biwerl«, was im Bayerischen Küken bedeutet. Petar Radenković erhielt seinen Spitznamen »Radi« von dem Sportjournalisten Hans Schiefele. Scheinbar nur eine wenig einfallsreiche Ableitung aus seinem Nachnamen. Aber doch ein bisschen mehr, denn Radi ist auch das bayerische Wort für den Rettich, der in der einheimischen Küche eine große Rolle spielt.

Einige Löwenspieler trugen Spitznamen, die wie Vornamen aussahen, mit den eigentlichen Vornamen der Betreffenden aber nichts zu tun hatten. Hans Schmitt war der »Jimmy«, ein weiterer »Jimmy« hieß eigentlich William Hartwig und dass »Charly« Herberth eigentlich auf den Vornamen Alfred getauft war, wussten nur eingefleischte Leser des *Kicker*-Sonderhefts.

Auch einige Löwentrainer konnten sich eines Spitznamens erfreuen, auch wenn sie sich vielleicht gar nicht darüber freuten. Max Schäfer galt in der Presse als »Fußball-Professor«, außerdem waren da Walter »Schoko« Schachner und »Zettel-Ewald« Lienen. Und natürlich Werner Lorant, »Werner Beinhart«, in Anlehnung an die unter dem Namen »Brösel« veröffentlichten Werner-Comics von Rötger Feldmann.

Die genialste Spitznamen-Kreation gelang den Fans aber in den Achtzigerjahren. Es waren die Jahre, als man im deutschen Fernsehen erstmals bewegte Bilder aus der amerikanischen Basketballliga NBA zu sehen bekam, die damals von den Superstars Larry Bird und Earvin »Magic« Johnson dominiert wurde. »Magic«, so beschlossen die Fans, das sollte fortan auch Löwenspielmacher Roland Kneißl sein. Und so kennt man ihn noch heute.

Angesichts dieser veritablen Sammlung von Spitznamen, sollten die Medien in sich gehen und den Verein nicht weiter mit so hässlichen Beinamen wie »Intrigantenstadl« oder »Lachnummer« zu belegen, die jeden Respekt vor den alten Löwen vermissen lassen.

24. GRUND

Weil der TSV 1860 der Jugend eine Chance gibt

Die meisten Fußballvereine sind arm. Wenn man arm ist, kann man nur wenig Geld ausgeben, um Spieler von anderen Vereinen zu holen. Will man trotzdem vorne mitmischen, dann bildet man gute Spieler am besten selber aus. Das kostet heutzutage zwar ebenfalls Geld, aber wenn man es richtig macht, dann kann das Ausbilden durchaus profitabel sein, vielleicht sogar, wie das Beispiel 1860 zeigt, die Existenz retten.

Gute Nachwuchsarbeit hat bei 1860 Tradition, auch wenn die Tradition gelegentlich in Vergessenheit geriet. Rangierten die Löwen vor dem 1. Weltkrieg im Münchner Fußball noch unter »ferner liefen«, so änderte sich das gleich nach Kriegsende. Schuld daran war die vorzügliche Jugendarbeit des Vereins, untrennbar mit dem Namen Josef Braumüller verbunden, der seit 1905 nahezu zwanzig Jahre aktiv in der ersten Mannschaft agierte und sich gleichzeitig in vorbildlicher Weise um die Ausbildung der Jugendmannschaften kümmerte. Beim bis dahin größten Auftritt des Vereins, dem Endspiel um die Deutsche Meisterschaft im Jahre 1931, standen sechs Spieler in der Mannschaft, die die »Braumüller-Schule« durchlaufen hatten (Wendl, Stock, Pledl, Huber, Oeldenberger, Thalmeier).

Auch in den wenig erfolgreichen 1950ern gehörten Eigengewächse wie Fritz Sommer oder Kurt Mondschein zu den Stützen der Mannschaft. Der Aufschwung des folgenden Jahrzehnts verdankt sich zwar auch der gezielten Ergänzung der Mannschaft durch auswärtige Spieler, doch von den in der Meistersaison eingesetzten fünfzehn Spielern waren immerhin sechs bereits in Nachwuchsmannschaften des Vereins aktiv gewesen (Heiß, Wagner, Rebele, Reich, Steiner, Zeiser) und für drei weitere Spieler des Kaders gilt dies ebenfalls, darunter der bereits in der nächsten Saison zum Stamm der Mannschaft gehörende Bubi Bründl.

In den 1970ern gelang nur wenigen Nachwuchskräften der Sprung in die Profimannschaft, doch beim Zwangsabstieg 1982 standen mit Anton Schmidkunz und Herbert Waas zwei eigene Talente in einem recht jungen Team, das zu den schönsten Hoffnungen berechtigte. Schmidkunz war im Herbst 1981 mit den U19-Junioren des DFB Weltmeister geworden, eine größere Profikarriere – er versuchte es bei Fortuna Düsseldorf – blieb ihm jedoch versagt. Waas hingegen wechselte zu Bayer Leverkusen und brachte es dort bis zum Nationalspieler.

In den Bayernligajahren elektrisierte zunächst der junge Ludwig Kögl die Löwen-Fans, als er während der Saison 1983/84 aus der A-Jugend in die erste Mannschaft aufrückte und das Team fast im Alleingang zum Meistertitel führte. Nach dem Scheitern in der Aufstiegsrunde wechselte er zum Lokalrivalen von der Säbener Straße, bei dem er ein Europapokalfinale erreichte und auch in die Nationalelf berufen wurde. Trotz karger Mittel für die Nachwuchsarbeit brachte 1860 in jenen Jahren zwei Jugendnationalspieler hervor, die beide nach einer Saison mit der Bayernligamannschaft in die Bundesliga wechselten: Stefan Hafner scheiterte beim 1. FC Nürnberg und kehrte zu den Löwen zurück, Jürgen Luginger hingegen begann bei Bayer Leverkusen eine lange Profikarriere als Spieler und Trainer, vorwiegend im Westen der Republik. Danach schaffte mit Martin Spanring ein weiterer Junglöwe den Sprung ins Profigeschäft und auch die späteren Bundesligaprofis Rainer Berg, Dennis Grassow und Michael Wiesinger verbrachten zumindest Teile ihrer Jugendjahre beim TSV 1860.

Nach der Rückkehr ins Profilager war es eigentlich angesagt, die Früchte der Nachwuchsarbeit nun auch wieder selbst zu ernten, doch diese ließen zunächst auf sich warten. Zwar rückte nach dem Bundesligaaufstieg mit Timur Yanyali ein Eigengewächs ins Profiteam, das in der Saison 1995/96 sogar zu einigen Einsätzen als Libero kam, aber nach dieser Saison seine Karriere in der Türkei fortsetzte. Mit Michael Öller brachte man einen weiteren Jugendnationalspieler hervor, der aber bei den Profis nie eine Chance bekam. Besser erging es dem Österreicher Martin Stranzl, den Werner Lorant in der Saison 1998/99 in den Profikader holte, wo er sich bald als Stammspieler etablierte und auch den Sprung ins Nationalteam seines Heimatlandes schaffte. Bei den Amateuren hängen blieb hingegen der US-Amerikaner Taylor Twellman, der von 2000 bis 2002 in dieser Mannschaft spielte. Danach ging er zurück in die Profiliga seiner Heimat, wurde bei der New England Revolution zu einem erfolgreichen Torjäger und 2005 sogar zum wertvollsten Spieler der Liga gewählt.

Inzwischen hatte sich unter den Fans herumgesprochen, dass in der Löwenjugend mit Benjamin Lauth ein überragendes Stürmertalent heranwuchs. Von Werner Lorant noch ignoriert, kam er während der Saison 2001/02 unter Peter Pacult zu seinem ersten Bundesligaeinsatz. Es folgte eine Blitzkarriere, die ihn bis in die Nationalmannschaft führte. In der gleichen Saison debütierte mit Andreas Görlitz ein weiterer Junglöwe in der ersten Mannschaft. Der Beginn eines Goldenen Zeitalters in der Löwennachwuchsarbeit, das sich mit den Namen Wolfgang Hauner und Ernst Tanner verbindet, die seit der zweiten Hälfte der 1990er Verantwortung im Juniorenbereich trugen.

2003/04 kamen Daniel Baier, Marcel Schäfer und der Südafrikaner Lance Davids zu ersten Profieinsätzen und auch der von den Amateuren des VfB Stuttgart geholte Matthias Lehmann konnte als Beleg für die bei 1860 nunmehr exzellenten Einsatzchancen für Nachwuchskräfte gelten. Mit dem Abstieg im Jahre 2004 mussten allerdings Lauth, Görlitz und Stranzl verkauft werden, um die Zweitligalizenz zu retten, ein Vorgang, der sich nun nahezu Jahr für Jahr wiederholen sollte.

In Laufe der Saison 2004/05 rückte mit Łukasz Szukała nur ein Spieler aus der zweiten Mannschaft in den Profikader, im nächsten Jahr gelang das mit Nicky Adler, Fabian Johnson, Christoph Janker, Nikolas Ledgerwood und Björn Ziegenbein gleich deren fünf. Im Sommer 2006 folgten Lars und Sven Bender sowie Christoph

Burkhard und Alexander Eberlein, im Laufe der Saison auch noch Christian Träsch. Der Fundus an talentierten Nachwuchsspielern schien unerschöpflich, auch wenn nicht alle gleich zu Stammspielern wurden und manche den Verein verließen, weil sie sich anderswo bessere Einsatzzeiten erhofften. So wechselte Janker zur TSG Hoffenheim und der Kanadier Ledgerwood wurde vorübergehend an Wacker Burghausen ausgeliehen.

Im Sommer 2007 waren die Abgänge von Marcel Schäfer, Daniel Baier und Nicky Adler zu beklagen. Schäfer und Baier gingen zum VfL Wolfsburg, ersterer brachte es bis zum Nationalspieler, letzterer kam unter Felix Magath nicht so recht zum Zuge, entwickelte sich nach einem weiteren Wechsel aber beim FC Augsburg zum Leistungsträger. Christian Träsch, der bei 1860 noch nicht zu einem Profieinsatz gekommen war, wurde im Rahmen der Rückholung von Daniel Bierofka an den VfB Stuttgart abgegeben und schaffte es dort etwas überraschend bis zum Nationalspieler. Neu im Löwenkader unterdessen Timo Gebhart und Benjamin Schwarz, im Laufe der Saison 2007/08 dann auch noch Julian Baumgartlinger, Manuel Duhnke und Manuel Schäffler.

Mit Florian Jungwirth stieß im Sommer 2008 ein weiterer junger Mann aus dem Jahrgang 1989 zum Zweitligakader, der zusammen mit seinen Altersgenossen, den Bender-Zwillingen und Timo Gebhart, gerade die U19-Europameisterschaft gewonnen hatte. In der zweiten Saisonhälfte rückten Michael Schick und Peniel Mlapa auf, schon in der Winterpause war mit Stefan Aigner ein Spieler zu den Löwen zurückgekehrt, der alle Jugendmannschaften durchlaufen, dann jedoch den Umweg ins Profigeschäft über Burghausen und Bielefeld genommen hatte. Demgegenüber stand der Notverkauf von Timo Gebhart, der gleichfalls in der Winterpause an den VfB Stuttgart abgegeben wurde. Ihm folgten im Sommer die Benders, sowie Fabian Johnson und Julian Baumgartlinger. Alle vier sind inzwischen Nationalspieler, Johnson, der als Jugendspieler noch für den DFB antrat, nun allerdings für die USA. Baumgartlinger vertritt die Farben Österreichs, wie auch Philipp Hosiner, der von 2006 bis 2008 in der Löwenjugend aktiv war und in der Saison 2012/13 die Torschützenliste der österreichischen Liga anführte.

Neu im Kader ab Sommer 2009 Sandro Kaiser und Tarik Çamdal, im Laufe der Saison dann auch noch Dominik Stahl, der sich als einziger dieses Trios dauerhaft etablieren konnte; ein Jahr später hießen die Neulinge dann Christopher Schindler und nach exzellenten Leistungen in der Vorbereitung Moritz Leitner und Kevin Volland. Nach nur einer Saison im Profikader wurde andererseits Peniel Mlapa an die TSG Hoffenheim abgegeben. Moritz Leitner ereilte dieses Schicksal gar nach nur einem halben Jahr, sein neuer Verein Borussia Dortmund lieh ihn für die zweite Saisonhälfte an den FC Augsburg aus. Angesichts der desolaten finanziellen Situation blieb auch Kevin Volland nur bis zur Winterpause im Besitz des Vereins. Wiederum war die TSG Hoffenheim der Abnehmer, die das junge Talent allerdings zunächst einmal als Leihgabe bei 1860 beließ. Unter den Neuzugängen vom Sommer mit Savio Nsereko auch ein Rückkehrer, der einst mit den Bender-Zwillingen in der Jugend gespielt hatte, dann jedoch sein Glück vergeblich in Italien und England gesucht hatte. Er sollte allerdings nur ein kurzes Gastspiel geben.

Mit Bobby Wood, Sebastian Maier und Stefan Wannenwetsch rückten seitdem weitere Talente in den Profikader. Ganz so produktiv wie in den letzten Jahren scheint die Jugendarbeit aber nicht mehr zu sein. Beunruhigend beispielsweise, dass mit Thomas Pledl ein Jugendnationalspieler im Sommer 2012 zur SpVgg Greuther Fürth wechselte, obwohl ein Pledl angesichts seiner berühmten Namensvettern Alois und Georg doch eigentlich nur bei den Löwen spielen darf. Und auch Sebastian Maier verließ nach der Saison 2012/13 die Löwen in Richtung Reeperbahn.

In der Vorrunde der Saison 2014/15 kamen mit Julian Weigl, Maximilian Wittek, Korbinian Vollmann und Fejsal Mulić dann aber wieder eine ganze Reihe von Kräften aus dem eigenen Nachwuchs zum Einsatz. Insgesamt hat die Nachwuchsarbeit des TSV 1860 im 21. Jahrhundert bisher acht deutsche Nationalspieler hervorgebracht (Benjamin Lauth, Andreas Görlitz, Marcel Schäfer, Christian Träsch, Sven Bender, Lars Bender, Kevin Volland, Julian Weigl) und ebenso viele ausländische (Martin Stranzl, Taylor Twellman, Lance Davids, Nikolas Ledgerwood, Julian Baumgartlinger, Philipp Hosiner). Hinzurechnen könnte man noch den deutschen Internationalen Daniel Bierofka und den eingebürgerten Griechen José Holebas, die bei 1860 zwar ihre Profikarriere begannen, aber nicht wirklich im Verein ausgebildet wurden. Egal welcher Zählung man folgt, fürwahr eine stolze Bilanz!

25. GRUND

Weil man bei 1860 Torschützenkönig werden kann

Deutschland ist zwar seit nahezu einem Jahrhundert eine Republik, doch so ganz hat man sich von monarchistischem Gedankengut nicht verabschiedet. Wofür gerade der Fußball ein gutes Beispiel ist: Da tummeln sich der Kaiser Franz, der König Otto, der Prinz Poldi, und, wie in diesem Buch zu lesen, der König von Giesing und ein Torwart, der auch ein König war.

Und jedes Jahr wird in jeder Liga der Torschützenkönig gekürt. Hier vermischt sich das monarchische Prinzip mit dem Militärischen, denn Tore werden bekanntlich geschossen und dementsprechend erhält der beste Schütze zum Saisonende die Torjägerkanone. Auch überzeugte Republikaner und Pazifisten dürften sich mit der Suche nach alternativen allerdings Bezeichnungen schwer tun. In der DDR sprach man vom »Torschützenbesten«, das klingt ziemlich gesucht und es wird immer noch geschossen. Den Schützen oder Jäger wird man in der deutschen Fußballsprache wohl nicht los. Doch egal unter welcher Bezeichnung er letztlich firmiert, es bleibt ein erstrebenswertes Ziel für jeden Goalgetter, am Ende der Saison die Rangliste der Spieler mit den meisten Torerfolgen der Liga anzuführen.

Im Dress des TSV 1860 gelang dies in der Bundesliga erstmals Rudi Brunnenmeier in der Saison 1964/65 mit 24 Toren und später dann Martin Max in den Jahren 1999/2000 und 2001/02 mit 19 bzw. 18 Treffern. 2002 musste er sich die Krone mit dem Dortmunder Márcio Amoroso teilen, der allerdings von einer größeren Zahl verwandelter Elfmeter profitierte. Trotz erwiesener Torgefährlichkeit und durchaus vorhandener internationaler Erfahrung – er gehörte zu den Schalker »Eurofightern«, die 1997 den UEFA-Pokal gewonnen hatten –, durfte Martin Max nicht mit der Nationalmannschaft zu den großen Turnieren, die in den Sommern 2000 und 2002 anstanden. Teamchef Rudi Völler gewährte ihm zwar am 17. April 2002 einen Kurzeinsatz als Einwechselspieler in einem Länderspiel gegen Argentinien, nahm ihn aber ebenso wenig mit zur WM in Japan und Korea, wie zuvor Erich Ribbeck 2000 zur EM nach Belgien und Holland. Auch die Torgefährlichkeit Brunnenmeiers schlug sich nicht in einer entsprechenden Zahl von Länderspielberufungen nieder. Obwohl er die Nationalelf am 11. März 1965 gegen Italien sogar als Kapitän auf den Platz geführt hatte, durfte er 1966 nicht mit zur Weltmeisterschaft nach England.

Rudi Brunnenmeier hatte zuvor bereits zweimal, in den Spieljahren 1960/61 und 1962/63 die Torjägerliste der Oberliga Süd angeführt. Otto Thanner, dem erfolgreichsten Löwenstürmer der unmittelbaren Nachkriegszeit, war dies 1948/49 gelungen, mit der vergleichsweise geringen Trefferzahl von 19. In den beiden Jahren davor hatte er jeweils öfter getroffen, musste aber in Rangliste hinter noch erfolgreicheren Kollegen zurücktreten.

Ferdl Keller führte in der Saison 1972/73 die Torjägerliste der Regionalliga Süd mit 26 Treffern an und Andy Löbmann gelang dies 1988/89 in der Bayernliga mit sogar 29 Torerfolgen. Der König aller Torschützenkönige im Löwendress bleibt aber Rudi Völler, der 1981/82 insgesamt 37-mal einnetzte und damit die Rangliste in der 2. Liga anführte. Kein Löwenspieler sonst erreichte eine solche Trefferzahl innerhalb einer Saison auch nur annähernd.

26. GRUND

Weil 1860 ein farbenfroher Verein ist

Die Sache scheint klar: 1860, das sind die Blauen, der Andern von der Säbener Straße die Roten. Und jeder Blick in die Fankurve bestätigt: die Vereinsfarben von 1860 sind Blau und Weiß. Obwohl es unlogisch ist. Weiß und Blau sind schließlich die bayerischen Landesfarben, wären das also nicht die angemessenen Farben für den Verein, der sich nach dem Land benannt hat? Und in der Tat, der Blick in die Kurve trügt: die Vereinsfarben des TSV München von 1860 sind nämlich Grün und Gold! Blau und Weiß, und insofern trügt der Blick auch wieder nicht, sind die Farben der Fußballabteilung des Vereins.

Wie aber kommen die Blauen zu Blau und Weiß und die Roten zu Rot? Letzteres ist einfach zu beantworten. Im Jahre 1906 schloss sich der FC Bayern dem Münchener SC an, der dem jungen Fußballverein eine Sportanlage bieten konnte. Der Preis für dieses Entgegenkommen war die Vorgabe, statt wie bisher in schwarzen zukünftig in roten Hosen zu spielen. Und dabei blieb es, auch als man sich später wieder trennte. (Der FC Bayern blieb übrigens auch weiterhin auf Platzsuche, bis heute ist es ihm nicht gelungen, in eigener Regie einen Sportplatz oder ein Stadion zu errichten. Dass sich die Fröttmaninger Arena nun in seinem alleinigen Besitz befindet, ist eine andere Geschichte.) Die Fußballer des Turnverein 1860 hatten ihr erstes Spiel im Jahre 1902 ganz in Weiß absolviert. Auch Mannschaftsfotos aus den folgenden Jahren zeigen weiße Hemden, nun allerdings meist dunkle Hosen, über deren Farbe nur spekuliert werden kann. Ab 1909 tauchen dann gestreifte Hemden auf, meist kombiniert mit weißen Hosen, und die Festschrift zum 50-jährigen Bestehen der Fußballabteilung vermerkt, dass die Mannschaft nunmehr in Weiß-Blau spielte. Und vielleicht folgte das auch einer gewissen Logik, denn im Jahre 1905 hatte Prinz Rupprecht von Bayern das Protektorat über den Verein übernommen und Weiß und Blau sind die Farben des Hauses Wittelsbach, der bayerischen Fürstenfamilie.

Die Trikotfarben der Löwenfußballer sind bis heute dieselben, wenn auch nicht immer in Streifen angeordnet. So wurde die Meisterschaft 1966 in einem schönen hellblauen Hemd errungen und für das Europapokalendspiel im Jahre 1965 kehrte man zum Weiß der Pionierjahre zurück. Inzwischen sind gelegentlich auch andere Farben dazu gekommen, vorzugsweise bei den sogenannten Auswärtstrikots. So trat man vor einigen Jahren auf Wunsch eines Sponsors in der Fremde in orangefarbenen Hemden an, auch Gelb kam gelegentlich vor, in den letzten Jahren mitunter auch ein leuchtendes Grün. Solche Farbspielereien erzeugen bei eingeschworenen Fans wenig Begeisterung, werden aber zumeist toleriert. Eine Farbe darf allerdings auf keinen Fall dabei sein: selbst gegen den roten Schriftzug eines Trikotsponsors wurde vor nicht allzu langer Zeit in Fankreisen heftig opponiert.

27. GRUND

Weil bei vielen Löwen-Fans die zweite Mannschaft die erste ist

Früher hießen sie die Amateure, heute spricht man von der zweiten Mannschaft, man könnte auch Reserve sagen. Unabhängig von der Bezeichnung bleibt diese Mannschaft in Profivereinen meist weitgehend unbeachtet von der breiten Öffentlichkeit. Beim TSV 1860 ist das ein wenig anders, denn hier hat sich eine ganz eigene Fankultur um die zweite Mannschaft entwickelt, und es gibt Fans, denen diese Mannschaft mehr bedeutet als das Profiteam.

Auslöser dieser Entwicklung war die 1995 verfügte Entscheidung von Präsident Karl-Heinz Wildmoser, die Spiele der Profimannschaft zukünftig im Olympiastadion auszutragen. Dies hatte die Entstehung einer Oppositionsbewegung in der Fanszene zur Folge, die diesen Schritt aus der Giesinger Heimat nur widerwillig oder überhaupt nicht mitgehen wollte. Bei diesen Fans herrschten andere Vorstellungen darüber, was der Verein sein sollte, als beim Präsidenten; bei vielen spielte auch die Sorge um die Zukunft des Sechzigerstadions eine große Rolle. Für diese Fans bot sich nun die Amateurmannschaft als Vehikel und Identifikationsobjekt an, um die Leidenschaft für den Verein dennoch ausleben zu können. Man traf sich bei den Heimspielen an der Grünwalder Straße, brachte den Amateuren gewidmete Fanzines heraus und nannte die seit langem mit Schalensitzen bestückte Gegentribüne ganz traditionsbewusst Stehhalle. Und da der Präsident sich durchaus gerne bei Spielen der Amateure sehen ließ, konnte man ihm per Sprechchor auch hin und wieder direkt mitteilen, was man von ihm hielt.

In den Wildmoser-Jahren bewegten sich die Zuschauerzahlen bei Heimspielen der Löwenamateure allerdings noch im Rahmen dessen, was auch bei anderen Profivereinen üblich war. Neuen Zulauf erhielt die Bewegung jedoch nach dem Umzug in die Arena. Gleichzeitig erhöhte sich die Sorge, der Münchner Stadtrat könne doch noch den Abriss des Stadion an der Grünwalder Straße verfügen. Als Demonstration für den Erhalt des Sechzigerstadions wurde die Aktion X-Tausend ins Leben gerufen, deren Ziel es war, aus einem Heimspiel der Amateure zum Saisonende ein besonderes Ereignis zu machen und durch eine hohe Zuschauerzahl zu demonstrieren, wie sehr den Löwen das Stadion am Herzen lag. Die Aktion fand großen Anklang. Zum ersten X-Tausend-Spiel erschienen am 18. Mai 2007 7.003 Zuschauer zur Begegnung mit dem SV Wehen, ein Jahr später waren es gegen Jahn Regensburg gar 12.600 und im folgenden Jahr gegen SC Freiburg II noch einmal 10.757. Dann beschloss der Stadtrat den drittligatauglichen Umbau des Stadions, dessen Zukunft damit zumindest mittelfristig als gesichert gelten kann. Zum letzten Heimspiel der Löwenamateure versammelt sich dennoch weiterhin traditionell eine große Zahl von Fans im Stadion.

Diese Aktion trug auch dazu bei, die Löwen in die Spitzengruppe beim Zuschauerschnitt der zweiten Mannschaften zu katapultieren. 2006/07 wiesen noch zwei solche Mannschaften einen besseren Schnitt auf, 2007/08 betrug der Schnitt bei den Löwen andernorts unerreichte 2.305. Diese Zahl ließ sich nicht wiederholen, doch in den folgenden Spielzeiten bis 2012 wies jeweils nur ein Verein einen besseren Schnitt auf, wobei es sich in drei von vier Fällen um Mannschaften der eingleisigen 3. Liga handelte, nach deren Einführung die zweite Mannschaft der Löwen nur noch in der viertklassigen Regionalliga spielte.

In der Saison 2012/13 mussten die Junglöwen wegen der Umbauarbeiten im Sechzigerstadion mit ihren Punktspielen nach Ismaning ausweichen, was logischerweise den Zuschauerschnitt drückte. Wie sehr die zweite Mannschaft den Fans am Herzen liegt, zeigte sich jedoch am 4. Juni 2013, als 14.500 Zuschauer in die Arena strömten, viele von ihnen vermutlich zum ersten Mal, um das Team im Aufstiegsspiel gegen den SV Elversberg zu unterstützen und es anschließend trotz des verpassten Aufstiegs ausgiebig zu feiern. 3. Liga im umgebauten Sechziger, das hätte imposante Zuschauerzahlen versprochen. Doch auch in der Regionalliga blieb die Zweite für viele Fans die Erste, bis der Absturz der Ersten sie in die Oberliga Bayern Süd verbannte.

28. GRUND

Weil bei 1860 der Einarmige König ist

Alois Pledl war der größte Löwenspieler der Jahre zwischen den Weltkriegen. Solche von Nachgeborenen in die Welt gestellten Behauptungen mögen anmaßend wirken, doch mit dieser würde man wohl bei Zeitgenossen auf wenig Widerspruch stoßen. Dabei hatte der Alisi, wie er genannt wurde, ein erhebliches Handicap zu bewältigen, denn als Zwölfjähriger hatte er bei einem Unfall durch einen explodierenden Zünder den linken Unterarm verloren.

Dies hinderte den 1903 geborenen Giesinger jedoch nicht daran, sich mit großer Leidenschaft dem Fußballspiel zu widmen, und dies tat er natürlich bei den Löwen. Nach der Jugend arbeitete er sich von der vierten bis in die erste Mannschaft vor, in der er erstmals Ende der Saison 1923/24 in einem Freundschaftsspiel Berücksichtigung fand. Am 22. Juni 1924 absolvierte er im Süddeutschen Pokal bei den Stuttgarter Kickers sein erstes Pflichtspiel für 1860, das er allerdings angesichts einer 0:6-Niederlage nicht in bester Erinnerung behalten haben dürfte. Die *Münchner Zeitung* schrieb seinen Namen anfangs gelegentlich als »Bledl«, damit war es jedoch bald vorbei, dann kannte man ihn und wusste um die richtige Schreibweise. Im Oktober 1924 gab er sein Punktspieldebüt als Rechter Läufer, einen Stammplatz konnte er sich in jener Saison aber noch nicht sichern.

Dies sollte sich mit der Übernahme des Trainerpostens durch Max Breunig ändern. Fortan spielte Alois Pledl Mittelläufer und auf dieser Position wurde er zum Kopf der Mannschaft, der seine feine Technik als Ballverteiler vielseitig einsetzte. Zudem war er ein sicherer Elfmeterschütze, wobei er mal mit dem rechten und mal mit dem linken Fuß schoss. Nun traten auch die ersten überregionalen Erfolge der Löwenfußballer ein; insgesamt dreimal erreichte man das Halbfinale um die Deutsche Meisterschaft, einmal ging es dabei sogar bis ins Endspiel, doch der Titelgewinn blieb Pledl und der von ihm angeführten Mannschaft 1931 versagt.

Seine Fußballkunst wurde in der Presse immer wieder in höchsten Tönen gefeiert und dies nicht nur in seiner Heimatstadt. Meist gingen solche Elogen mit der Frage einher, wieso ein solch begnadeter Fußballer eigentlich nicht das Nationaltrikot tragen durfte. Hier dürfte ihm seine Behinderung zum Nachteil gereicht haben, auch wenn sie eigentlich keine war. Es hieß, beim DFB habe man »ästhetische Bedenken«. Andererseits gab es mit dem Nürnberger Hans Kalb auf seiner Position auch einen starken und erfahrenen Konkurrenten. (Der fehlende Unterarm hinderte Pledl übrigens offenbar nicht am Motorradfahren. Im Frühjahr 1934 musste er einige Wochen mit dem Fußball aussetzen, weil er und zwei Mannschaftskameraden, die er auf dem Rücksitz und im Beiwagen mitgenommen hatte, bei einem Unfall mit der Maschine im Straßengraben gelandet waren und sich Verletzungen zugezogen hatten.)

Bis zu seinem letzten Punktspiel am 27. März 1938 gegen den FC Bayern absolvierte Alois Pledl über 700 Einsätze in der ersten Mannschaft. Zum Abschied wurde ihm vom Verein die Ehrenspielführerwürde verliehen. Es sollten noch mehr Spiele werden, denn in späteren Jahren, besonders während des Krieges, half der Alisi immer wieder in der Ersten aus, wenn Not am Mann war.

Später kickte er natürlich auch bei den Alten Herren und während eines Spiels mit Freunden aus dieser Mannschaft ereilte ihn am 9. Juli 1975 auf dem Trainingsgelände an der Grünwalder Straße der Tod. Sicher hätte er sich noch viele weitere Spiele gewünscht, doch kann man sich ein schöneres Ende für einen leidenschaftlichen Fußballer vorstellen als den Tod auf dem Platz?

Der Name Pledl blieb den Sechzigern erhalten. Von 1938 bis 1955 trug der mit Alois Pledl nicht verwandte Georg »Schorsch« Pledl das Trikot mit dem Löwen auf der Brust und von 2009 bis 2012 spielte der gebürtige Niederbayer und ebenfalls nicht verwandte Thomas Pledl in der Löwenjugend, wo er es zum U18-Nationalspieler brachte. Mit diesem Namen schien eine große Karriere bei den Löwen vorgezeichnet, doch der junge Mann wechselte im Sommer 2012 zum Bedauern aller Traditionalisten und Nostalgiker zur SpVgg Greuther Fürth.

29. GRUND

Weil die ersten Tore in der Arena auf das Konto von Löwen gingen

Als die für die Weltmeisterschaft 2006 erbaute neue Münchner Arena im Norden der Stadt im Sommer 2005 zur Eröffnung anstand, galt es für die Verantwortlichen, eine schwere Entscheidung zu treffen: Wie feiert man so ein Ereignis? Mit einem Eröffnungsspiel, möchte man meinen, und da das Stadion von den beiden Münchner Profivereinen gemeinsam erbaut wurde, vielleicht am besten mit einem Derby? Nein, das wäre zu einfach und würde vielleicht überregional nicht genug Aufmerksamkeit erregen, so vermutlich der Gedankengang der Marketingstrategen. Für den FC Bayern musste es zur Einweihung mindestens ein Spiel gegen die deutsche Nationalmannschaft sein, dieses Spiel fand am 31. Mai 2005 statt. Die Löwen durften dafür bereits einen Tag zuvor mit einer Neuauflage des alten bayerischen Derbys gegen den 1. FC Nürnberg feiern. Es regnete in Strömen, dennoch war das Stadion mit 66.000 Besuchern voll besetzt. Laut Löwen-Präsident Karl Auer begann für 1860 mit diesem Tag die Zukunft, was man ja eigentlich von jedem Tag sagen kann. Das musikalische Rahmenprogramm war mit der Spider Murphy Gang, Right Said Fred und Status Quo jedenfalls eher rückwärtsgewandt. Die Löwen gewannen das Spiel mit 3:2, der Führungstreffer in der 9. Minute ging auf das Konto von Patrick Milchraum, der damit als erster offizieller Torschütze in die Geschichte der Arena einging.

Eigentlich war er aber gar nicht der erste Torschütze. Vor der eigentlichen Eröffnung wollte man nämlich die neuen Abläufe testen und arrangierte zu diesem Zweck für den 19. Mai 2005 ein sogenanntes Pre-Opening in Gestalt eines Spiel zwischen zwei Traditionsmannschaften des TSV 1860 und des FC Bayern. 30.000 Münchner wollten sich das nicht entgehen lassen. Drei der beteiligten Spieler, Wiggerl Kögerl und die beiden Torhüter Gerald Hillringhaus und Peter Sirch, hatten in ihrer aktiven Zeit bei beiden Vereinen gespielt. Die von Gerd Müller gecoachten Bayern hatten mit Hansi Pflügler, Andreas Brehme und Lothar Matthäus immerhin drei Weltmeister dabei, die Löwen, betreut von Karsten Wettberg und Fredi Heiß, konterten mit zweien, Thomas Häßler und Rudi Völler. Einige, Karl-Heinz Rummenigge vor allem, legten bemerkenswerten Ehrgeiz an den Tag, andere sahen es eher locker. Rummenigge sank in der 66. Minute völlig erschöpft im Strafraum auf den Rasen, Schiedsrichter Buchheit entschied auf Strafstoß, Löwentorwarttrainer Peter Sirch parierte den Schuss von Lothar Matthäus und ging damit als erster Elfmetertöter in die Geschichte der Arena ein. Zu diesem Zeitpunkt stand es 3:1 für die Löwen, am Ende hieß es 3:2. Das erste Arena-Spiel ging also an 1860 und der erste Torschütze war in der 8. Minute mit Peter Pacult ebenfalls ein Löwe gewesen.

Am 2. Juni 2005 versammelten sich dann 64.000 Zuschauer zum ersten Arena-Derby in Fröttmaning. 1860 gewann auch dieses Spiel. Das einzige Tor erzielte Paul Agostino in der 85. Minute, der sich damit als erster Derbytorschütze im neuen Stadion feiern lassen konnte.

30. GRUND

Weil 1860 ein Karrieresprungbrett sein kann

In den letzten Jahren ist das Wort vom Ausbildungsverein in Mode gekommen, mit dem sich gerne kleinere Verein bezeichnen, die ihr Überleben im Profifußball dadurch sichern, dass sie von ihnen ausgebildete Spieler für gutes Geld an größere Vereine abgeben. In diesem Sinne war auch der TSV 1860 in den letzten Jahren ein Ausbildungsverein, der eine Fülle junger Talente hervorbrachte, die dann anderswo Karriere machten.

Als gutes Karrieresprungbrett erwies sich 1860 jedoch immer wieder auch für Spieler, die nicht aus dem eigenen Nachwuchs hervorgegangen sind. Bestes Beispiel ist Rudi Völler, der als nahezu unbekanntes Talent von den Offenbacher Kickers kam, zwei Jahre für die Löwen spielte, Zweitligatorschützenkönig wurde und seine Weltkarriere bei Werder Bremen fortsetzte. Einem anderen Stürmer ging es ähnlich. Klaus Fischer kam vom SC Zwiesel, wechselte nach zwei Jahren bei 1860 zu Schalke 04 und schaffte es gegen Ende seiner Karriere 1982 sogar ins WM-Finale. Ferdl Keller kam von der TSG Pasing, kehrte nach einem Ausflug zu Hannover 96 noch einmal an die Isar zurück, bevor er es beim HSV bis zum Europapokalsieger brachte.

Bestes Beispiel aus jüngeren Jahren ist Jens Jeremies, von Dynamo Dresden zu 1860 gewechselt und schließlich bei einem anderen Münchner Verein Champions-League-Sieger und mit der Nationalmannschaft Vizeweltmeister. Zu großen Titelehren gelangte auch Horst Blankenburg, der von 1969 bis 1971 das Trikot mit dem Löwen trug, dann nach Amsterdam in die große Ajax-Mannschaft um Johan Cruyff wechselte und dreimal den Europapokal der Landesmeister gewann. Und noch ein Europapokalsieger: Jürgen Rollmann kam wie Rudi Völler aus Offenbach, wurde 1986/87 für die Löwen in der Bayernliga nicht eingesetzt, ging wie Völler zu Werder Bremen, allerdings mit einem Umweg über den FSV Frankfurt, und gewann mit den Hanseaten 1992 den Europapokal der Pokalsieger.

Man könnte noch eine Reihe weitere Spieler anführen, die den TSV 1860 verließen und sich als Stammkräfte in erster oder zweiter Liga etablierten. Erwähnt sei aber nur noch eine weitere erstaunliche Karriere: Stefan Malz hätte sich, als er 1997 vom VfR Mannheim zu 1860 wechselte, sicher nicht träumen lassen, dass ihn sein Weg nur zwei Jahre später nach London führen würde, wo er unter Arsène Wenger für den FC Arsenal in der Premier League spielen sollte.

4. KAPITEL

HERZ-LÖWEN

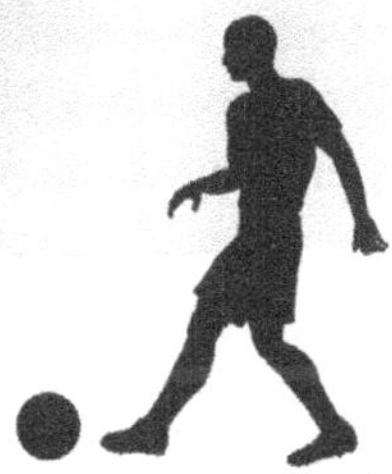

31. GRUND

Weil die Löwen einmal Meister der Herzen waren

Mit großen Erfolgen war der Münchner Fußball bis zum Ende der 1920er Jahre noch nicht hervorgetreten. Sicher, der FC Wacker hatte 1922 die Süddeutsche Meisterschaft errungen und der FC Bayern ihm dies 1926 und 1928 nachgetan. In der Endrunde zur Deutschen Meisterschaft, an der drei süddeutsche Mannschaften teilnehmen durften, waren die beiden aber über das Halbfinale nicht hinausgekommen. Auch die Löwen hatten diese Endrunde schon einmal erreicht, waren jedoch 1927 gleich in der 1. Runde gegen den aufstrebenden FC Schalke 04 mit 1:3 ausgeschieden.

In der Saison 1930/31 gelang die Endrundenqualifikation ein zweites Mal. Der Weg dorthin war ein abenteuerlicher gewesen. Das Gebiet des Süddeutschen Fußballverbandes umfasste damals vier Bezirke, die wiederum in zwei Gruppen geteilt waren, was die stolze Zahl von acht obersten Ligen ergab. Während die acht Gruppensieger nun um die Süddeutsche Meisterschaft spielten und dabei gleichzeitig zwei Endrundenteilnehmer ermittelten, trafen die Ligazweiten und -dritten in einer Art Trostrunde in zwei Achtergruppen aufeinander. Der Gewinner des Endspiels zwischen den beiden Gruppensiegern wurde mit dem dritten süddeutschen Platz in der Endrunde zur Deutschen Meisterschaft belohnt.

Der erste Schritt musste also in der Südgruppe des Bezirks Bayern getan werden. Dort belegte 1860 mit deutlichem Abstand auf den FC Bayern Platz 2. In der Gruppe Südost der Runde der Zweiten und Dritten trat man bereits wesentlich dominanter auf. Nur ein Spiel wurde verloren, das reichte mit deutlichem Vorsprung vor dem 1. FC Nürnberg zum Spitzenplatz. Nun galt es noch, das Entscheidungsspiel gegen den Sieger der Gruppe Nordwest, den FC Phönix Ludwigshafen, zu bestehen. Das Spiel fand in Mannheim statt, die Löwen führten zur Pause mit 3:1, die Ludwigshafener trafen in der zweiten Hälfte zweimal, nach Verlängerung stand es immer noch 3:3. Was tun? Der DFB insistierte auf einem Losentscheid, denn eigentlich sollte die 1. Runde zur Deutschen Meisterschaft bereits gespielt sein. Die Vereine beharrten aber auf der sportlichen Lösung und trafen sich vier Tage später, unter der Woche an Christi Himmelfahrt, in München zum Wiederholungsspiel. Diesmal siegte 1860 mit 2:1 und stand damit als Teilnehmer an der Deutschen Meisterschaft fest.

Wiederum nur drei Tage später folgte das erste Endrundenspiel. Erneut im eigenen Stadion ging es gegen den Meidericher Spielverein, den heutigen MSV Duisburg. Kein Problem, am Ende hieß es 4:1 für 1860. Zum Viertelfinale gegen Tennis Borussia Berlin mussten die Löwen nach Frankfurt reisen. Ein Tor des Halblinken Otto Oeldenberger vor der Pause sicherte den 1:0-Sieg. Austragungsort des Halbfinales war Duisburg. Der Gegner, die Störche von Holstein Kiel, hatten im Vorjahr das Endspiel nur knapp mit 4:5 gegen Hertha BSC verloren. Diesmal sollte es für sie mit der Endspielteilnahme nichts werden, der Sieger hieß München 1860. Kapitän und Mittelläufer Alois Pledl hatte gleich nach der Pause einen Handelfmeter verwandelt und Oeldenberger in der 71. Minute auf 2:0 gestellt.

Es war geschafft: 1860 hatte als erster Münchner Verein das Endspiel um die Deutsche Meisterschaft erreicht. Ein großer Erfolg des Trainers Max Breunig, der die Löwen bereits von 1925 bis 1928 trainiert hatte. Im Sommer 1930 war er zurückgekehrt und seine Arbeit hatte sicherlich entscheidenden Anteil an der nun erreichten Finalteilnahme.

Das Endspiel fand am 14. Juni 1931 im Müngersdorfer Stadion zu Köln statt. 50.000 Zuschauer, hatten sich eingefunden, darunter der Kölner Oberbürgermeister Konrad Adenauer. Für 1860 traten an: Alv Riemke, Max Schäfer, Josef Wendl, Ludwig Stock, Alois Pledl, Fritz Eiberle, Ludwig Stiglbauer, Ludwig Lachner, Anton Huber, Otto Oeldenberger, Gustav Thalmeier.

Bei großer Hitze übernahmen die Löwen sofort das Kommando und erspielten sich mehrere Torchancen. Oeldenberger gelang in der 24. Minute auf Zuspiel von Thalmeier der Führungstreffer. Kurz vor der Pause glich das Berliner Fußballidol Hanne Sobeck aus, doch die Sechziger ließen sich nicht beirren und gingen nach Vorbereitung von Stiglbauer durch Lachner umgehend wieder in Führung.

Doch nach der Pause nahm das Unheil seinen Lauf. Die Löwen verpassten erneut eine Reihe guter Chancen und in der 61. Minute wurde ihnen durch Schiedsrichter Fissenewerth aus München-Gladbach (der damalige Name des heutigen Mönchengladbach) nach Foul an Thalmeier ein klarer Elfmeter verweigert. Eine Viertelstunde vor Schluss traf Sobeck zum Ausgleich. Gemeinsam mit seinem Mannschaftskollegen Lehmann hatte er im Abseits gestanden. So sah es zumindest der Linienrichter und zeigte dies mit seiner Fahne auch an. Doch Fissenewerth ignorierte ihn und gab den Treffer. Es kam noch schlimmer. In der 89. Minute traf Hertha-Stürmer Willi Kirsei, der Linienrichter hob erneut die Fahne, wieder abseits, doch der Schiedsrichter wollte auch diesmal nichts davon wissen. Kurz darauf der Abpfiff und Hertha BSC ging als 3:2-Sieger in die Geschichtsbücher ein.

Sicher, mit einer besseren Chancenauswertung hätten die Löwen das Spiel vorzeitig entscheiden können, doch unglücklicher konnte eine Niederlage kaum ausfallen. Der verweigerte Elfmeter und die beiden Abseitstore waren kein Hirngespinst lokalpatriotischer Münchner Berichterstatter. Im Gegenteil, im ganzen Reich kritisierte die Presse die Leistung des Schiedsrichters und seine spielentscheidende Rolle auf das Heftigste. Gleichzeitig wurde anerkannt, dass 1860 eindeutig die bessere Mannschaft gewesen war und mit seinem überragenden Kombinationsfußball den Sieg verdient gehabt hätte.

Doch was nützte all das Lob, mit dem die Löwen nun von allen Seiten bedacht wurden? Die Viktoria, die Meistertrophäe, stand in

Berlin. Zwei Jahre später erreichte man zwar nochmals das Halbfinale, scheiterte aber auf dem Weg ins Endspiel in Leipzig mit 0:4 gegen Schalke 04. Die Chance auf den Meistertitel sollte so bald nicht wiederkommen.

32. GRUND

Weil: Lauth anhören

Anfang des 21. Jahrhunderts hatte sich der TSV München 1860 fest in der Bundesliga etabliert und qualifizierte sich mitunter sogar für internationale Wettbewerbe. Seit dem Aufstieg im Jahre 1994 war es aber noch nicht gelungen, einen Spieler aus dem eigenen Nachwuchs hervorzubringen, der Anspruch auf einen Stammplatz im Profikader erheben konnte. Dies sollte sich bald ändern und den Vorreiter spielte ein am 4. August 1981 im oberbayerischen Hausham geborener junger Mann namens Benjamin Lauth.

1987 begann er bei den Sportfreunden Fischbachau mit dem Fußballspielen, 1992 machte er sich auf den Weg durch die Jugendmannschaften des TSV 1860, beginnend bei den D-Junioren. 1998 wurde auch der DFB auf den überaus talentierten Nachwuchsstürmer aufmerksam. Es folgten Berufungen in die U17- und die U18-Nationalmannschaft, mit der er 2000 Dritter bei der Europameisterschaft wurde. In den Spielzeiten 2000/01 und 2001/02 spielte der Benny bei den Amateuren und auch zweimal in der U20-Auswahl des DFB. Profitrainer Werner Lorant schenkte ihm jedoch keine Beachtung, ja behauptete sogar, ihn gar nicht zu kennen. Erst Peter Pacult holte ihn ab und an zu den Profis und wechselte ihn am letzten Spieltag der Saison 2001/02 auch erstmals für wenige Minuten ein.

Der Durchbruch gelang dann 2002/03. Nach gelegentlichen Einsätzen von der Ersatzbank, brachte ihn eine Verletzung von Martin Max in die Startelf, wo er glänzend mit Markus Schroth harmonierte. Das Duo brachte es auf insgesamt 27 Bundesligatore, von denen 13 auf das Konto von Benny Lauth gingen. Er bestach mit ausgezeichneter Ballbehandlung und traf auf verschiedenste Weise, mit dem rechten wie dem linken Fuß, im Torraum wie aus der Distanz, nach Alleingängen oder auch per Kopfball. Kein Wunder, dass er rasend schnell zur Identifikationsfigur und zum Liebling der Löwen-Fans aufstieg. Dies war die Zeit, in der einschlägige Medien begannen, Fußballspieler als Popstars aufzubauen; auch diesen Zeitschriften passte der Löwenjungstar exzellent ins Konzept. Die Sportfreunde Stiller erwiesen ihm mit dem Song *Lauth anhören*, zu finden auf dem Album *Burli*, ihre Reverenz. Im Stadion wurde bei Lauth-Treffern allerdings *Let's Get Loud* von Jennifer Lopez gespielt.

Wichtiger aber natürlich die sportliche Karriere. Schon im Dezember 2002 berief Teamchef Rudi Völler Lauth ins Aufgebot für ein Benefizspiel der Nationalmannschaft in Gelsenkirchen. In der Halbzeitpause eingewechselt traf er zweimal. Sein Fallrückzieher zum 3:2 wurde später zum Tor des Jahres gewählt. Das offizielle Debüt folgte am 12. Februar 2003 gegen Spanien, in den folgenden zwölf Monaten kamen vier weitere Einsätze im DFB-Dress dazu.

Die Saison 2003/04 verlief nicht so gut. Trainer Falko Götz verbannte den Mittelstürmer aus unerfindlichen Gründen gelegentlich auf den Flügel, die Torquote ging zurück. Nach einem Mittelfußbruch im April 2004 musste er tatenlos zusehen, wie die Löwen in die 2. Liga rutschten. Sein Wechsel zum HSV rettete dem Verein wohl die Lizenz und alle Löwen-Fans hofften, dass der Benny einst wieder das Löwentrikot tragen würde.

Beim HSV hatte er zunächst mit Verletzungen zu kämpfen und erhielt wohl auch nie die nötige Rückendeckung seitens der Verantwortlichen. Seine elegante Spielweise wurde als mangelnde Einsatzbereitschaft interpretiert, seine Körpersprache mitunter als Teilnahmslosigkeit gedeutet. Im Winter 2006/07 lieh ihn der HSV an den VfB Stuttgart aus, mit dem er Deutscher Meister wurde. Der

VfB wollte ihn aber nicht behalten und es folgte ein unglückliches Jahr bei Hannover 96.

Und dann war es endlich soweit: Benny Lauth kehrte zum TSV 1860 zurück, der immer noch in der 2. Liga residierte. Den erhofften Aufstieg konnte er in den folgenden Spielzeiten auch nicht herbeischießen, doch er bestritt so gut wie alle Spiele und war meist auch der beste Torschütze des Teams. Besonders in der Saison 2011/12 bildete er mit Kevin Volland ein überaus gefährliches Sturmduo. Am 5. Mai 2012 erzielte er sein 81. Ligator für die Löwen; der Verein führt ihn nun als erfolgreichsten Torschützen in der Addition von 1. und 2. Bundesliga. Inzwischen ist nach den Toren nicht mehr Jennifer Lopez zu hören, sondern das Stück *Laut* des Projekts Finger & Kadel. Im Sommer 2014 erhielt er keinen neuen Vertrag mehr und verabschiedete sich in einem überaus emotionalen Moment mit einem Tor in der Nachspielzeit seines letzten Heimspiels gegen den VfL Bochum von den Fans, die ihm immer die Treue gehalten hatten.

33. GRUND

Weil der TSV 1860 zu den Gründungsmitgliedern der Bundesliga gehört

Die Dachorganisation des deutschen Profifußballs, die DFL, erweckt mitunter den Eindruck, als begänne die deutsche Fußballgeschichte erst mit der Einführung der Bundesliga. Das ist natürlich Humbug, vor allem wenn man bedenkt, wie spät man in Deutschland mit der Einführung einer nationalen Liga im internationalen Vergleich dran war.

Pläne zur Einführung einer Reichsliga gab es bereits in den Zwischenkriegsjahren, wurden aber nach der nationalsozialistischen Machtergreifung nicht weiter verfolgt. Nach dem Krieg war im zerstörten Land an eine solche Liga zunächst nicht zu denken und in der Bundesrepublik der Wirtschaftswunderjahre gab es starken Widerstand von Fußballfunktionären, die dem Amateurgedanken huldigten und im Profifußball das Böse schlechthin sahen. Unterdessen wuchs die Zahl der Spieler, die ihr Glück im Ausland, vor allem in Italien, suchten, wo man mit dem Fußball gutes Geld verdienen konnte; Ludwig Janda vom TSV 1860 war 1949 einer der ersten gewesen, der diesen Schritt gewagt hatte. Dieser Exodus war nur durch die Einführung einer Profiliga zu stoppen. Und auch Bundestrainer Sepp Herberger forderte die Bundesliga, weil er fürchtete, seine Nationalmannschaft werde international zunehmend an Boden verlieren, solange seine Spieler in den fünf Oberligen zu wenig gefordert würden.

Am 28. Juli 1962 war es dann soweit: der DFB-Bundestag beschloss in Dortmund die Einführung einer zentralen obersten Spielklasse. Die neue Bundesliga sollte sechzehn Vereine umfassen, je fünf aus dem Süden und dem Westen, drei aus dem Norden, zwei aus dem Südwesten und einen aus Berlin. Bei der Zulassung sollten sportliche und wirtschaftliche Kriterien berücksichtigt werden.

Wer aber würden die Glücklichen sein? Sicherster Kandidat aus dem Süden war der 1. FC Nürnberg. Der Club hatte erst 1961 die Deutsche Meisterschaft gewonnen, war mit acht Titeln Rekordmeister und der Traditionsverein im Lande überhaupt; zudem konnten sich die Nürnberger einer großen Anhängerschar gewiss sein. Gute Voraussetzungen hatte auch die Frankfurter Eintracht, 1959 Deutscher Meister, 1960 im Europapokalfinale, und in den letzten Jahren immer unter den führenden Teams der Oberliga Süd. Ernsthafte Kandidaten für die restlichen Plätze waren die Offenbacher Kickers, der VfB Stuttgart, der FC Bayern München und der Karlsruher SC.

Den TSV München 1860 hatten die Wenigsten auf der Rechnung. Die Löwen waren zwar seit dem Wiederaufstieg in die Oberliga Süd im Jahre 1957 immer unter den ersten Sieben der Tabelle gelandet, aber auch nie über den 4. Platz hinausgekommen, während der FC Bayern die Saison 1961/62 als Dritter beendet hatte.

Was also tun? Max Merkel, seit 1961 Trainer bei den Löwen, hatte einen Plan: in der letzten Oberligasaison 1962/63 müsse der Titel her, am Süddeutschen Meister werde man bei der Auswahl der Bundesligisten nicht vorbei kommen. Die Möglichkeiten, die Mannschaft umzubauen, die zuletzt nur Siebter geworden war, waren beschränkt, denn zu jener Zeit erlaubten die Statuten nur die Verpflichtung von maximal drei Spielern aus anderen Vereinen. Es kamen Wilfried Kohlars vom Duisburger Spielverein, der Heimkehrer Rudi Zeiser von Hertha BSC und ein jugoslawischer Torhüter namens Petar Radenković, der bei Wormatia Worms seine erste Saison in Deutschland gespielt hatte. Keine Namen, die geeignet waren, die Fans vom Hocker zu reißen. Und dann die Abgänge: Helmut Benthaus, Manfred Fallisch, Ekkehard Feigenspan und Wolfgang Simon, alles bewährte Kräfte, die zum Stamm der Mannschaft gehörten.

Doch all das war Teil von Merkels Plan, der mit folgender Aussage zitiert wurde: »Lasst mir freie Hand! 16 Spieler, von denen jeder für den anderen im Spiel 90 Minuten lang ›brennt‹ und schuftet und von denen sich keiner im Schmollwinkel beleidigter Stars zurückzieht, wenn die Leistung für die Aufstellung des ›anderen‹ spricht, sind mir lieber als 24, von denen jeder zweite im Spiel auf die bessere Form eines anderen sündigt.« (Michael Steinbrecher: »Die Sechziger machen den Ersten«, in: *Münchner Leben*, Mai 1963, S. 22)

Und es gelang. Von Beginn an hielten sich die Löwen unter den ersten Drei der Tabelle, auch als Niederlagen gegen die Rivalen FC Bayern und Eintracht Frankfurt zu verzeichnen waren. Ein 5:0 gegen den VfR Mannheim bedeutete Ende November erstmals die Tabellenführung, die jedoch mit einer Niederlage beim Club gleich wieder abgegeben wurde. Schlechter als Platz 2 sollte der Tabellenstand im weiteren Saisonverlauf allerdings nicht mehr werden. Mit einem Sieg in Schweinfurt kehrte man Ende Januar an die Tabellenspitze zurück, die man eine Woche später mit einem Derbysieg gegen den damaligen Zweiten FC Bayern verteidigte und in der Folge nicht mehr abgab.

Ein Sieg beim VfR Mannheim am drittletzten Spieltag sicherte die Meisterschaft. Dachte man, doch dann verfügte das Sportgericht die Wiederholung eines Spiels der Frankfurter Eintracht und öffnete damit den Hessen ein Hintertürchen zum Titel. Die Löwen versäumten es, am vorletzten Spieltag daheim gegen den 1. FC Nürnberg alles klar zu machen, doch eine Woche später war es endgültig soweit. Nach einem 2:0 bei Bayern Hof durfte sich der TSV 1860 Süddeutscher Meister nennen, ein Titelgewinn, der in den Zwischenkriegsjahren und der Oberligazeit nie gelungen war.

Und wie Max Merkel vorhergesehen hatte, würdigte der DFB diese Leistung mit der Aufnahme der Löwen in die Bundesliga. Gnade fanden neben den Fixkandidaten 1. FC Nürnberg und Eintracht Frankfurt auch der VfB Stuttgart und der Karlsruher SC. Der FC Bayern München und die Offenbacher Kickers, die in der Ewigen Tabelle der Oberliga Süd immerhin die Plätze 5 und 2 belegten, mussten hinter den Lokalrivalen 1860 und Eintracht zurücktreten.

Zum Einsatz kamen in jener historischen Saison nur vierzehn Spieler: Werner Anzill, Hans Auernhammer, Rudolf Brunnenmeier, Alfred Heiß, Hans Humpa, Wilfried Kohlars, Hans Küppers, Petar Radenković, Günther Rahm, Hans Rebele, Hans Reich, Rudolf Steiner, Alfons Stemmer, Manfred Wagner, Rudolf Zeiser. Zum Aufgebot gehörten außerdem Ersatztorwart Fritz Herrnleben sowie Hubert Hampel, insgesamt also genau jener Sechzehn-Mann-Kader, von dem Max Merkel gesprochen hatte.

34. GRUND

Weil Richard Dombi als Trainer bei den Löwen arbeitete, bevor er zu einem anderen Münchner Verein ging

Heute ist Richard »Little« Dombi, wenn überhaupt, in Deutschland vor allem als Trainer der ersten Meistermannschaft des FC Bayern im Jahre 1932 in Erinnerung. Völlig in Vergessenheit geraten ist, dass er davor, von August 1928 bis Ende 1929 bei den Löwen beschäftigt war. Dombi wurde 1888 in Wien geboren und hieß eigentlich Richard Kohn. Er spielte bei verschiedenen Vereinen, hauptsächlich beim Wiener AC, und wurde sechsmal in die österreichische Nationalmannschaft berufen. Schon als Aktiver erhielt er wegen seiner kleinen Statur den Spitznamen »Little«.

Nach dem 1. Weltkrieg war er in verschiedenen Ländern als Trainer tätig, unter anderem auch in Deutschland bei Hertha BSC. In Ungarn nannte man ihn Little Dombi, was so viel wie kleine Eminenz bedeutet. Den Namen Dombi behielt er bei, in der Münchner Presse hieß er Richard Dombi, als er im Juli 1928 Nachfolger von Trainer Max Breunig bei 1860 wurde. In seiner ersten Saison schaffte er in der Liga den 2. Platz, die Qualifikation zur Endrunde um die Deutsche Meisterschaft gelang aber nicht. Als er 1860 Ende Dezember 1929 verließ, hatten die Löwen die Saison der südbayerischen Bezirksliga auf Platz 3 beendet und damit das erste Saisonziel erreicht, die süddeutsche Qualifikationsrunde zur Deutschen Meisterschaft.

Eine wichtige Position in der Geschichte des TSV 1860 nimmt Dombi aber nicht deswegen ein, weil er sich als Trainer mit internationalem Renommee für die Löwen entschieden hatte und die Fußballer anderthalb Jahre mit ordentlichem Erfolg trainierte, sondern weil er jüdischen Glaubens war. Angesichts der späteren Nähe des Vereins zum nationalsozialistischen Regime erscheint es heute als durchaus bemerkenswert, dass die Fußballabteilung einen Juden als

Trainer engagierte. Damals scheint die Tatsache keine Rolle gespielt zu haben; Dombis Judentum fand in zeitgenössischen Publikationen keine Erwähnung. Natürlich stellt sich die Frage, ob eventuelle antisemitische Anfeindungen der Grund für seinen schnellen Abgang bei 1860 gewesen sein könnten. Dazu ist nichts bekannt, doch Dombi war – wie so viele Österreicher und Ungarn, die in jenen Jahren mit dem Fußball ihren Unterhalt verdienten – ein Wandervogel, eine Verweildauer von anderthalb Jahren bei einem Verein also durchaus nicht ungewöhnlich.

Die Verpflichtung Richard Dombis kann die politische Ausrichtung des Vereins in jenen Jahren in keiner Weise aufwiegen, sie sollte aber auch nicht in Vergessenheit geraten, wenn man über die düsteren Kapitel der Vereinsgeschichte spricht.

35. GRUND

Weil der TSV 1860 ein entspanntes Verhältnis zum Schuldenmachen hat

»Über Geld spricht man nicht, man hat es.« Dieses Zitat wird dem amerikanischen Industriellen J. Paul Getty zugeschrieben. Er hatte es im Ölgeschäft zum Milliardär gebracht und als solcher natürlich leicht reden. Vom Fußball verstand er offenkundig nichts, denn im Fußballgeschäft wird pausenlos über Geld geredet und die Vereine haben meistens keins.

Bei den Löwen ist Geld spätestens seit den 1920ern ein Thema. Aus den ersten fünfzig Jahren der Geschichte des Turnvereins 1860 ist hingegen von größeren Finanzproblemen nichts bekannt. Man baute Turnhalle und Vereinsheim, man pachtete Fußballplätze, offenbar ohne die Wirtschaftskraft des Vereins überzustrapazieren.

Nach dem 1. Weltkrieg machte die Fußballabteilung den Schritt zum Spitzensport und man baute den Sportplatz an der Grünwalder

Straße zu einem richtigen Stadion aus. Das kostete Geld, brachte aber auch Mieteinnahmen, denn das Stadion wurde in vielfältiger Weise genutzt. Dummerweise durchkreuzte dann aber die Weltwirtschaftskrise alle Finanzpläne. Die Einnahmen gingen zurück und die Kosten für den Unterhalt des Stadions und die Abzahlung der Baukosten brachten den Verein in eine existenzbedrohende Krise, die im Jahre 1937 durch den Verkauf des Stadions an die Stadt München bewältigt wurde.

Kritisch wurde die Finanzlage wieder in den 1960ern. Die zum Erreichen der Bundesliga notwendigen Anstrengungen waren nicht billig gewesen. Max Merkel galt mit einem kolportierten Monatsgehalt von 11.000 DM als der teuerste Trainer Deutschlands und die erstklassig besetzte Mannschaft spielte sicher auch nicht umsonst. Andererseits brachten die sportlichen Erfolge ja auch einiges an Einnahmen; aus schwer nachvollziehbaren Gründen bestand jedoch zwischen Einnahmen und Ausgaben ein erhebliches Missverhältnis. Aus jenen Jahren stammt ein oft zitierter Satz des Vizepräsidenten Toni Schmidbauer, mit dem er auf die Mitteilung, der Schuldenstand liege bei 975.000 DM, reagierte: »Liebe Kameraden! Es ist am besten, wir machen noch 25.000 Mark Schulden dazu. Dann haben wir einen Million beieinander und das merkt sich leichter.« (zitiert nach: Hans Eiberle/Ludger Schulze, *Die Löwen: TSV München von 1860*, Taunusstein: Dasbach-Verlag, 1977, S. 117) Wie gesagt, ein entspanntes Verhältnis zum Schuldenmachen.

Mit dem Abstieg im Jahre 1970 wurde es natürlich nicht besser und die verzweifelten Versuche, so schnell wie möglich wieder aufzusteigen, kamen auch nicht billig. Zum Zeitpunkt seiner Wahl zum Präsidenten im Herbst 1974 bezifferte Erich Riedl die Schuldenlast mit 2,85 Mio. Mark. Von nun an wurde eisern gespart und die Saison 1976/77, die mit dem überraschenden Aufstieg endete, brachte so viel Geld in die Kassen, dass der Verein plötzlich als saniert galt.

Doch das Glück hielt nicht an. Es ging sofort wieder runter, aber auch gleich wieder nach oben. Und nun ging Riedl ganz entspannt daran, die Mannschaft mit teuren Einkäufen zu verstärken. Doch der erhoffte sportliche Erfolg blieb aus und die Zuschauer kamen nicht in kalkulierter Zahl. Bald war man ähnlich in der Bredouille wie bei Riedls Amtsantritt. Schlimmer doch, diesmal machte der DFB ernst und entzog dem Verein die Lizenz.

Die Bayernligajahre überstand man, weil die Fans meist zahlreich ins Stadion strömten und vor allem, weil Präsident Karl Heckl den Verein mit beträchtlichen Mitteln aus eigener Schatulle unterstützte. Dann kam die Ära Wildmoser, in der zunächst sportlicher Erfolg mit einer Sanierung der Finanzen einherging. Doch wieder stand das Glück auf tönernen Füßen. Die Pleite der Kirch-Gruppe bedeutete erhebliche Einnahmeausfälle für die Bundesligisten, und dann stürzte Wildmoser den Verein auch noch in das Abenteuer eines Stadionbaus mit dem Lokalrivalen. Man stieg aus dem Oberhaus ab und darf seitdem aufgrund der Stadionkosten Jahr für Jahr ein beträchtliches Defizit verwalten.

Auch damit ging man ganz entspannt um. Presseberichten zufolge stiegen unter der sportlichen Leitung Miki Stevićs die Kosten der Mannschaft um satte drei Millionen Euro, offenkundig schaute man nicht allzu genau in die Bücher. 2011 konnte es so dann aber doch nicht weitergehen. Die drohende Insolvenz wurde mit letzter Kraft abgewendet und seitdem hängt man am Tropf eines Investors. Auch der schien zunächst ein durchaus entspanntes Verhältnis zum Geldausgeben zu pflegen, zeigte sich zwischenzeitlich als eher knauserig, und als er dann doch tief in die Tasche griff, funktionierte es auch nicht, aber der Schuldenberg war wieder ein Stück gewachsen.

Geld, so das Sprichwort, macht nicht glücklich. Aber es beruhigt. Zur Beruhigung der Löwen-Fans würde eine Entspannung der Finanzlage sicherlich beitragen. Aber wer weiß: vielleicht beziehen manche ja einen Kick aus dem alljährlichen Zittern um die Lizenzerteilung.

36. GRUND

Weil man bei 1860 mit einem einzigen Tor unsterblich werden kann

Thomas Riedl gehörte zu jener Sensationsmannschaft seines Heimatvereins 1. FC Kaiserslautern, die 1997/98 als Aufsteiger die Deutsche Meisterschaft gewann. Im Sommer 1999 wechselte er ablösefrei zum TSV 1860, mit dem Ziel, sich bei den Löwen einen Stammplatz zu erobern. Dies ließ sich auch ganz gut an, in den ersten Spielen gehörte der Mittelfeldspieler normalerweise zur Startelf. Dann folgte jedoch eine Serie von fünf Spielen, in denen Trainer Werner Lorant ihn anfangs auf der Bank ließ.

Erst am 13. Spieltag, dem 27. November 1999, durfte Riedl wieder einmal von Beginn an die Schuhe schnüren. Es ging gegen den FC Bayern, der die Tabelle anführte und am Spieltag zuvor den SC Freiburg mit einer 6:1-Packung nach Hause geschickt hatte. Die Löwen hingegen hatten in Duisburg sang- und klanglos mit 0:3 verloren und belegten Platz 7. Keine Frage also, wer als Favorit in das Derby ging. Zumal bei den Löwen mit Assistenztrainer Peter Pacult quasi ein Ersatzmann das Kommando am Spielfeldrand führte, denn der vom DFB gesperrte Werner Lorant musste auf der Tribüne Platz nehmen.

In den Derbys seit dem Wiederaufstieg 1994 war 1860 ohne Sieg geblieben, obwohl man sich meist achtbar aus der Affäre gezogen hatte. Viermal stand am Ende immerhin ein Unentschieden. Diesmal aber übernahm der Außenseiter von Anfang an das Kommando und brachte die Bayern ein ums andere Mal in Verlegenheit. Allein in der ersten Halbzeit retteten Pfosten und Latte dreimal für Torhüter Olli Kahn, weitere gute Chancen wurden ausgelassen und in der zweiten Hälfte vergab Filip Tapalović eine Großchance, an die er sich noch heute mit Schrecken erinnern dürfte. Die Löwen-Fans waren der Verzweiflung nahe. Wenn selbst ein solcher Auftritt nicht zu einem Derbysieg reichen würde, wie sollte es dann überhaupt jemals noch dazu kommen?

Dann die 85. Minute: ein langer Pass gelangt flach an den Strafraum, Martin Max legt den Ball schräg nach hinten ab, genau in den Lauf des heranpreschenden Thomas Riedl. Der schießt direkt, der Ball fliegt zwischen den Beinen des hochspringenden Thomas Linke hindurch in Richtung Tor, dreht sich immer weiter nach rechts, Kahn streckt sich und fliegt in die Ecke, doch er hat keine Chance. Endlich, endlich der Führungstreffer!

Die letzten fünf Minuten bringen die Löwen auch noch über die Zeit. Schiedsrichter Bernd Heynemann, bereits am Aufstiegstag von Meppen an der Pfeife, beendet das Spiel. Der erste Derbysieg für die Löwen nach unendlich langen 22 Jahren!

Für die Löwen-Fans hat Thomas Riedl mit diesem Treffer Unsterblichkeit erreicht, von nun an werden sie ihn als »Fußballgott« feiern. Es sollte sein einziger Torerfolg in zwei Bundesligajahren beim TSV 1860 bleiben!

37. GRUND

Weil Löwen auch mal von Hunden gebissen werden

Der berühmteste Hundebiss der deutschen Fußballgeschichte ereignete sich am 6. September 1969, als der Schalker Friedel Rausch in einem Spiel bei Borussia Dortmund in der Kampfbahn Rote Erde von einem Polizeihund in den Allerwertesten gebissen wurde. Weit weniger bekannt ist, dass auch zwei Löwenspieler einmal Bekanntschaft mit den Fängen der vierbeinigen Begleiter unserer Freunde und Helfer machten.

Es geschah am 5. Mai 1990 in der Frankenwaldsportstätte im oberfränkischen Helmbrechts, wo der TSV 1860 am vorletzten Spieltag der Bayernligasaison 1989/90 beim einheimischen VfB gastierte.

In der Rückrunde hatten sich die Löwen bis auf zwei Punkte an den zwischenzeitlich scheinbar uneinholbaren Spitzenreiter Schweinfurt 05 herangearbeitet, der am letzten Spieltag im Stadion an der Grünwalder Straße zu Gast sein würde. Es galt noch die Zweipunkteregel, die 05er hatten ein Heimspiel, nur ein Sieg in Helmbrechts würde also die Möglichkeit offen halten, den Spitzenreiter im letzten Spiel noch zu überflügeln.

Zunächst lief alles nach Plan. Horst Schmidbauer brachte die Löwen fast mit dem Pausenpfiff in Führung. Nach der Pause wurde das Spiel zunehmend hektischer und der Schiedsrichter sprach in der letzten halben Stunde insgesamt vier Zeitstrafen aus, drei davon gegen 1860. In der 70. Minute, zu einem Zeitpunkt, da 1860 um zwei Spieler dezimiert war, erzielten die Gastgeber den Ausgleich. Den Löwen schienen die Felle davonzuschwimmen und die Fans artikulierten auf den Rängen zunehmend ihren Unmut über den Unparteiischen. Die Ordnungshüter in Grün marschierten auf, das Tohuwabohu setzte sich auch nach dem Schlusspfiff fort – es war beim 1:1 geblieben – und die Löwen Roland Kneißl und Bernhard Meisl wurden von Polizeihunden in die Wade »gezwickt«, wie ein Chronist der Ereignisse berichtet.

Die Schmerzen der beiden dürften nachgelassen haben, als sich die Kunde verbreitete, dass Schweinfurt 05 entgegen aller Erwartungen gegen den TSV Vestenbergsgreuth mit 0:1 verloren hatte. Was 1860 die Möglichkeit offen ließ, mit einem Sieg zum Saisonabschluss doch noch die Meisterschaft zu erringen, die dann aber mit einem 3:3-Unentschieden verpasst wurde.

38. GRUND

Weil die Löwen den Zuschauerrekord im Olympiastadion halten

Am 15. August 1973 standen sich der TSV 1860 und der FC Augsburg im Münchner Olympiastadion in einem Punktspiel des 2. Spieltags der Regionalliga Süd gegenüber. Wie viele Zuschauer dieses Spiel letztendlich verfolgten, weiß keiner. Auf jeden Fall waren es mehr, als das offiziellen Fassungsvermögen des Stadions erlaubte. Wie konnte es dazu kommen?

Bei den Löwen lief alles wie auch heutzutage in jedem Sommer. Man hatte den Aufstieg in die Bundesliga zum wiederholten Male verpasst, doch nun ging es ja wieder bei Null los. Neue Leute waren gekommen, diesmal würde es endlich klappen. Und am 1. Spieltag hatte ein 4:0 bei Jahn Regensburg die Hoffnungen erst so richtig angefacht.

Der FC Augsburg war gerade in die Regionalliga aufgestiegen und freute sich auf die neue Spielklasse. Für viele seiner Anhänger bot das Auswärtsspiel in München zudem vermutlich eine willkommene Gelegenheit, endlich einmal das neue Olympiastadion zu besuchen. Und nach dem mit einem 6:2 gegen den VfR Heilbronn gelungenen Saisonstart erwartete man auch sportlich einiges. Zumal man mit Helmut Haller einen prominenten Neuzugang zu verzeichnen hatte. Der Vizeweltmeister von 1966 war nach vielen erfolgreichen Jahren in Italien in seine Heimatstadt zurückgekehrt und natürlich auch für das Münchner Publikum eine Attraktion.

Die Rahmenbedingungen stimmten ebenfalls: der 15. August ist in Bayern ein Feiertag und das Wetter war schön. Der Vorverkauf hatte auf eine Zuschauerzahl gedeutet, die das Stadion leicht hätte fassen können, doch spontan machten sich wesentlich größere Massen auf den Weg in den Olympiapark. Nicht alle Zugänge und Kassenhäuschen waren besetzt und als das Spiel angepfiffen wurde, befanden sich noch zahlreiche Besucher vor dem Stadion in den Warteschlangen.

Das Spiel begann mit einem Paukenschlag. Bereits in der 3. Minute erzielte Werner Luxi den Führungstreffer für die Löwen. Der Torschrei war natürlich auch draußen zu vernehmen und nun gab es für die Wartenden kein Halten mehr. Zäune und Absperrungen wurden niedergerissen und auf diesem Weg gelangten viele Zuschauer ohne Eintrittskarte ins Stadion, wo sie auf die Ränge drängten. Insgesamt 136 Personen wurden zum Teil schwer verletzt, Todesfälle waren zum Glück nicht zu beklagen.

Auf dem Spielfeld bekam man von diesen Ereignissen nichts mit, eine Spielunterbrechung oder gar ein Abbruch wurden wohl auch nicht erwogen. Bereits nach zehn Minuten mussten die Löwen den Ausgleich durch Klaus Vöhringer hinnehmen. In der Folgezeit waren die Augsburger insgesamt die bessere Mannschaft, am Ergebnis änderte sich aber nichts mehr. Neuling FCA beendete die Saison als Regionalligameister, scheiterte aber in der Aufstiegsrunde zur Bundesliga, die die Löwen als Tabellendritter mal wieder knapp verpasst hatten.

Wie viele Zuschauer befanden sich bei diesem Spiel denn nun tatsächlich im Olympiastadion? Zugelassen war es damals für 73.000, diese Zahl wurde meist auch in der Presse angegeben. Doch es waren sicher mehr, sogar Zahlen von bis zu 100.000 wurden genannt. Wie so oft, dürfte die Wahrheit in der Mitte liegen, zwischen 80.000 und 90.000 mögen es wohl gewesen sein. Der ewige Zuschauerrekord im Olympiastadion wurde also bereits im zweiten Jahr seines Bestehens aufgestellt. Doch wie beim Besucherrekord im Stadion an der Grünwalder Straße im März 1948 durften alle Beteiligten und Verantwortlichen froh darüber sein, dass es nicht zu einer Katastrophe gekommen war.

39. GRUND

Weil der Himmel blau ist

»Du sollst keine anderen Götter haben neben mir.« So heißt es im ersten Gebot. Ein ziemlich eindeutiges Gebot, möchte man meinen. Und doch wird, obwohl Deutschland ein christlich geprägtes Land ist, von Spielern und Trainern, Journalisten und Fans immer wieder in offenkundig sündiger Weise einem so genannten Fußballgott gehuldigt, dem allem Anschein nach ein gewisser Einfluss auf das Geschehen auf dem grünen Rasen zugebilligt wird.

Nun gibt es natürlich Atheisten, die ohnehin die Existenz jener Göttin anzweifeln, die die Zehn Gebote in Stein gemeißelt hat. Und als Fußballfan, insbesondere als Fan des TSV München 1860, kann man mühelos mindestens zum Agnostiker werden, wenn nicht gleich ganz den Glauben verlieren. Andererseits darf allein die Existenz des Fußballspiels als eine Art Gottesbeweis gewertet werden. Und auch hinsichtlich des Fußballgottes ist die Beweisführung ganz einfach. Man richte einfach nur an einem schönen Sommertag den Blick nach oben. Was wird man sehen? Der Himmel leuchtet im schönsten Blau, verziert durch einzelne weiße Wolken. Wenn aber der Himmel an seinen besten Tagen so eindeutig in den Farben der Löwenfußballer erstrahlt, wie könnte man da an der Existenz des Fußballgottes zweifeln?

Schade nur, dass der gute Hirte ziemlich unparteiisch zu sein scheint. Wenn er sich nicht sogar mehr um seine anderen Schäfchen kümmert als um seine Löwen!

40. GRUND

Weil bei 1860 der Olympische Gedanke gepflegt wird

Für die meisten Spitzensportler gehört die Teilnahme an Olympischen Spielen zu den Karrierezielen. Und da in den verschiedenen Abteilungen des TSV 1860 lange Jahre Spitzensport auf höchster Ebene betrieben wurde, nimmt es nicht Wunder, dass die Löwen eine große Zahl von Olympiateilnehmern hervorgebracht haben, die an dieser Stelle nicht alle aufgeführt werden können, obwohl sie es verdient hätten. Einige von ihnen brachten sogar Medaillen mit nach Hause, und zumindest die sollen stellvertretend für alle anderen genannt werden. Der Gewichtheber Josef Straßberger, einer der erfolgreichsten Sportler, der jemals in den Reihen des TSV 1860 stand, gewann 1928 in Amsterdam im Schwergewicht die Goldmedaille im Olympischen Dreikampf. Vier Jahre später in Los Angeles errang er in der gleichen Disziplin im Alter von 38 Jahren noch einmal die Bronzemedaille. Ebenfalls zu zwei Medaillen kam sein leichterer Kollege Hans Wölpert. Er startete im Federgewicht und errang in Amsterdam Bronze und in Los Angeles Silber, beide Male ebenfalls im Olympischen Dreikampf.

Neben den Gewichthebern gehörten die Leichtathleten und die Turner zu den erfolgreichsten Sportlern bei 1860 und beide Abteilungen können sich mit jeweils einem olympischen Medaillengewinner schmücken. Inno Stangl gewann 1936 in Berlin die Goldmedaille im Mannschaftswettbewerb der Turner. Rosl Kellner errang 1928 mit der 4-mal-100-Meter-Staffel Bronze.

Die dritte Goldmedaille eines Mitglieds des TSV 1860 eroberte schließlich Marina Kiehl, die 1988 bei den Winterspielen im kanadischen Calgary die Goldmedaille in der Königsdisziplin, der Abfahrt, gewann.

Die Fußballer sind auf dieser Ehrentafel nicht verzeichnet. Mit Josef Hornauer stellen sie aber zumindest auch einen Olympiateilnehmer. 1928 in Amsterdam war er dabei und wurde beim 4:0 gegen die Schweiz und beim 1:4 gegen Uruguay eingesetzt. Gegen die Schweizer trat er auch als Torschütze in Erscheinung. Im Augenblick huldigen die Löwen in der 2. Liga dem olympischen Leitgedanken »Dabei sein ist alles!« Das andere olympische Motto, »Citius, altius, fortius«, erfreut sich hingegen geringerer Wertschätzung.

5. KAPITEL

LÖWENBLAUER HIMMEL

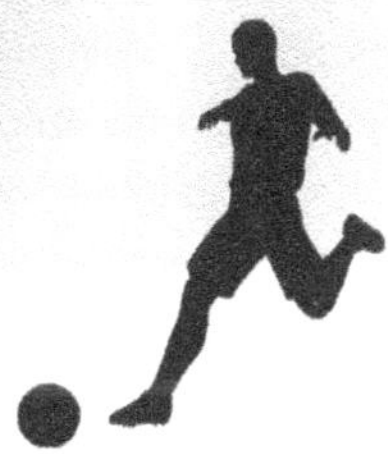

41. GRUND

Weil man bei 1860 dem Pa-Kult frönt

Juli 1993. Der TSV 1860 ist gerade in die 2. Bundesliga aufgestiegen. Für den Sturm wurde Bernhard Winkler verpflichtet, doch es ist – was bei diesen Verein ja eigentlich nie vorkommt – noch ein wenig Geld vorhanden, mit dem ein weiterer Angreifer geködert werden soll. Im Gespräch ist Markus Sailer vom MSV Duisburg, doch der würde 600.000 DM Ablöse kosten, und so viel Geld ist nun doch wieder nicht da. Man entscheidet sich stattdessen für den Österreicher Peter Pacult. Der gebürtige Wiener hat eine mehr als respektable Karriere hinter sich. Er weist 24 Länderspielberufungen auf, war österreichischer Meister und Pokalsieger und 1984 sogar Fußballer des Jahres. Doch in der vergangenen Saison ist er mit dem FC Stahl Linz aus der 1. Liga abgestiegen. Ein Auslaufmodell also?

Weit gefehlt. Das Sturmduo Winkler/Pacult wird zum Schrecken der 2. Liga und schießt die Löwen ins Oberhaus. Pacult steuert dazu 18 Tore bei, darunter jenen Treffer am letzten Spieltag in Meppen, der den Aufstieg beschert und ihm auf ewig einen Ehrenplatz in der Löwen-Walhalla sichert. Mit seinem Wiener Schmäh kommt er auch außerhalb des Platzes gut an, die Medien erfinden für die Verehrung, die ihm von den Löwen-Fans entgegengebracht wird, das Wort vom »Pa-kult«.

In der folgenden Bundesligasaison holt das Alter den Aufstiegshelden dann doch ein. Von Verletzungen geplagt schafft er nur noch 16 Bundesligaspiele, in denen er mit drei Toren zum Klassenerhalt beiträgt. Dann kehrt er nach Wien zurück.

Nicht für lange allerdings, denn nur ein Jahr später beginnt er als Trainer bei 1860 und führt die Amateure in die Regionalliga Süd. Er wird Assistent von Werner Lorant und im Oktober 2001 dessen Nachfolger. Lorant hatte in langen Jahren bei 1860 auch in kritischen Situationen immer wieder die Chance erhalten, das Schiff auf Kurs zu bringen. Mit ähnlicher Geduld seitens des Präsidenten Karl-Heinz Wildmoser durfte Peter Pacult nicht rechnen, und so wurde er im März 2003 angesichts einer nach unten zeigenden Leistungskurve entlassen. Sicher, die Mannschaft hatte gerade mit 0:6 bei Hertha BSC und einige Wochen zuvor mit 0:5 gegen die Bayern verloren, aber sie stand zu diesem Zeitpunkt immer noch auf Platz 8, eine Platzierung, von der Pacults Nachfolger ein Jahr später nur träumen konnte. Neben sportlichen Aspekten hatte aber wohl auch Pacults wenig kommunikatives Auftreten ihn in Ungnade fallen lassen.

Die Trainerzeit bleibt Episode, dafür strahlt die Aufstiegssaison als Spieler umso mehr. Und so wird der Pa-kult auf Dauer zur Vereinsreligion des TSV 1860 gehören.

42. GRUND

Weil die Löwen den Schalker Kreisel störten

Brot und Spiele – schon im alten Rom wussten die Machthaber, wie man das Volk bei Laune hält. Während des 2. Weltkriegs wurde das Brot knapp, doch das nationalsozialistische Regime sorgte weiterhin für Spiele. So wurde der Fußballbetrieb beinahe bis Kriegsende aufrechterhalten, wenn auch mit Einschränkungen durch erschwerte Reisebedingungen und hinsichtlich der Verfügbarkeit von Spielern, die natürlich in nicht geringer Zahl Uniform trugen.

Der TSV 1860 hatte nach der Machtergreifung der Nazis wenig Mühe gehabt, sich mit dem neuen Regime anzufreunden, von dieser Nähe zur Macht zumindest sportlich zunächst aber nicht profitiert. Die Bilanz der Jahre bis zum Kriegsausbruch war eher mager. In den Kriegsjahren hatte man jedoch bald eine richtig gute Mannschaft beieinander. Was an einigen Gastspielern lag, die auf Grund militärischer Verpflichtungen in München für 1860 spielten;

vielleicht aber auch daran, dass Löwenspieler von den Militärbehörden in Sachen Urlaubsgewährung bevorzugt behandelt wurden.

Während der FA-Cup in England eine größere Tradition aufweist als die Liga, wurde in Deutschland ein nationaler Pokalwettbewerb erst 1935 eingeführt. Der heutige DFB-Pokal trug damals den Namen des Reichssportführers Hans von Tschammer und Osten, kurz Tschammer-Pokal. Die Spiele wurden innerhalb eines Kalenderjahres ausgetragen, die ersten Runden auf unterer Ebene nach Ende der Meisterschaftsspiele im Mai und Juni, die Schlussrunden in der zweiten Jahreshälfte, das Endspiel gegen Jahresende.

Die Löwen hatten in diesem Wettbewerb zunächst kaum Erfolge aufzuweisen, 1938 reichte es immerhin zum Einzug ins Viertelfinale, wo eine Heimniederlage gegen den FSV Frankfurt das Aus bedeutete. Im Jahre 1942 aber setzte man sich zunächst einmal überaus souverän gegen die lokale Konkurrenz durch, gewann mit 5:2 bei der Post-SG Augsburg, danach mit 6:1 gegen die Reichsbahn-SG Weiden, mit 6:0 gegen den Luftwaffen SV Fürstenfeldbruck und zuletzt mit gleichem Ergebnis bei Schwaben Augsburg.

In der 1. Schlussrunde wartete mit Rapid Wien gleich ein schwerer Brocken. Das Spiel fand am 19. Juni 1942 in der Hanns-Braun-Kampfbahn statt, wie das Stadion an der Grünwalder Straße damals hieß. Zu ungewöhnlicher Anfangszeit, morgens um 10.30 Uhr! Am Nachmittag fand auf der Rennbahn in Riem mit dem Deutschen Alpenpreis ein bedeutendes Pferderennen statt und dem wollte man aus dem Weg gehen. Trotz der ungewohnten Anfangszeit versammelten sich etwa 20.000 Zuschauer im Stadion und sie sahen einen 5:3-Erfolg der Löwen. Zwar verspielte man in der zweiten Halbzeit eine 3:1-Führung, doch Engelbert Schmidhuber sorgte mit zwei Treffern in den letzten fünf Minuten für den Sieg. Schmidhuber traf auch beim 3:1 bei den Stuttgarter Kickers in der nächsten Runde zweimal.

Damit war das Achtelfinale erreicht, in dem die SG SS Straßburg der Gegner war. Die Elsässer waren in der Vorsaison Gaumeister geworden und hatten in der Endrunde zur Deutschen Meisterschaft die Stuttgarter Kickers und den bayerischen Gaumeister Schweinfurt 05 ausgeschaltet. Doch die Löwen waren an diesem Tag nicht zu bremsen und am Ende hieß es 15:1. Vierzehn der Tore steuerten die Stürmer Ernst Willimowski, Heinz Krückeberg und Ludwig Janda bei.

Der Oberschlesier Willimowski hatte 22 Länderspiele für Polen absolviert und bei der Weltmeisterschaft 1938 in einem Spiel gegen Brasilien vier Tore erzielt. Nach der deutschen Besetzung Polens erhielt er die deutsche Staatsbürgerschaft und spielte zwei Jahre für den Polizei-SV Chemnitz, bevor er sich im Sommer 1942 den Löwen anschloss. Inzwischen war er von Sepp Herberger auch in die deutsche Nationalmannschaft berufen worden. Krückeberg galt als eines der größten Stürmertalente. Er war im September 1940 als Gastspieler von der SpVgg Laatzen zu den Löwen gestoßen, schoss Tor um Tor, und war auch Sepp Herberger aufgefallen, der ihn ins Aufgebot der Nationalmannschaft nahm, ohne ihn allerdings jemals einzusetzen. Der Jurastudent fiel kurz vor Kriegsende an der Ostfront. Der Fürther Ludwig Janda spielte seit 1938 für 1860 und gehörte auch nach dem Krieg noch zu den Stützen der Mannschaft. 1949 ging er als einer der ersten deutschen Spieler als Profi nach Italien.

Im Viertelfinale mussten die Löwen nach Luxemburg reisen, wo man gegen den FV Stadt Düdelingen mit 7:0 gewann. Im Halbfinale empfing man den oberschlesischen Vertreter TuS Lipine, der mit bisher 59:6 Toren im laufenden Wettbewerb ähnliche Offensivqualitäten bewiesen hatte wie 1860. Es wurde dennoch ein einseitiges Spiel, Krückeberg und Janda trafen je einmal, Willimowski netzte viermal ein. Mit 6:0 zogen die Sechziger ins Endspiel in Berlin ein.

Das Finale fand am 15. November 1942, einem Sonntag, im Berliner Olympiastadion statt. Gegner war der FC Schalke 04, aktueller deutscher Meister und die erfolgreichste deutsche Mannschaft der letzten Jahre mit ihren Stars Fritz Szepan und Ernst Kuzorra. Natürlich wurden die Knappen favorisiert, den Münchnern billigte man allenfalls Außenseiterchancen zu. Löwen-Kapitän Franz Schmeiser führte folgendes Team auf das Feld: Hans Keis, Georg Pledl, Franz Schmeiser, Josef Rockinger, Georg Bayerer, Rolf Kanitz, Martin Schiller, Ludwig Janda, Heinz Krückeberg, Ernst Willimowski, Engelbert Schmidhuber. Trainiert wurde die Mannschaft von Dr. Max Schäfer, der »Fußballprofessor« aus Landshut war von 1927 bis 1937 bereits als Spieler für die Löwen aktiv gewesen.

Die Schalker haben nicht ihren besten Tag, der berühmte Kreisel läuft keineswegs auf Hochtouren und die Löwen können das Spiel offen halten. Als die 80.000 Zuschauer beginnen, sich auf eine Verlängerung einzurichten, schließt Willimowski eine schöne Kombination mit Schiller und Krückeberg aus kurzer Distanz ab. Damit heißt es in der 79. Minute 1:0 für den Außenseiter. Und in der 88. Minute setzt Schmidhuber noch einen drauf und erzielt per Alleingang das 2:0 für die Löwen.

Die Fußballer des TSV 1860 haben ihren ersten großen Titel errungen und die Mannschaft wird in der Presse nun tatsächlich als die zur Zeit neben Schalke 04 beste deutsche Mannschaft eingestuft. Nicht zuletzt deshalb begegnen sich die beiden Endspielteams bereits am 3. Januar 1943 erneut, in einem Privatspiel in Köln, einer Art Pokalrevanche. Die stattliche Zahl von 40.000 Zuschauern sieht diesmal ein torloses Unentschieden.

Und wie lief es mit der Titelverteidigung? Wie immer bei den Löwen liegen Höhen und Tiefen dicht beieinander. Im ersten Spiel des Pokalwettbewerbs 1943 setzte es eine 0:1-Niederlage gegen den SC Bajuwaren München. In der Mannschaft standen allerdings auch nur noch fünf der Pokalhelden von Berlin.

43. GRUND

Weil der Sechzigermarsch die tollste Vereinshymne überhaupt ist

Kein Zweifel, der Sechzigermarsch ist, um es nach Art von Jürgen Klopp zu formulieren, 'ne geile Vereinshymne. Gut, er hat vielleicht nicht ganz die Spritzigkeit des Duisburger Zebra-Twists, doch wer jemals Clemens Tönnies das Schalker Vereinslied hat schmettern hören, wie er es neulich im *Doppelpass* tat, der weiß, dass die Konkurrenz ansonsten auf niedrigster Ebene anzusiedeln ist.

Zugegeben, musikalisch auf der Höhe der Zeit war der Marsch schon im Jahre 1963 bei seiner Erstveröffentlichung unter dem Titel *Das »1860« Lied* nicht. Die Stars der damaligen Jugend – Elvis, Beatles, Stones – hörten sich anders an. Und aus dem Text spricht ein unverbrüchlicher Optimismus, der heute auch nicht mehr recht zeitgemäß wirkt. Deshalb hier eine Nachdichtung, die die Fan-Perspektive in den Mittelpunkt rückt und die Pfadfinderromantik zugunsten einer realistischeren Betrachtungsweise zurücknimmt:

57, 58, 59, 60 ja so schallt's empor!
57, 58, 59, 60 vielleicht gibt's bald ein Tor!
57, 58, 59, 60 die Hoffnung ist nur klein,
mein Problem für alle Zeit wird 1860 sein
Der Verein, der macht's uns gar nicht leicht,
weil er nie, nie, nie sein Ziel erreicht.
Aber wir, wir halten alles aus,
'ne starke Mannschaft, auch 'ne schwache Mannschaft,
bei Sechzig geht sich's eh nie aus.
So sieht es die Fankurve, wir bleiben dennoch treu,
und genau deshalb klingt das Lied aufs Neu
60, 60, 60.

Auf der Mitgliederversammlung vom 14. Juli 2013 outete der neugewählte Präsident Gerhard Mayrhofer den Löwenmarsch als sein Lieblingslied. Auch er schaffte es nicht, dem Text dieser Nachdichtung die Grundlage zu entziehen.

44. GRUND

Weil die Löwen jahrzehntelang gefährlich lebten

Am 7. September 1943 und nochmals am 2. Oktober 1943 wurde das Stadion an der Grünwalder Straße bei alliierten Bombenangriffen getroffen und weitgehend zerstört. Am 24. Mai 2012 entdeckten Arbeiter beim Umbau des Stadions in etwa einem Meter Tiefe unter dem Strafraum vor der Ostkurve eine 225 Kilo schwere Bombe, die etwa 120 Kilo Sprengstoff enthielt. Die Entschärfung erwies sich als unproblematisch, doch wäre sie hochgegangen, so der verantwortliche Sprengmeister, dann »hätten die Sechziger ein neues Stadion bekommen ... und Splitter hätten wohl die Häuserzeile an der Grünwalder Straße getroffen« (*Süddeutsche Zeitung*, 25. Mai 2012). Normalerweise gehen Blindgänger nicht einfach so in die Luft, aber gelegentlich kommt es eben doch vor.

Bei dieser Nachricht dürfte allen ein Schauer über den Rücken gelaufen, die jemals in jenem Stadion Fußball gespielt haben oder als Zuschauer dabei waren. Man darf vermuten, dass in all den Jahren seit Kriegsende irgendwann einmal ein Berichterstatter die Formulierung von der »Bombenstimmung«, die im Sechzigerstadion geherrscht habe, gebraucht hat. Ein makabrer Gedanke.

45. GRUND

Weil 1860 einmal Hallenmeister war

Die Neunzigerjahre waren das Jahrzehnt des Hallenfußballs in Deutschland. Der DFB hatte die Winterpause ausgedehnt, die Spieler mussten beschäftigt werden und die Vereine lechzten nach Einnahmen. Da kam der Budenzauber zur Überbrückung gerade recht und die nun allerorts arrangierten Hallenturniere ließen sich auch gut vermarkten angesichts einer Reihe neuer privater Fernsehsender, die ihre Sendezeit gerne mit Sportübertragungen füllten. Und um dem ganzen einen zusätzlichen Reiz zu verleihen, machte der DFB gleich einen richtigen Wettbewerb daraus, den DFB-Hallenpokal, auch unter dem Namen Hallenmasters bekannt. Für diesen Höhepunkt der Hallensaison, der ab 1988 ausgetragen wurde, qualifizierten sich jene Vereine, die sich bei den vorausgehenden Turnieren als die besten erwiesen hatte.

Einmal, es war im Januar 1996, mischten auch die Löwen so richtig mit. Es begann mit einem 2. Platz beim Turnier von Frankfurt, bei dem nach vier Siegen in Vorrunde und Halbfinale das Endspiel mit 0:2 gegen die einheimische Eintracht verloren ging. Nicht so gut lief es in Berlin beim traditionsreichsten deutschen Hallenturnier. Man überstand die Vorrunde, doch in der Zwischenrunde kam das Aus, am Ende stand Platz 6. Dann ging's in der heimischen Olympiahalle zur Sache. In der Vorrunde reichten zwei Unentschieden und ein 5:1 gegen Borussia Mönchengladbach zum 2. Platz und damit der Qualifikation für das Halbfinale, in dem die Löwen dann Werder Bremen mit 9:1 aus der Halle schossen. Im Endspiel gegen den 1. FC Nürnberg war's enger, doch Piotr Nowak und Genossen behielten mit 4:3 die Oberhand.

Dieser Turniersieg bedeutete zugleich auch die Qualifikation für das Masters-Finale, das am 27. und 28. Januar in der Dortmunder Westfalenhalle ausgetragen wurde. Die beteiligten Vereine erhielten ein Startgeld von jeweils 150.000 DM. In der Vorrunde kamen die Löwen zu knappen Siegen gegen Eintracht Frankfurt (2:1) und den 1. FC Kaiserslautern (3:2), gegen den Karlsruher SC setzte es hingegen eine deftige 0:4-Schlappe. Das reichte zum zweiten Gruppenplatz und damit zum Einzug ins Halbfinale. Dort hieß der Gegner Borussia Dortmund, Tore von Piotr Nowak (2), Olaf Bodden, Manni Schwabl und Horst Heldt brachten einen eindeutigen 5:0-Sieg. Und im Endspiel sicherten sich die Löwen dann mit einem 6:3 gegen den Hamburger SV den Titel und die damit verbundene Prämie von 75.000 DM. Die Tore verteilten sich ganz paritätisch auf Horst Heldt, Bernhard Trares, Ivica Grlić, Matthias Hamann, Jens Jeremies und Olaf Bodden. Im Tor stand Bernd Meier, zum Einsatz kamen neben den genannten Torschützen auch noch Harald Cerny, René Rydlewicz und Elvis Brajković. Erstaunlich, dass das lange Kopfballungeheuer Olaf Bodden dabei war. Die Wusler Nowak, Schwabl, Heldt und Rydlewicz kann man sich in der Halle wesentlich besser vorstellen. Für Ivica Grlić, der eigentlich bei den Amateuren spielte, bedeutete das Hallenmasters sicherlich den Höhepunkt seiner nur kurzen Karriere bei den Löwen.

Nicht unbedingt ein Titel, den man im Briefkopf an die erste Stelle rücken würde, aber man spielte ja gerade erst die zweite Saison nach der Rückkehr in die Bundesliga. Insofern war der Masterssieg nicht nur ein schönes Erlebnis für die Fans, sondern auch ein wichtiger Schritt, um dem Verein so lang vermisste Anerkennung zu verschaffen.

Der Hallenpokal wurde 2001 zum letzten Mal ausgetragen. Nachdem der Winter in Deutschland in jenen Jahren meist exakt dann ungemütlich wurde, wenn die Winterpause vorbei war, kam man zu der Erkenntnis, dass dann ja wohl auch eine kürzere Winterpause ausreichen würde. Entscheidend für die Beschneidung der Hallensaison war aber wohl vor allem der wachsende Termindruck im modernen Fußball. Mit dem Masters hatten die Löwen seit dem Triumph von 1996 allerdings ohnehin nichts mehr zu tun gehabt.

46. GRUND

Weil die Väter mit den Söhnen …

Bekanntlich besuchten so gut wie alle deutschen Fußballfans männlichen Geschlechts erstmals an der Hand des Vaters einen Fußballplatz, und sie wissen noch Jahre später mit leuchtenden Augen von dieser Erfahrung zu berichten. Die einzige Ausnahme sind diejenigen, die von der Mutter an die Hand genommen wurden, um dem Vater beim Fußballspielen zuzuschauen. Bei denen hat sich manchmal sogar das Talent vererbt und der Sohn wird als Fußballspieler einmal so berühmt wie der Vater.

Der TSV 1860 war immer eine große Familie, anzusiedeln irgendwo auf einer Skala zwischen der Trapp-Familie und den Corleones. So nimmt es nicht Wunder, wenn es bei den Löwen einige Beispiele für Väter und Söhne gibt, die beide, wenn auch nicht gleichzeitig, in der ersten Mannschaft gespielt haben.

Das erste Vater-Sohn-Duo, dem dies gelang, waren die Börstlers, beide mit Vornamen Ferdinand. Ferdinand Senior war Torhüter und gehörte schon 1913 zum Kader der ersten Mannschaft. Seine besten Jahre nahm ihm der 1. Weltkrieg, als der Spielbetrieb eingeschränkt war, doch in den ersten Jahren nach dem Krieg hütete er immer doch den Löwenkasten. 1920 wurde er von Max Kob abgelöst, der unumstrittenen Nummer 1 unter den Löwenkeepern der Zwanzigerjahre.

Ferdinand Börstler Junior gab sein Punktspieldebüt in der ersten Mannschaft in der Saison 1952/53. Er spielte im Angriff, überwiegend als durchaus torgefährlicher Halbstürmer. Sein bestes Jahr hatte er in der Zweitligasaison 1956/57, als er mit 25 Treffern zur Rückkehr in die Oberliga Süd beitrug. Im Sommer 1959 zog er sich aus der ersten Mannschaft der Löwen zurück.

Die bekannteste Vater-Sohn-Kombination bei 1860 stellt die Familie Bierofka. Vater Willi begann mit dem Fußballspielen bei der SpVgg Feldmoching und kam 1973 zu den Löwen. Er spielte anfangs im Sturm und wurde im Laufe seiner Karriere immer weiter nach hinten verschoben. Bei 1860 entwickelte er sich bald zu einer der Stützen der Mannschaft, gehörte zu den Aufsteigern der Saison 1976/77 und schaffte es bis in die B-Nationalmannschaft. Nach einer Reihe von Verletzungen musste er seine Laufbahn bereits 1979, viel zu früh, als Sportinvalide beenden. Später war er auch als Trainer für die Löwen tätig und bereitete mit seiner Arbeit das Feld für seinen Nachfolger Karsten Wettberg.

Sohn Daniel begann ebenfalls in Feldmoching und spielte dann, wir wollen's ihm nachsehen, für die SpVgg Unterhaching und die Amateure des FC Bayern. 2000 wechselte der Flügelstürmer zu den Löwen und eroberte sich sofort einen Stammplatz. Im Mai 2002 absolvierte er seine ersten Länderspiele, wurde aber nicht ins Aufgebot für die Weltmeisterschaft berufen. Im selben Sommer gaben ihn die Löwen aus Geldmangel für eine hohe Ablösesumme an Bayer Leverkusen ab. Später wechselte er zum VfB Stuttgart, mit dem er 2006/07 Deutscher Meister wurde. Danach kehrte er nach München zurück und setzte sich trotz zahlreicher Verletzungen, die ihn immer wieder zurückwarfen, wieder voll für seine Löwen ein. Seit dem Karriereende im Sommer 2014 ist er als Trainer im Nachwuchsbereich des Vereins tätig, auf sein späteres Wirken wird noch zurückzukommen sein.

Ein weiteres Vater-Sohn-Gespann wirkte weniger erfolgreich für 1860, dies allerdings nicht auf dem Spielfeld. Karl-Heinz Wildmoser Senior wurde 1992 Präsident und begann bald damit, seinen Sohn Karl-Heinz Junior in die Vereinsgeschäfte einzubinden, vermutlich in der Absicht, ihn als potenziellen Nachfolger aufzubauen. Der Junior übernahm zunächst die Leitung der Fußballabteilung und wurde nach der Ausgliederung des Profifußballs Geschäftsführer der KGaA. Als Vertreter des TSV 1860 in der Stadion GmbH war er auch mit dem gemeinsamen Stadionbau mit dem FC Bayern befasst. Er gab Insiderinformationen weiter und ließ sich dies vergüten, weshalb er zu einer Haftstrafe von viereinhalb Jahren verurteilt wurde. Das Verfahren gegen den ebenfalls zunächst in Haft genommen Vater wurde eingestellt, doch als Präsident musste er zurücktreten, war er es doch gewesen, der den Sohn mit Aufgaben betraut hatte, denen dieser offenkundig nicht gewachsen war.

Eine weitere Vater-Sohn-Geschichte bahnte sich im Sommer 2013 mit der Verpflichtung von Markus Schwabl an, dem Sohn des Helden der Feten-Affäre Manni Schwabl. Doch nach nur einem Jahr mit wenigen Einsätzen kehrte der junge Schwabl zu seinem Stammverein nach Unterhaching zurück.

Zuguterletzt soll ein Sohn nicht unerwähnt bleiben, dessen Vater eigentlich auch ins Löwentrikot gehört hätte: Von 1988 bis 1990 spielte Stefan Beckenbauer für den TSV 1860.

47. GRUND

Weil bei 1860 auch die zweite Mannschaft meisterlich ist

Reserve, Amateure, zweite Mannschaft – egal wie man's nennt, normalerweise nicht das Team, das im Zentrum der Aufmerksamkeit steht. Bei den Löwen firmiert das Team vereinsintern als U21 und spielt eine wichtige Rolle im Nachwuchskonzept, soll es doch den Übergang vom Jugend- in den Profibereich ermöglichen. Der Wert der Arbeit dieser Mannschaft bemisst sich daher nicht unbedingt am Tabellenstand, sondern daran, ob es gelingt, Spieler an den Profikader heranzuführen. Doch in der Saison 2012/13 zeigten die Junglöwen in der Regionalliga Bayern eine Leistungsentwicklung, die sich durchaus auch in der Tabelle niederschlug und einen willkommenen Kontrast zu einer insgesamt enttäuschenden Saison der Profimannschaft bildete.

Es begann mit einem 3:0 beim Neuling TSV Buchbach, doch im ersten Heimspiel folgte in Ismaning eine 0:2-Schlappe gegen den VfL Frohnlach. Ismaning deshalb, weil das vertraute Stadion an der

Grünwalder Straße wegen Umbauarbeiten in der gesamten Saison nicht zur Verfügung stand. Kein Heimvorteil also. Es folgten drei weitere Niederlagen, darunter ein 0:2 im »Heimspiel« gegen den Lokalrivalen und Aufstiegsfavoriten FC Bayern II, das vor 6.000 Zuschauern im Sportpark von Unterhaching ausgetragen wurde. Nach fünf Spielen hielt man damit die Rote Laterne.

Doch von nun an ging's bergauf. Trotz gelegentlicher Rückschläge arbeitete sich die Mannschaft bis zum Ende der Vorrunde auf Platz 4 vor. Mit dem Abstieg würde man, entgegen zwischenzeitlicher Befürchtungen, nichts zu tun haben. Bis zur Winterpause standen noch einige Spiele an, darunter das Rückspiel gegen die Bayern. Diesmal fanden sich in Unterhaching 2.500 Zuschauer ein, die ein 1:0 der Löwen sahen. Ende November musste das Team einen Trainerwechsel verkraften, denn Alexander Schmidt wurde als Nachfolger von Reiner Maurer mit dem Training der Profimannschaft betraut. Die Amateure überwinterten auf Platz 5 und während der Winterpause übernahm Markus von Ahlen die Trainerposition. Unter dem neuen Coach verlor die Mannschaft nur noch ein Spiel und so stand bereits zwei Spieltage vor Saisonende der nie erwartete Meistertitel fest.

Nun winkte sogar der erst recht nicht eingeplante Aufstieg in die 3. Liga. Gegner in den Aufstiegs-Playoffs war der SV Elversberg 07, Zweiter der Regionalliga Südwest. Im Hinspiel in Elversberg gingen die Löwen zweimal in Führung, kassierten jeweils den Ausgleich und gerieten kurz nach der Pause gar in Rückstand. Die Gastgeber hatten eine harte Note ins Spiel gebracht, vom Platz musste kurz vor dem Ende jedoch Löwenkapitän Stefan Wannenwetsch, der nach einem Foulspiel die Rote Karte sah. Dennoch, das 2:3 sollte doch daheim zu korrigieren sein.

Das Rückspiel musste wegen starker Regenfälle in München um zwei Tage verschoben werden. Am 4. Juni 2013 versammelten sich dann 14.500 Fans in der Fröttmaninger Arena. Die jungen Löwen, angeführt vom nicht mehr so jungen Necat Aygün, der während der Rückrunde aus dem Profikader zur zweiten Mannschaft gestoßen war, kamen im Laufe der ersten Halbzeit immer besser ins Spiel und Aygün war es dann auch, der in der 40. Minute jenes 1:0 markierte, das zum Aufstieg ausreichen würde. In der zweiten Hälfte versäumten es die Löwen, die Führung auszubauen, gerieten aber auch nicht wirklich unter Druck. Und dann, kurz vor Schluss, in der 84. Minute die kalte Dusche in Gestalt des Ausgleichs der Gäste nach einer Standardsituation. Es reichte nicht mehr zu einem weiteren Treffer, der Traum vom Aufstieg musste begraben werden.

Nur fünf Erstligisten – VfB Stuttgart, Bayern München, Werder Bremen, Borussia Dortmund und Mainz 05 – schafften es bisher mit ihren zweiten Mannschaften in die eingleisige 3. Liga; näher als 1860 war bisher kein Zweitligist an diesem Ziel. Trotz des traurigen Endes feierten die Fans das junge Team nach dem Abpfiff enthusiastisch für eine überragende Saison. Selten in den letzten Jahren waren Anhänger und Mannschaft bei den Löwen nach einem Spiel so nah beieinander.

48. GRUND

Weil Gerd Müller zweimal beinahe ein Löwe geworden wäre

In den frühen Sechzigerjahren geriet ein junger Stürmer ins Blickfeld der beiden Münchner Vereine, der beim TSV Nördlingen Tore in unglaublicher Zahl erzielte. Sowohl 1860 als auch die Bayern wollten das Talent verpflichten und hatten sich im Frühjahr 1964 zu Besuch in Nördlingen angesagt. Die Bayern waren etwas früher da, der spätere »Bomber der Nation« wechselte aber wohl vor allem deshalb zum damaligen Regionalligisten an die Säbener Straße, weil er sich keine Chance ausrechnete, an Rudi Brunnenmeier vorbeizukommen und in der auch sonst stark besetzten Löwenmannschaft Fuß zu fassen. Wie im Falle Franz Beckenbauers darf man darüber spekulieren, welchen Lauf die Geschichte der beiden Vereine wohl genommen hätten, wäre Müller tatsächlich zu 1860 gegangen.

Fünfzehn Jahre später wurde Gerd Müller noch einmal ein Thema bei den Löwen. Er hatte im Frühjahr 1979 im Unfrieden die Bayern verlassen und bei den Fort Lauderdale Strikers in der amerikanischen Profiliga NASL angeheuert. Während der Spielpause dieser Liga hielt er sich im Winter 1979/80 bei 1860 fit. Präsident Erich Riedl hätte ihn gerne verpflichtet und Müller war wohl auch bereitet, bis zum Beginn der neuen Saison in den USA für die Löwen zu kicken. Dieser Coup scheiterte jedoch, weil das Gesamtpaket aus Leihgebühr, Gehalt und Versicherungskosten als zu teuer erachtet wurde. Was insofern erstaunt, als sich Riedl in jener Zeit beim Geldausgeben eigentlich keinerlei Zügel anlegte. Vermutlich hätte allerdings auch der DFB, dem solche Kurzgastspiele nicht behagten, den Transfer nicht genehmigt.

Die Achse Franz Beckenbauer/Gerd Müller hatte bekanntlich entscheidenden Anteil am Aufstieg des FC Bayern. Hinter ihnen hielt Sepp Maier den Kasten sauber, von dem nicht überliefert ist, dass er auch einmal zu den Löwen wollte. In seiner Autobiografie *Ich bin doch kein Tor* (1980) schildert er jedoch Unstimmigkeiten mit dem FC Bayern um sein Abschiedsspiel und erklärt, für ihn und seine Frau sei das Kapitel FC Bayern damit abgeschlossen. Man habe sich Dauerkarten für einen Logenplatz bei 1860 besorgt. Schlechtes Timing, denn die Löwen befanden sich im Niedergang. Ob Abstieg und Lizenzentzug zur Wiederannäherung des späteren Bundestorwarttrainers an den FC Bayern beigetragen haben, ist jedoch nicht bekannt.

49. GRUND

Weil bei den Sechzigern »Internationale« spielen

Zu den höheren Weihen für jeden Fußballspieler gehört die Berufung in eine Auswahlmannschaft. In den jungen Jahren des Fußballsports gab es solche in Deutschland auf verschiedenen Ebenen. Als Münchner konnte man zum Beispiel in die Münchner Stadtmannschaft berufen wurde, in die bayerische Auswahl oder in die Auswahl des Süddeutschen Fußballverbandes. Spieler, denen solches widerfuhr, galten als »Repräsentative«. Die höchste Ebene bildete auch damals schon die Nationalmannschaft. Hatte man es dorthin geschafft, durfte man sich »Internationaler« nennen, ein schönes Wort, welches den völkerverbindenden Charakter des jungen Sports betonte, an den Pioniere wie Walther Bensemann so fest glaubten. Den Nazis war dieser Terminus jedoch suspekt und sie ersetzten ihn durch »Nationalspieler«, was sich bis heute gehalten hat. Kein Begriff, den man an vorderste Stelle im Wörterbuch des Unmenschen rücken müsste, aber wäre es nicht dennoch schön, wenn man hierzulande wieder wie einst von »Internationalen« sprechen würde?

Während sie bei 1860 aktiv waren, erhielten insgesamt 22 Spieler mindestens eine Berufung ins DFB-Team. Nicht eingeschlossen in dieser Zahl sind also Spieler, die ausschließlich vor oder nach ihrer Zeit bei den Löwen im Nationaldress aufliefen. Nur dreizehn Vereine stellten im Laufe ihrer Geschichte eine größere Zahl von Internationalen.

Der erste große Repräsentative der Sechziger war Josef Bruglachner, der 1907 als Jugendlicher zu 1860 zu den Löwen kam und bis 1923 in der ersten Mannschaft spielte, sowohl als Stürmer wie auch als Verteidiger. Während des Krieges trat er vorübergehend für den VfR Mannheim an. Sowohl für die Mannheimer wie den TSV 1860 absolvierte er eine Reihe von Spielen für die süddeutsche Auswahl. Bis in die DFB-Elf schaffte er es jedoch nie.

Der erste Löwenspieler, dem dies gelang war Eugen Kling. Der Verteidiger durfte am 2. Oktober 1927 in Kopenhagen gegen Dänemark sein Debüt im DFB-Dress geben. Das Spiel ging mit 1:3 verloren und sein erstes Länderspiel war zugleich sein letztes, ein Schicksal, dass er mit einer Reihe von weiteren Löweninternationalen teilt. Ein Jahr später folgte ihm Josef Hornauer, der bei seiner ersten Berufung in der Schweiz gleich ein Tor zu einem deutschen 3:2-Sieg beisteuerte. Danach wurde er für die deutsche Mannschaft nominiert, die bei den Olympischen Spielen 1928 in Amsterdam antrat. Beim 4:0 gegen die Schweiz traf er erneut, danach kam aber mit einem 1:4 gegen Uruguay das Aus. Hornauer ist bis heute der einzige Löwe, der als Fußballer an Olympischen Spielen teilnahm.

Ebenfalls mit einem Tor debütierte Ludwig Lachner am 28. September 1930 in Dresden gegen Ungarn. Lachner war aus dem Arbeiterfußball, von der Freien Turnerschaft Gern, zu 1860 gestoßen. Er brachte es auf insgesamt acht Länderspiele mit vier Toren. Sein Wechsel zu Eintracht Braunschweig im Jahre 1934 bedeutete zugleich das Ende seiner Nationalelfkarriere. Sein Angedenken wird in seinem Stammverein nicht ausreichend gepflegt, zumindest musste der zweite Nationalspieler aus der FT Gern, Philipp Lahm, in einem Interview eingestehen, mit dem Namen Ludwig Lachner nichts anfangen zu können.

In Lachners zweitem Länderspiel im November 1930 in Breslau gegen Norwegen erhielt er mit Josef Wendl Unterstützung von einem Münchner Mannschaftskameraden, das erste Mal, dass zwei Löwen gleichzeitig in der DFB-Elf aufgestellt wurden. Wendl absolvierte zwischen 1924 und 1945 mehr als 1000 Spiele für den TSV 1860, meist als Verteidiger. In die Nationalmannschaft wurde er insgesamt fünfmal berufen. Nach dem Krieg war er auch als Jugendtrainer für die Löwen tätig.

Sowohl Lachner als auch Wendl gehörten zur 1931er Endspielmannschaft der Sechziger. Zwei weitere Spieler aus dieser Mannschaft durften sich jeweils einmal international präsentieren: Fritz

Eiberle 1933 in einem Spiel in der Schweiz und Max Schäfer 1934 gegen Ungarn.

Eine schillernde Gestalt unter den Löweninternationalen ist Ernst Willimowski. Der gebürtige Oberschlesier spielte seit 1934 in der polnischen Nationalmannschaft und nahm mit ihr an der Weltmeisterschaft 1938 teil. Nach der deutschen Besetzung Polens galt er als Volksdeutscher. Er spielte in Chemnitz und wurde von Reichstrainer Sepp Herberger 1941 in die deutsche Nationalelf berufen. Im Laufe des Jahres 1942 kam er als Gastspieler zu 1860 und trug mit seinem 1:0 zum Pokalsieg im November 1942 bei. In dieser Zeit absolvierte er vier Länderspiele, in denen er sieben Tore erzielte. Aufgrund seiner doppelten Nationalelfkarriere ist er der einzige Spieler der Fußballgeschichte, der als Torschütze sowohl für wie auch gegen Deutschland in Erscheinung trat.

Mit Ausnahme Willimowskis entstammten bis zu diesem Zeitpunkt alle Löweninternationalen der Ära des Trainers Max Breunig. In ähnlicher Weise mit der Ära Max Merkel verbunden sind jene acht Sechziger, die zwischen 1962 und 1969 Länderspiele absolvierten. Die meisten schaffte Bernd Patzke, der von 1965 bis 1969 auf 18 Berufungen kam. Fredi Heiß war achtmal dabei (1962 bis 1965, zwei Tore), Hansi Küppers siebenmal (1962 bis 1967, ebenfalls zwei Tore) und Rudi Brunnenmeier fünfmal (1964 bis 1965, auch zwei Tore). Je zweimal wurden Peter Grosser und Hansi Rebele berufen, je einmal kamen Berti Kraus und Rudi Steiner zum Zuge. Erstaunlich, dass es nur Bernd Patzke ins WM-Aufgebot 1966 schaffte, und auch er kam während des Turniers nicht zum Einsatz. Helmut Schön setzte nicht auf Spieler des aktuellen Deutschen Meisters. In den folgenden Jahrzehnten waren die Löwen nur selten im Oberhaus vertreten und so kam nur ein Löwenspieler in jenen Jahren zu einem Nationalmannschaftseinsatz, Ferdl Keller, der 1975 sogar als Zweitligaspieler berufen und in Wien gegen Österreich eingewechselt wurde.

Nach der Rückkehr der Löwen in die Bundesliga hingegen fanden wieder einige Löwenspieler Berücksichtigung bei den DFB-Trainern.

Jens Jeremies wurde in der Saison 1997/98 insgesamt achtmal eingesetzt, darunter dreimal bei der Weltmeisterschaft in Frankreich. Er ist damit der einzige Löwenspieler, der bei einer WM nicht nur zum Aufgebot gehörte, sondern auch Spiele bestreiten durfte.

Überraschend kam die Berufung von Horst Heldt, der am 28. April 1999 bei einer 0:1-Niederlage gegen Schottland eingewechselt wurde. Er sollte im gleichen Jahr nach seinem Wechsel zu Eintracht Frankfurt noch einmal das Vergnügen haben; ein anderer Debütant aus dem Schottlandspiel namens Michael Ballack brachte es zu einer größeren Länderspielkarriere.

Im Jahre 2000 holte Erich Ribbeck Thomas Häßler noch einmal für vier Spiele in die Nationalmannschaft zurück, darunter zwei Einsätze bei der Europameisterschaft. Der Berliner ist damit der einzige Löwe, der als Löwenspieler bei einer EM mitwirkte. Hoffnungen auf eine WM-Teilnahme machte sich zwei Jahre später Martin Max auf dem Weg zum Torschützenkönig der Bundesliga. Rudi Völler schenkte ihm einen Einsatz gegen Argentinien, nahm ihn jedoch nicht mit nach Japan und Korea. In den WM-Vorbereitungsspielen kam dann auch Daniel Bierofka zweimal zum Zuge, erzielte gegen Österreich sogar einen Treffer, durfte aber ebenfalls nicht mit nach Asien. Der bisher letzte deutsche Internationale aus Reihen des TSV 1860 ist Benny Lauth, der in der Saison 2003/04 fünfmal für die DFB-Elf auf dem Feld stand.

50. GRUND

Weil es 1860 einmal sogar zweimal gab

Im Jahre 1900 hatte der Turnverein München das Gründungsjahr 1860 dem Vereinsnamen beigefügt. 1919 nahm man eine weitere Namensänderung vor und nannte sich fortan Turn- und Sportverein München von 1860. Dies trug dem Umstand Rechnung, dass im

Verein schon seit einiger Zeit nicht mehr nur geturnt, sondern auch Sport betrieben wurde, Leichtathletik, Schwerathletik, Fußball usw.

Der Deutschen Turnerschaft (DT), dem Dachverband der Turnbewegung, blieb der Sport allerdings ein Dorn im Auge. Immer wieder gab es Bestrebungen, den Turnvereinen die Mitgliedschaft in Sportverbänden zu untersagen. Vor dem Weltkrieg war es den Löwenfußballern möglich gewesen, dem Süddeutschen Fußballverband beizutreten und damit am organisierten Spielbetrieb teilzunehmen, während der Turnverein 1860 Mitglied der Deutschen Turnerschaft blieb. Nach dem Krieg kam das Thema erneut auf die Tagesordnung und im Jahre 1923 verfügte die DT die sogenannte »reinliche Scheidung«, die Turnvereinen die gleichzeitige Mitgliedschaft in der DT und in Sportfachverbänden untersagte.

In vielen Vereinen trennten sich daraufhin die Fußballabteilungen von ihrem Stammverein und agierten fortan ganz in eigener Regie. Bei 1860 wählte man einen anderen Weg. Fußball- und Leichtathletikabteilung wurden in einem eigenen Verein namens Sportverein München von 1860 organisiert, die Turner kehrten zum alten Vereinsnamen zurück. Über beiden Vereinen waltete ein gemeinsamer Verwaltungsrat. In der Praxis war die formale Trennung für die Mitglieder kaum wahrnehmbar. Nach dem Ausbau des Stadion an der Grünwalder Straße wurde allerdings ein Konstruktionsfehler offenbar: Der Turnverein hatte die Tilgung für die aufgenommen Geldmittel zu leisten, obwohl der Sportverein die Einnahmen aus dem Stadionbetrieb erhielt. Die Spaltung war aber ohnehin nicht von Dauer, denn die nationalsozialistische Machtergreifung bedeutete auch das Ende der reinlichen Scheidung. Am 6. März 1934 schlossen sich die beiden Vereine wieder zum Turn- und Sportverein München von 1860 zusammen.

Von einer guten Sache kann man nie genug haben. Demnach müsste zweimal München 1860 eigentlich besser sein als einmal München 1860. Letztlich heißt es aber eben doch »Einmal Löwe, immer Löwe« und nicht »Einmal Löwe, zweimal Löwe«.

6. KAPITEL

DER LÖWE SISYPHOS

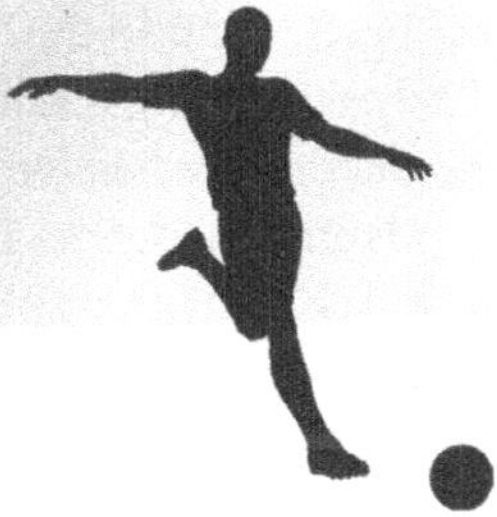

51. GRUND

Weil der TSV 1860 schon mal großzügig eine Meisterschaft auslässt

Als Titelverteidiger gehört man in der neuen Saison normalerweise automatisch zu den Favoriten. Im Sommer 1966 verließ von den fünfzehn Spielern, die im Meisterjahr zum Einsatz gekommen war, nur Otto Luttrop den Verein. Dafür kam mit Friedel Lutz ein Nationalspieler von der Frankfurter Eintracht für die Defensive, mit Gottfried Peter von Borussia Neunkirchen ein Spieler mit Bundesligaerfahrung und mit Wolfgang Fahrian von Hertha BSC ein früherer Nationaltorhüter. Nominell war der Kader also stärker besetzt und so durfte man sich berechtigte Hoffnungen auf die Titelverteidigung machen. Es wurde eine ereignisreiche Saison mit einem überraschenden Deutschen Meister.

Als entscheidendes Problem bei den Löwen sollte sich erweisen, dass das Verhältnis zwischen Trainer Max Merkel und der Mannschaft einfach nicht mehr stimmte. Ohne Merkel wäre 1860 kaum in die Bundesliga gelangt und also auch nicht Deutscher Meister geworden, das war klar. Ebenso eindeutig wies der Meistermacher aber auch Defizite in der Menschenführung auf. Die Spieler waren nicht davon angetan, von ihm immer wieder in der Öffentlichkeit kritisiert zu werden. Manche meinten auch, Merkel habe die Mannschaft in der Meistersaison beinahe kaputt trainiert. Petar Radenković ärgerte sich, dass ihm mit Fahrian ein ernsthafter Rivale zur Seite gestellt worden war, und Peter Grosser hatte ohnehin keine hohe Meinung von Merkel.

Der Saisonstart ging mit einem 0:2 beim 1. FC Köln daneben. Im ersten Heimspiel besiegte man Eintracht Braunschweig, ein Pflichtsieg, mehr nicht, wer war schließlich Eintracht Braunschweig? Während man in den nächsten Heimspielen nahezu die optimale Ausbeute erreichte, folgte auswärts Niederlage auf Niederlage.

5–9 Punkte bedeuten nach sieben Spielen Platz 15, also Abstiegszone. Dann folgte das Heimspiel gegen Borussia Dortmund, eines der turbulentesten der Bundesligageschichte. Brunnenmeier schoss zunächst einen Foulelfmeter neben das Tor (30.) und dann die Löwen in Führung (38.), doch der BVB drehte das Spiel mit Toren von Lothar Emmerich (75.) und Sigi Held (80.). Nur ging dem Tor von Emmerich ein Dortmunder Einwurf voraus, der eigentlich 1860 gehört hätte, und Held erzielte seinen Treffer mit der Hand, was der Linienrichter auch anzeigte, der Schiedsrichter aber ignorierte. Es kam zu Tumulten, in deren Folge Timo Konietzka und Manfred Wagner des Feldes verwiesen wurden. Die folgende Verhandlung war nicht die erste in einer Reihe von merkwürdigen Begegnungen des TSV 1860 mit der Sportsgerichtsbarkeit des DFB. In zwei Instanzen wurde Konietzka zu einer Sperre von sechs Monaten verurteilt, Wagner kam mit der Hälfte davon, beides in jedem Fall eine empfindliche Schwächung der Mannschaft.

Dem Skandalspiel folgte das Derby gegen die Bayern, das mit 0:3 verloren ging, es war das Auswärtsspiel. Damit fand sich der amtierende Meister nach neun Spielen auf dem Abstiegsrang 17 wieder. Nun kehrte Radenković in die Mannschaft zurück, den Merkel wegen einer Verletzung, aber wohl auch aus disziplinarischen Gründen zugunsten von Fahrian draußen gelassen hatte. Es folgte eine Trotzreaktion in Form von acht Spielen ohne Niederlage, darunter der erste Auswärtssieg in Mönchengladbach, bei dem der Radi einen Elfmeter von Günther Netzer hielt. Bei Saisonhalbzeit stand Platz 7 zu Buche. Herbstmeister war völlig überraschend jene Braunschweiger Eintracht geworden, gegen die man am 2. Spieltag einen vermeintlichen Pflichtsieg eingefahren hatte. Der Rückstand betrug vier Punkte, zwei Siege also in Zeiten der Zweipunkteregel, durchaus machbar.

Der Abstand hätte sogar noch geringer sein müssen, denn im Schlussspiel der Vorrunde in Frankfurt verspielte die Mannschaft in den letzten zwanzig Minuten eine 3:0-Führung und musste sich mit einem Unentschieden bescheiden. Bei diesem Spiel saß Max Merkel bereits nicht mehr auf der Trainerbank. Was war geschehen? Der Trainer war zu der Auffassung gekommen, es sei an der Zeit, mit einem ähnlichen Umbau wie im Jahre 1962 die Weichen für die Zukunft zu stellen. Für eine solche Radikalkur hätte er allerdings die Unterstützung der Vorstandschaft benötigt, auf die er jedoch nicht bauen konnte. Adalbert Wetzel stand zwar weiterhin treu an seiner Seite, doch mit seiner immer wieder vorgetragenen Kritik an der Einflussnahme von Turnern und Leichtathleten im Fußballbereich hatte Merkel sich ansonsten in der Vereinsspitze keine Freunde gemacht. In dieser Situation trug er sich wohl ohnehin mit dem Gedanken, 1860 zu verlassen. Nun kam auch noch eine Spielerrevolte dazu. Merkel geriet im Training mit Radenković aneinander; Grosser versammelte die Mannschaft in einem Hotel und in einer Abstimmung sprachen sich vierzehn von siebzehn Anwesenden gegen den Trainer aus. In einer Stellungnahme wurden Merkels »häufig verletzende Bemerkungen gegenüber der Mannschaft und einzelnen Spielern« kritisiert, »die schon seit Jahren einem guten Einvernehmen und einer wirklichen Harmonie im Wege« gestanden hätten (zitiert nach: Hans Eiberle/Ludger Schulze, *Die Löwen: TSV München von 1860*, Taunusstein: Dasbach-Verlag 1977, S. 120). Manche mögen sich natürlich auch aus Furcht vor dem angekündigten Umbau der Mannschaft gegen den Trainer entschieden haben. Merkel wollte es auf eine Kraftprobe ankommen lassen und in Frankfurt mit der Reservemannschaft antreten, doch die Vorstandschaft, in der Adalbert Wetzel nicht mehr das letzte Wort hatte, legte ihm den Rücktritt nahe.

Zum Rückrundenauftakt gab es ein 2:1 gegen den 1. FC Köln, gefolgt von einem 0:1 beim Tabellenführer in Braunschweig. Eine unglückliche Niederlage, denn als in der 77. Minute das Siegtor der Niedersachsen fiel, wurden gerade zwei Löwenspieler an der Seitenlinie behandelt. In den ersten fünf Rückrundenspielen saß Trainerassistent Hans-Jürgen Weber auf der Bank, Mitte Februar wurde er durch den neuen Cheftrainer Gunter Baumann abgelöst. Baumanns Einstand gelang mit einem 3:0 in Kaiserslautern, aus Dortmund wurde ein Punkt mitgebracht und das Rückspiel gegen die Bayern mit 1:0 gewonnen. Schritt für Schritt schob man sich näher an die Tabellenspitze heran; die Meisterschaft war trotz aller Turbulenzen noch nicht verloren.

Am 28. Spieltag hätte der FC Bayern Schützenhilfe leisten und sich mit einem Sieg in Braunschweig selbst noch einmal ins Rennen bringen können. Doch die Bayern glaubten wohl nicht mehr an ihre eigene Chance oder sie wollten um jeden Preis einen erneuten Triumph der Löwen verhindern. Bereits zur Halbzeit hieß es 4:0 für die Eintracht, am Ende 5:2. Zu einer weiteren pikanten Partie kam es am 32. Spieltag, als sich der 1. FC Nürnberg an der Grünwalder Straße vorstellte. Beim lange abstiegsgefährdeten Club hatte inzwischen Max Merkel das Kommando übernommen und sein neues Team schenkte ihm einen 2:1-Sieg. Ein entscheidender Rückschlag für die Löwen beim Versuch, doch noch an die Tabellenspitze zu gelangen. Die beiden letzten Spiele wurden gewonnen, das reichte noch zu Platz 2, aber Eintracht Braunschweig blieb mit zwei Punkten Vorsprung vorn. In einer »normalen« Saison wären wohl kaum so viele Punkte überflüssigerweise liegen gelassen worden, aber man hatte sich selbst das Leben schwer gemacht.

Man darf also von einem leichtfertig verschenkten Meistertitel sprechen. Aber wir betrachten es lieber als einen Akt der Solidarität, schließlich haben die Braunschweiger auch einen Löwen im Wappen.

52. GRUND

Weil die Löwen auch mal hinlangen können, wenn's nötig ist

Die Bösen sind ja immer die Anderen, die eigene Mannschaft hingegen ein Muster an Fairness. Benimmt sich wirklich mal einer daneben, dann wurde er vom Gegner provoziert oder der Schiedsrichter hat einen Fehler gemacht. Und wenn wir einen haben, der Karte um Karte kassiert, dann ist das gesunde Härte, und wir machen ihn gerade deshalb zum Helden.

Es gibt aber ein Spiel des TSV 1860, in dem es tatsächlich über die Maßen heftig zur Sache ging, vermutlich die größte Holzerei der Vereinsgeschichte. Wie konnte es dazu kommen? Nachdem in der Saison 1975/76 das Ziel der Rückkehr in die Bundesliga erneut verfehlt worden war, unternahm der Verein gezwungenermaßen einen radikalen Schnitt. Eine Mannschaft der Namenlosen sollte die finanzielle Konsolidierung ermöglichen, die Aufstiegshoffnungen wurden zurückgeschraubt. Und plötzlich klappte, was zuvor sechsmal nicht gelungen war. Das junge Team spielte unter Trainer Heinz Lucas eine hervorragende Saison und belegte am Ende Platz 2 hinter dem VfB Stuttgart, den es kurzzeitig in die Zweitklassigkeit verschlagen hatte. Das bedeutete Aufstiegsspiele gegen den Zweiten der Nordgruppe des damals noch zweigeteilten Unterhauses.

Der Gegner hieß Arminia Bielefeld und die Löwen mussten im Hinspiel auswärts antreten. Trainiert wurden die Ostwestfalen von Karl-Heinz Feldkamp, der später den 1. FC Kaiserslautern zu Meisterehren führen sollten; im Tor stand mit Uli Stein ein Mann, der dereinst mit dem HSV den Europapokal der Landesmeister gewinnen und Franz Beckenbauer einen »Suppenkaspar« nennen sollte; auf dem linken Flügel trieb Ewald Lienen sein Unwesen, ebenfalls am Beginn einer respektablen Karriere als Spieler und danach als Trainer.

Die Löwen taten sich schwer auf der natürlich ausverkauften Alm und kamen nie ins Spiel. Zur Halbzeit stand es durch einen von Willi Bierofka unglücklich ins eigene Netz abgefälschten Freistoß 1:0 für die Arminen. Doch erst nach dem Wechsel nahm die Katastrophe so richtig ihren Lauf. Drei weitere Gegentore, 0:4, der Aufstieg schien entschieden. Als Sündenbock galt Jimmy Hartwig, der zuvor in der Presse große Töne gespuckt hatte, ohne diese durch Leistung zu untermauern. Wie aufgeladen die Atmosphäre im Stadion gewesen war, verdeutlichen Presseberichte, denen zufolge Kalli Feldkamp Löwen-Libero Ahmet Glavović einen Faustschlag versetzte, als dieser einen Gegenspieler gefoult hatte und vor der Trainerbank zu Fall gekommen war.

Nach anfänglicher Niedergeschlagenheit machte sich bei den Löwen im Laufe der Woche eine Jetzt-erst-recht-Mentalität breit, befördert durch einige Sprüche aus Bielefeld, wo man sich schon in der Bundesliga wähnte. Zumindest wollte man dem Publikum im Rückspiel ein gutes Spiel liefern. Nicht alle allerdings, die für dieses Spiel eine Karte erworben hatten, nahmen diese dann nach der Enttäuschung vom Hinspiel auch in Anspruch. Das Olympiastadion war deshalb mit 60.000 Zuschauern nicht voll besetzt.

Das Spiel begann mit Verspätung, da Schiedsrichter Redelfs die zu ähnliche Spielkleidung der beiden Mannschaften moniert hatte, die Arminen mussten in auf die Schnelle besorgten ungewohnten roten Hosen antreten. Als es endlich losging, zeigten sich die Löwen überaus bissig. Es ging hart zur Sache, nein, es ging überhart zur Sache, doch Redelfs ließ den Dingen ihren Lauf. Am Ende standen zwar auf Münchner Seite vier Gelbe Karten, bei den Bielefeldern waren es zwei, doch beide Mannschaften beendeten das Spiel mit elf Mann. Nach heutigen Maßstäben wären die Teams, insbesondere die Löwen, so nicht davon gekommen. Doch die eingesetzten Mittel erfüllten ihren Zweck. Nach 25 Minuten stand es durch einen Doppelschlag von Toni Nachreiner und Hans Haunstein 2:0. Zuschauer, die ihr Ticket hatten verfallen lassen, sollen sich noch auf den Weg ins Stadion gemacht haben. Nach der Pause brachte ein weiterer Doppelschlag durch Jimmy Hartwig und Schorsch Metzger (per Foulelfmeter) bereits in der 53. Minute das 4:0. Genug Zeit also, um mit einem fünften Treffer den Aufstieg perfekt zu machen. Doch die Löwen hatten nichts mehr zuzusetzen und es blieb beim 4:0, was ein Entscheidungsspiel erforderlich machte, das nach Frankfurt vergeben wurde.

Die Presse sprach von »Fußball brutal« und nach dieser Schlacht war das Verhältnis der Kontrahenten natürlich erst recht vergiftet. Der Bielefelder Peitsch wurde mit der Drohung zitiert, Schorsch Metzger im Entscheidungsspiel »zu schlachten«, bestritt allerdings, diese Äußerung tatsächlich getan zu haben. Die Bielefelder Spieler schrieben einen Brief an den DFB, in dem sie sich über das Auftreten der Sechziger beklagten. Ewald Lienen bestätigte während seiner Trainerzeit bei 1860 in einem Interview, dass dieses Spiel für lange Zeit sein Bild des Vereins prägte und dies nicht im positiven Sinne.

Keine leichte Aufgabe also für Schiedsrichter Horstmann, dem die Leitung des Spiels in Frankfurt übertragen wurde. Aber diesmal ging es friedlicher zu, die Löwen blieben sogar ganz ohne Gelbe Karte. Lange passierte wenig, doch in der 72. Minute musste ausgerechnet Peitsch vom Platz. Er war gleich zu Beginn verwarnt worden und hatte nun den Metzger Schorsch erneut am Knöchel erwischt. Normalerweise sicherlich eine angebrachte Rote Karte, die manchen angesichts der Vorkommnisse von München aber als hart erschien. Den 30.000 Löwen-Fans, die im Waldstadion Heimspielatmosphäre verbreiteten, war es egal, nicht zuletzt, weil Hartwig und Metzger die Schwächung des Gegners nutzten und 1860 mit Toren in der 77. und 88. Minute zurück in die Bundesliga schossen.

Ein Traum hatte sich erfüllt. Waren die Löwen allein an der vergifteten Atmosphäre schuld? Sicherlich nicht. Hätten sie den Aufstieg auch ohne die Härte vom Rückspiel geschafft? Wohl kaum.

53. GRUND

Weil Bernd Meier ein freigebiger Pokalheld war

Bernd Meiers große Stunde schlug am 13. August 1994 im Leipziger Alfred-Kunze-Sportpark. Bundesligaaufsteiger München 1860 tat sich schwer im Erstrundenpokalspiel beim Regionalligisten FC Sachsen Leipzig. Kurz vor Ende der Verlängerung war immer noch kein Tor gefallen und Trainer Werner Lorant wechselte den bisher noch überhaupt nicht hervorgetretenen Ersatztorhüter ein. Im Elfmeterschießen verschossen die ersten beiden Schützen der Sachsen, Meier hatte sie vermutlich mit einem scharfen Elfmetertöterblick aus der Ruhe gebracht. Der gegnerische Torhüter konnte das anscheinend aber auch, nach beiderseits fünf Elfmetern stand es 3:3. Dann traf Bernhard Winkler, Bernd Meier hielt und die Löwen standen in der nächsten Runde.

In den ersten Bundesligaspielen kehrte Stammkeeper Rainer Berg in den Kasten zurück, doch in der 2. Pokalrunde am 10. September im Stadion an der Grünwalder Straße gegen Bayer Leverkusen durfte Meier zum ersten Mal von Anfang an ran. Nach 90 Minuten stand es 1:1, nach 120 Minuten immer noch, wieder Elfmeterschießen. Meier hielt einen Elfmeter von Christian Wörns und lenkte einen weiteren von Rudi Völler mit purer Willenskraft an den Pfosten. 1860 gewann das Elfmeterschießen mit 4:1. Mit diesem Spiel hatte der junge Mann, der vom TSV Aindling zu den Löwen gekommen war, Rainer Berg abgelöst und durfte fortan auch in der Bundesliga das Tor hüten. Er tat dies sehr gut, die Löwen schafften den Klassenerhalt, und seine Leistungen in der folgenden Saison brachten ihm sogar eine Einladung zu einem Lehrgang der Nationalmannschaft ein.

Danach lief es nicht mehr so gut. In der Vorrunde der Saison 1996/97 hielt er zwar einen Elfmeter des Kölners Munteanu und im Derby gegen die Bayern einen weiteren von Lothar Matthäus, doch in der Rückrunde musste er hinter Rainer Berg wieder ins zweite Glied zurücktreten. In der nächsten Saison ging es auf und ab. Stammtorhüter bis zum 13. Spieltag, dann bis zur Winterpause sieben Spiele Ersatzbank, danach wieder die Nummer 1.

Bis zum Ostersamstag, dem 11. April 1998. Derby gegen den FC Bayern im Olympiastadion. Die Bayern gehen in der 39. Minute durch Mehmet Scholl in Führung. Vier Minuten später die Szene des Spiels: Bernd Meier hat den Ball im Torraum aufgenommen, macht ein paar Schritte nach vorn, will abwerfen, findet keine Anspielstation und rollt sich die Kugel zum Abschlag vom Boden vor die Füße. Dummerweise hat er den im seinem Rücken lauernden Carsten Jancker übersehen, der ihm den Ball wegspitzelt und ihn ins Tor schiebt. Es war nicht der Ausgleich, wie gelegentlich behauptet wird, sondern das spielentscheidende 2:0, am Ende hieß es 3:1. Werner Lorant reagierte unerbittlich und Bernd Meier machte kein Spiel mehr für 1860.

Er wechselte zu Borussia Mönchengladbach und von dort zu LR Ahlen. Bei Borussia Dortmund erhielt er dann die Chance zur Rückkehr in die Bundesliga. Zwei Kreuzbandrisse bedeuteten jedoch das Karriereende..Anfang August 2012 verstarb Bernd Meier im Alter von gerade mal 40 Jahren an einem Herzinfarkt. Die Löwen-Fans hatten ihm seinen Lapsus längst verziehen, wie die Fülle der bestürzten Reaktionen auf die Nachricht von seinem Tode zeigte.

Carsten Jancker festigte mit diesem Osterei, dem vermutlich leichtesten Torerfolg seiner Karriere, seinen Ruf als unwiderstehlicher Torjäger. Von dem zehrte er noch, als er 2002 in den WM-Kader berufen wurde, obwohl er in der gesamten Saison zuvor kein einziges Mal getroffen hatte. Löwe Martin Max war bloß Torschützenkönig geworden, musste an Janckers Stelle dennoch unverdientermaßen zu Hause bleiben.

54. GRUND

Weil die Löwen zu den Gründungsmitgliedern der Oberliga Süd gehörten

Am 22. September 1945, nur wenige Monate nach dem Ende des 2. Weltkriegs, trafen sich in Fellbach bei Stuttgart die Vertreter von sechzehn Fußballvereinen, die seit den Pionierjahren des deutschen Fußballs im süddeutschen Raum zu den besten gehört hatten. Treibende Kraft hinter der Veranstaltung war Dr. Fritz Walter, der Präsident des VfB Stuttgart, und ihr Ziel war die Begründung einer süddeutschen Oberliga, die das Gebiet der amerikanischen Besatzungszone umfassen sollte. Das war das rechtsrheinische Gebiet des alten Süddeutschen Fußballverbandes, mit Ausnahme einiger Teile des späteren Baden-Württemberg, die zur französischen Zone gehörten. Bereits eine Woche nach dem Treffen von Fellbach erteilten die Besatzungsbehörden dem Unternehmen die Genehmigung.

Die Vereinsvertreter hatten Fellbach unter teilweise abenteuerlichen Reisebedingungen in dem verwüsteten Land erreicht, und so muss man ihr Vorhaben als visionär bezeichnen, eine Liga für ganz Süddeutschland einzurichten, wie es sie zuvor trotz zahlreicher Bemühungen noch nicht gegeben hatte. Die Kriterien, nach denen die beteiligten Vereine ausgewählt worden waren, sind nie an die Öffentlichkeit gelangt. Man hätte sich auch einige andere Namen vorstellen können. Der TSV 1860 war jedenfalls dabei, ein Zeichen für das Renommee, das sich der Club seit den Erfolgen der späten Zwanzigerjahre erworben hatte.

Am 4. November 1945 nahm die neue Liga den Spielbetrieb auf. Angesichts des harten Nachkriegswinters und der völlig zerstörten Infrastruktur des Landes erscheint es wie ein Wunder, dass die Vision der Gründer Wirklichkeit wurde, die Saison nahezu ohne Spielausfälle durchgeführt und am Ende eine vollständige Tabelle erstellt werden konnte.

Insgesamt rissen die Löwen in der neuen Spielklasse, die bis zur Einführung der Bundesliga im Jahre 1963 existieren sollte, keine Bäume aus. Zweimal stieg man sogar ab und musste insgesamt drei Spielzeiten in der zweiten süddeutschen Liga verbringen. Die Ewige Tabelle der Liga führt die Löwen auf Platz 9, eigentlich sogar auf Platz 10, wenn man die Punkte des Karlsruher SC und seines Vorgängervereins VfB Mühlburg addiert. Immerhin steht für 1860 ein positives Punktekonto zu Buche; für drei der besser platzierten Vereine gilt dies nicht, die profitieren von der größeren Zahl absolvierter Spiele. Legt man den erreichten Punkteschnitt zugrunde, rangieren die Löwen auf Platz 6, sogar noch vor dem FC Bayern.

Einen ersten Erfolg brachte die Spielzeit 1947/48, als man sich mit Platz 2 die Teilnahme an der Endrunde zur erstmals nach dem Krieg wieder ausgespielten Deutschen Meisterschaft sicherte, in der allerdings Fritz Walter und sein 1. FC Kaiserslautern den Löwen gleich in der Vorrunde mit einem 5:1 die Grenzen aufzeigten. Ganz vorne dabei war man dann erst wieder, als es um die Qualifikation zur Bundesliga ging. 1962/63, in der letzten Saison der Oberliga Süd, stand der TSV 1860 am Ende auf Platz 1 und sicherte sich damit erstmals in der Vereinsgeschichte die Süddeutsche Meisterschaft. In der Endrunde um die Deutsche Meisterschaft gewann man zwar die Heimspiele gegen die Gruppengegner Borussia Dortmund, Borussia Neunkirchen und Hamburger SV, verlor aber auch alle Auswärtsspiele und musste den Gruppensieg den Borussen überlassen, die dann auch das Endspiel gewannen.

Vielen Fußballkennern gelten die Oberligajahre als ein Goldenes Zeitalter des deutschen Vereinsfußballs. Die Fußballbegeisterung war groß, die Ligen boten viele reizvolle Begegnungen alter Rivalen, die Meisterschaftsendrunde verhieß alle Jahre wieder einen höchst dramatischen Saisonabschluss. Durchgehend gefordert wurden die Spitzenvereine in ihren Ligen aber nicht und so führte letztlich kein Weg an der leistungsfördernden Konzentration in Form der Bundesliga vorbei.

Der TSV 1860 hatte in der letzten Oberligasaison nicht nur den Meistertitel errungen, sondern wies auch den mit Abstand besten Zuschauerschnitt auf. Man war bereit für die Bundesliga!

55. GRUND

Weil schon Theodor Fontane Sechzigerfan war

Obwohl er einige Jahre in England verbrachte, darf als überaus unwahrscheinlich gelten, dass Theodor Fontane sich für Fußball interessiert haben könnte. Schon gar nicht im Jahre 1864, in dem er ein Gedicht namens »Einzug« verfasste, aus dem die folgenden Zeilen stammen:

»Wer kommt? wer?
Hurra, unsre Sechziger.«

Gemeint ist hier nicht jener gerade erst in München gegründete Turnverein, doch große Dichter antizipieren den Gang der Welt und ihre Worte sind vieldeutig.

Und die spätere Zeile »Fest ihr Tritt, frank und frei –« bestätigt, dass es irgendwie eben doch immer um Fußball geht.

56. GRUND

Weil 1860 ein Herz für Politiker hat

Politiker in der Führungsspitze von Sportvereinen, ist das sinnvoll? Aus der jüngeren deutschen Fußballgeschichte fällt einem da besonders die lange Amtszeit von Gerhard Mayer-Vorfelder als Präsident des VfB Stuttgart, in die immerhin zwei deutsche Meistertitel fallen. Die Geschichte des TSV 1860 München hinterlässt allerdings eher den Eindruck, als sei es keine allzu gute Idee, auf Politiker zu setzen.

Der erste Politiker, der als Präsident des TSV 1860 fungierte, war Ernst Müller-Meiningen. Er gehörte der Deutschen Demokratischen Partei an, amtierte von 1919 bis 1920 als bayerischer Justizminister und war Abgeordneter im bayerischen Landtag bis 1924. Zunächst eher linksliberal ausgerichtet, hatte er sich während des Weltkriegs zum glühenden Nationalisten gewandelt, zeigte allerdings später keinerlei Affinität in Richtung Nationalsozialismus. Präsident von 1860 wurde er 1920; nach der Trennung in Turnverein und Sportverein führte er von 1924 bis 1929 den Turnverein und spielte eine maßgebliche Rolle dabei, diese Trennung für den Verein so erträglich wie möglich zu gestalten. In jene Jahre fällt auch der Ausbau des Stadions an der Grünwalder Straße, wobei es für den Verein sicher kein Nachteil war, einen glänzend vernetzten Politiker an der Spitze zu haben. Insgesamt also keine schlechte Erfahrung.

Die Vereinsführer zur Zeit der Diktatur entstammten natürlich alle der nationalsozialistischen Bewegung und zumindest Dr. Emil Ketterer war auch Mitglied des Stadtrats. Berufspolitiker im eigentlichen Sinne waren sie nicht. Die engen Verbindungen zum Regime kamen dem Verein aber vor allem beim Verkauf des Stadions an die Stadt München zugute.

Als Nachfolger von Adalbert Wetzel übernahm 1969 der CSU-Politiker Franz Sackmann das Präsidentenamt in wirtschaftlich schwierigen Zeiten. Sackmann war seit 1966 Staatssekretär im bayerischen Wirtschaftsministerium, man hätte also eine gewisse Kompetenz im Umgang mit den Problemen des Vereins erwarten können. Doch als er das Amt 1974 wieder abgab, ging's dem Verein nicht besser als bei seinem Amtsantritt, außer dass man inzwischen in der 2. Liga spielte.

Trotz dieser wenig berauschenden Erfahrungen legte man 1974 das Schicksal des Vereins erneut in die Hände eines Politikers. Dr. Erich Riedl saß seit 1969 für die CSU im Deutschen Bundestag und galt in seiner Fraktion als Finanzexperte. Man darf annehmen, dass Riedl sein Amt bei 1860 als Mittel zur Beförderung seiner politischen Karriere betrachtete. Was ja nicht heißen musste, dass er es schlecht ausübte. Im Gegensatz zu Sackmann steuerte er zunächst einen strikten Sanierungskurs, der in Verbindung mit dem Bundesligaaufstieg 1977 auch zur Entschuldung des Vereins führte. Ab 1979 glaubte er aber, den Verein nur mit größeren Investitionen in der Bundesliga halten zu können, verließ den Kurs wirtschaftlicher Vernunft und häufte Schulden in einer Höhe an, die schließlich zum Lizenzentzug durch den DFB führten. Während des Lizenzierungsverfahrens im Sommer 1982 verhielt sich Riedl äußerst ungeschickt, indem er Fristsetzungen und andere Vorgaben nicht ernst genug nahm, offenbar immer in dem Glauben, es werde schon irgendwie gut gehen. Ging es aber nicht und Riedl nahm seinen Hut. Seiner politischen Karriere schadete dieser Absturz allerdings nicht. Herbert Wehner beschimpfte ihn im Bundestag zwar als »Absteiger«, doch im März 1987 stieg Riedl zum Parlamentarischen Staatssekretär im Bundeswirtschaftsministerium auf und behielt das Amt bis 1993. Fünf Jahre später revanchierten sich die Wahlberechtigten seines Münchner Stimmkreises endlich für das, was er 1860 angetan hatte und wählten ihn nicht wieder in den Bundestag.

Die Erfahrungen mit Riedl schienen 1860 nun für längere Zeit davor zurückschrecken, es mit Politikern in der Vereinsführung zu versuchen. Seit der Ausgliederung des Profibetriebs in eine KGaA gab es allerdings auch Aufsichtsratsposten zu vergeben und Präsident Karl-Heinz Wildmoser bemühte sich dabei um Absicherung nach allen Seiten. So trat Oberbürgermeister Christian Ude (SPD) in den Aufsichtsrat ein, aus der CSU amtierte dort zeitweise Monika Hohlmeier, die Tochter von Franz Josef Strauss, und sogar ein Grüner durfte mitmischen, Hep Monatzeder, seit 1996 Dritter Bürgermeister der Stadt.

Ude ist ein interessanter Fall. Sein Ruf als Sechziger bringt ihm regelmäßig ein lautes Pfeifkonzert ein, wenn er den FC Bayern nach einem Titelgewinn auf dem Marienplatz begrüßen muss. Und dass er mit Uli Hoeneß hoffnungslos überkreuz ist, gereicht ihm bei Löwen-Fans sicher auch nicht zum Schaden. Andererseits hielt er Befürworter eines Ausbaus des Sechzigerstadions für Fantasten und manche glauben, sein Bekenntnis zu 1860 sei reines politisches Kalkül. Vielleicht ist es ohnehin keine gute Idee, den Oberbürgermeister im Aufsichtsrat zu haben, denn als solcher hat er vorrangig die Interessen der Stadt zu vertreten und die müssen ja nicht unbedingt mit denen des TSV 1860 identisch sein.

Insgesamt kann festgehalten werden, dass der Aufsichtsrat, und das schließt natürlich die Politiker unter seinen Mitgliedern ein, nicht unbedingt durch überaus segensreiches Wirken für den Verein aufgefallen ist. Zu diesem Wirken gehört eine Farce neueren Datums: Weil der Aufsichtsrat es so wollte, gelangte endlich auch wieder einmal ein Politiker auf den Präsidentenstuhl. Vom Aufsichtsrat nominiert trat Hep Monatzeder am 1. April 2013 die Nachfolge von Dieter Schneider an, doch am 25. des Monats verweigerte ihm die Delegiertenversammlung die Bestätigung. Möglicherweise haben die Löwen doch kein Herz für Politiker.

57. GRUND

Weil es auch mal ein Happy End geben kann, wenn man die Blauen mit den Roten verwechselt

Im September 1996 wartete der TSV 1860 München mit einer sensationellen Spielerverpflichtung auf. Abédi Ayew, besser bekannt unter dem Namen Abédi Pelé, würde fortan das Löwentrikot tragen. Pelé galt und gilt als bester Fußballer Ghanas aller Zeiten, er war dreimal zu Afrikas Fußballer des Jahres gewählt worden und einer der wichtigsten Spieler in der Mannschaft von Olympique Marseille gewesen, die Anfang der Neunzigerjahre die französische Liga dominierte und auch in Europa Furore machte. Kurzum ein

Superstar. Warum geht so einer ausgerechnet nach München zu den gerade erst in die Bundesliga zurückgekehrten Löwen? Vielleicht wegen guter Erinnerungen an die Stadt, denn im Olympiastadion hatte er 1993 mit Olympique Marseille als Mannschaftskamerad von Rudi Völler die Champions League gewonnen? Doch solche Sentimentalitäten sind Fußballprofis eigentlich fremd. Es wurde spekuliert, Pelé sei gar nicht bewusst gewesen, dass er zum kleineren der Münchner Vereine wechseln würde, er habe geglaubt, der FC Bayern sei an ihm interessiert. Vielleicht lag es aber auch einfach nur daran, dass er beim AC Turin nicht mehr glücklich war, den Zenit seiner Karriere überschritten hatte und nicht mehr unter den besten Adressen Europas auswählen konnte.

Für 1860 erwies er sich als Glücksfall. Er verlieh dem Verein und der Mannschaft ein internationales Flair, wie man es bislang nicht gekannt hatte. Das Fußballspielen hatte er nicht verlernt und nach Überwindung einiger Anlaufschwierigkeiten trug er erheblich zur Entwicklung der Spielkultur der Mannschaft bei und spielte sich in die Herzen der Fans, in Zeiten, da der alltägliche Rassismus in deutschen Stadien allgegenwärtig war, keine Selbstverständlichkeit. Am 16. September 1997 erzielte er in der 1. Runde des UEFA-Pokals im finnischen Tampere das Siegtor zum 1:0 beim FC Jazz Pori, den ersten internationalen Treffer für 1860 seit den Sechzigerjahren. Ein Torjäger war er ansonsten nicht, in der Bundesliga traf er nur zweimal.

Das Märchen dauerte zwei Jahre. Dann nahm Abédi Pelé auf seine alten Tage ein gut dotiertes Angebot des Vereins Al Ain aus den Vereinigten Arabischen Emiraten an. 1860 ließ ihn gehen und kassierte eine stattliche Ablösesumme. Es blieben rundum positive Erinnerungen an das Gastspiel des afrikanischen Löwen.

58. GRUND

Weil die Löwen den besten singenden Fußballer haben

Die 1960er mögen ja ein goldenes Zeitalter der Popmusik gewesen sein, aber auch in jenen Jahren wurde eine Menge musikalischer Müll auf die Menschheit losgelassen. Nicht ganz unschuldig daran die Idee, populäre, aber stimmlich eher weniger begabte Sportler ins Tonstudio zu bitten. Die wohl seriöseste Karriere dieser Art startete der Hürdenweltrekordler Martin Lauer, der eine ganze Reihe von Hits landen konnte. Auch Eiskunstläufer Hans-Jürgen Bäumler nutzte seine Popularität als Sportler zum Sprung ins Showgeschäft, als Sänger gelegentlich auch mit seiner Eispartnerin Marika Kilius. Die Boxer vertrat Bubi Scholz und selbst der Segelolympiasieger Willy Kuhweide durfte von seiner kleinen Seemannsbraut singen.

Da sollten und wollten natürlich auch die Fußballer nicht beiseite stehen. Im Jahre 1965 versuchte es Charly Dörfel vom HSV mit einer Single, der Einstand mit einem wirklich großen Hit gelang aber nur einem: Löwen-Keeper Petar »Radi« Radenković. Seine erste Scheibe *Bin i Radi, bin i König* verkaufte sich gleich etwa 400.000 mal, drei weitere Singles folgten, mit etwas geringerem Erfolg.

Dies ließ natürlich den Nachahmungstätern vom FC Bayern keine Ruhe. Interessanterweise versteckten die Plattenfirmen sowohl bei Franz Beckenbauer wie auch Gerd Müller die Lieder, die später Kultcharakter erreichen sollten, auf der B-Seite: der Kaiser sang über *Gute Freunde* (1966) und der Bomber der Nation verkündete *Dann macht es Bumm* (1969). Völlig unbeachtet blieb hingegen die Platte des zweitbesten Münchner Torwarts, Sepp Maier, mit dem interessanten Titel *Die bayerische Loreley* (1968).

An Radis autobiografisches Meisterwerk kam jedoch kein Fußballerlied mehr heran, nicht die zahlreichen Versuche der Nationalmannschaft in WM-Jahren, nicht Kevin Keegans *Head Over Heels In Love* (1979) und auch nicht Jimmy Hartwigs *Mama Calypso* (1980).

An Toni Polsters Gesangsversuch *Toni, lass es polstern* (1997) erinnert man sich nur noch wegen des Namens seiner Begleitgruppe, den Fabulösen Thekenschlampen. Und etwa zur gleichen Zeit firmierten Fredi Bobic, Gerhard Poschner und Marco Haber vom VfB Stuttgart völlig zurecht als Das tragische Dreieck.

Ganz klar, auch als Sänger ist der Radi unter den Fußballern konkurrenzlos. Was nicht verwundern muss, lag die Musik der Familie Radenković doch offensichtlich im Blut. Einem in der Zeitschrift *11 Freunde* (# 138, Mai 2013) erschienenen Artikel zufolge war Vater Radaslav vor dem 2. Weltkrieg in Jugoslawien ein bekannter Folkloremusiker; Bruder Milan versuchte sich in den Sechzigerjahren in den USA, wohin die Familie emigriert war, als Rockmusiker und Songschreiber. Und ein letztes Argument für eventuell immer noch Zweifelnde: Radis Platten sind auf Decca erschienen, dem Label, das der Welt die Rolling Stones bescherte. Noch Fragen?

59. GRUND

Weil die Löwen einmal eine Präsidentin hatten

Vier Jahre, von 1988 bis 1992, war Liselotte Knecht Präsidentin des TSV 1860 München; keine lange Zeit angesichts einer Vereinsgeschichte von über 150 Jahren. Also nur eine Fußnote?

Aber bis heute ist es keine Selbstverständlichkeit, eine Frau an der Spitze eines großen Sportvereins zu finden. Insofern übernahm der TSV 1860 hier eine Vorreiterrolle und das sollte in Erinnerung behalten werden. Kein Wunder aber auch, dass Lilo Knecht von Anfang an mit Widerständen zu kämpfen hatte. Eine Frau als Präsidentin eines Fußballvereins, das könne ja nicht gut gehen, so die damals weit verbreitete Machomeinung. Frau und außerdem noch aus der Turnabteilung, das reichte dann erst recht, um die Präsidentin abzuqualifizieren, die die Nachfolge des amtsmüden Karl Heckl angetreten hatte.

Nicht dass die Männer sich um das Amt gerissen hätten. Es galt damals, genau wie heute, als Himmelfahrtskommando. Die Fußballmannschaft dümpelte seit längerem in der Bayernliga und Geld war keins da, auch wenn die von Karl Heckl in den Verein gepumpten Millionen immerhin die Existenz gerettet hatten. Ernst genommen wurde 1860 nicht mehr wirklich, und dass Lilo Knecht sich in dieser Situation als Präsidentin zur Verfügung stellte, darf als ein Akt der Pflichterfüllung gewertet werden.

Und die Bilanz ihrer Amtszeit sieht so schlecht nicht aus. Sie verpflichtete mit Willi Bierofka einen Trainer, der den Verein kannte und bei kleineren Vereinen im Münchner Umland bereits erfolgreich gearbeitet hatte; ein wohltuender Kontrast zu einem Hallodri wie Uwe Klimaschefski, Heckls letztem Kandidaten für den Weg zurück in den großen Fußball. Bierofka und der neue Sportliche Leiter Helmut Schmitz bauten eine Mannschaft auf, die vorwiegend aus einheimischen Nachwuchstalenten bestand, während die zuvor von weither geholten Exprofis ausnahmslos den Verein verließen. Für den Aufstieg war dieses Team 1988/89 noch nicht bereit, immerhin gelang die Qualifikation für den DFB-Pokal. Im folgenden Jahr übernahm Karsten Wettberg den Trainerposten von Willi Bierofka und in der Saison 1990/91 gelang endlich der ersehnte Aufstieg. Dass es in der folgenden Spielzeit noch einmal zurück in die Bayernliga ging, lag sicherlich nicht an der Präsidentin. Sie hinterließ den Verein ihrem Nachfolger Karl-Heinz Wildmoser in wesentlicher besserer Position, als sie ihn vorgefunden hatte.

Ob Lilo Knecht tatsächlich die richtige Präsidentin für einen Profifußballverein gewesen wäre, muss offen bleiben. Das Verdienst, den TSV 1860 in schwierigen Zeiten wieder in einen seriösen Verein mit Erfolgsperspektive verwandelt zu haben, macht aus ihrer Präsidentschaft jedoch in jedem Fall mehr als eine Fußnote der Vereinsgeschichte.

60. GRUND

Weil wir uns Sisyphos als glücklichen Löwen-Fan vorstellen müssen

Aus der griechischen Mythologie kennen wir die Gestalt des Sisyphos, der von Zeus dazu verdammt wurde, für alle Ewigkeit immer wieder aufs Neue einen schweren Stein einen Berg hinaufzurollen, weil der Stein immer zurückrollt, bevor Sisyphos sein Ziel erreicht. Wahrhaft ein Sinnbild für die Vergeblichkeit menschlichen Strebens, wobei wir interessanterweise den Grund für diese Bestrafung durch die Götter nicht kennen.

Seit dem Abstieg aus der Bundesliga im Jahre 2004 bemühen sich die Löwen um die Rückkehr in die oberste Spielklasse. Lange dabei im Aufstiegskampf war man nur in der Saison 2004/05, als eine starke Serie die Mannschaft kurz vor Schluss sogar auf Platz 3 brachte, der dann aber doch noch verspielt wurde. Um im Sisyphos-Bild zu bleiben: Der Stein war schon recht weit nach oben gerollt worden. Doch in einem Heimspiel am 29. Spieltag gegen den 1. FC Saarbrücken vergab Michal Kolomazník ein halbes Dutzend allerbester Chancen, das Spiel endete 1:1, und der Stein rollte wieder in die falsche Richtung.

Es etablierte sich folgendes Muster: der TSV 1860 leistet sich bereits bis zum Herbst genügend Punktverluste, um in Rückstand auf die Aufstiegsplätze zu geraten. Der Abstand wird mal kleiner, mal größer, doch mitunter gelingt eine kleine Serie und dann kommt es zu einem Spiel, in dem es möglich wäre, ein Zeichen zu setzen und einen Sprung nach vorn zu machen. Bei diesen Spielen handelt es sich immer um Heimspiele und meist geht es gegen einen direkten Konkurrenten.

Die neuerweckten Hoffnungen locken eine größere Zuschauerzahl als üblich an, oft hat das ganze Land die Möglichkeit zuzuschauen, weil es ein Montagsspiel ist. Und in schöner Regelmäßigkeit gibt es in genau diesem Spiel einen Rückschlag und der große Sprung nach vorn gelingt nicht.

Beispiele gefällig? Saison 2006/07, Rückrundenauftakt, 1860 liegt auf Platz 6 mit vier Punkten Rückstand auf den Dritten. Gegner ist die SpVgg Greuther Fürth und das Spiel geht mit 0:3 verloren. Ein Jahr später, 18. Spieltag, wieder Platz 6, drei Punkte hinter Rang 2. 57.400 Zuschauer kommen zum Spiel gegen den FC Augsburg, Endergebnis wieder 0:3.

2008/09 scheint bereits Ende September alles verloren, doch es folgt ein goldener Oktober mit vier Siegen in Folgen und einem Unentschieden in Kaiserslautern. Zwei Heimspiele stehen an, mit Siegen könnte der Anschluss an die Spitzenplätze hergestellt werden. Was kommt dabei heraus? Zwei 0:1-Niederlagen gegen Rot-Weiß Oberhausen und den FC Augsburg. Ein Auswärtssieg weckt neue Hoffnungen, doch im nächsten Heimspiel kassieren die Löwen nach einer 3:0-Führung gegen den SV Wehen Wiesbaden noch drei Gegentore und der Stein rollt wieder abwärts.

In der Saison 2011/12 haben sich die Löwen bis zum 24. Spieltag mit einer ordentlichen Serie auf Platz 6 vorgearbeitet und könnten sich in einem Montagsspiel mit einem Sieg gegen den FC St. Pauli ganz nah an den Konkurrenten um Platz 3 heranschieben. Natürlich dominieren die Hamburger das Spiel und 1860 kommt nur durch einen groben Abwehrschnitzer kurz vor Schluss noch zu einem schmeichelhaften 1:1, das nicht weiterhilft.

Im Jahr darauf verläuft die Vorrunde wie üblich wechselhaft, aber mit einem Heimsieg im letzten Spiel vor der Winterpause gegen Dynamo Dresden könnte man den Abstand auf Platz 3 auf drei Punkte verringern. Endergebnis 1:1. Doch die Chance bietet sich gleich noch einmal, denn im ersten Spiel nach der Winterpause geht es gegen den 1. FC Kaiserslautern, der auf eben jenem 3. Platz residiert. Ein Sieg und man wäre in Schlagdistanz. Wieder ein Montagspiel, die Löwen spielen sogar recht ordentlich, mit einem Unentschieden könnte man in dieser Situation leben, doch kurz vor

Schluss erlaubt eine Kette von Fehlern in der Hintermannschaft den Pfälzern das Siegtor. In den folgenden Auswärtsspielen bleiben die Löwen fast ausnahmslos erfolgreich, rollen den Stein also wieder nach oben, doch in weiteren fünf Heimspielen bleiben sie sieglos.

In seinem Essay »Der Mythos des Sisyphos« hat der französische Philosoph (und frühere Torwart) Albert Camus Sisyphos als Sinnbild des Menschen beschrieben, der in der Akzeptanz der Absurdität seines Daseins Freiheit erlangt. Der Text endet mit den Worten: »Der Kampf gegen Gipfel vermag ein Menschenherz auszufüllen. Wir müssen uns Sisyphos als einen glücklichen Menschen vorstellen.«

Dass es für Sisyphos nur einen Fußballverein geben kann, liegt auf der Hand.

7. KAPITEL

DIE KÖNIGE DER LÖWEN

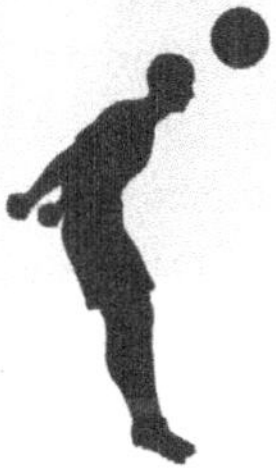

61. GRUND

Weil die Löwen Real Madrid auf Augenhöhe begegnet sind

Der Gewinn der Deutschen Meisterschaft im Jahre 1966 folgte die Teilnahme am Europapokal der Landesmeister, jenem Wettbewerb aus dem später die heutige Champions League hervorging, an dem damals aber neben dem Titelverteidiger nur Mannschaften teilnehmen durften, die in ihrem Lande tatsächlich den Titel gewonnen hatten. Die Endspielteilnehmer wurden im K.-o.-System mit Hin- und Rückspiel ermittelt.

In der 1. Runde bekam 1860 mit Omonia Nikosia einen leichten Gegner zugelost. Der bekannteste Mann des Meisters von der Insel Zypern war ihr russischer Trainer Igor Netto. Netto war lange Jahre Kapitän der Nationalmannschaft der Sowjetunion gewesen, mit der er 1956 die Olympische Goldmedaille und 1960 die erste Europameisterschaft gewonnen hatte.

Das Hinspiel fand am 20. September 1966, einem Dienstag, im Stadion an der Grünwalder Straße statt und zog 9.000 Zuschauer an. Die Löwen gewannen problemlos mit 8:0 und schienen vorher eine Absprache getroffen zu haben, wonach nur Spieler, deren Namen mit K begann, zum Toreschießen berechtigt waren. Timo Konietzka traf viermal, Wilfried Kohlars und Hennes Küppers je zweimal.

Zum Rückspiel mussten die Löwen nicht etwa nach Zypern fliegen, sondern nur bis ins nahe Pocking reisen. Sie hatten dem Gegner für eine Summe von 40.000 DM das Heimrecht abgekauft, eine damals nicht unübliche Praxis. Das Spiel in Pocking kam am Sonntag, den 25. September, zum Austrag. Die Gäste hatten also einige Tage Zeit, sich auf dem Oktoberfest zu vergnügen, während der TSV 1860 am Samstag noch ein Bundesligaheimspiel bestreiten musste, in dem er den 1. FC Kaiserslautern mit 3:0 besiegte. Ob's an der Doppelbelastung oder den Reisestrapazen lag, das »Auswärtsspiel« gegen Omonia wurde nur mit 2:1 gewonnen. Kohlars erzielte vor der Pause das 1:0,

Brunnenmeier erhöhte nach einer Stunde per Foulelfmeter auf 2:0, elf Minuten vor Schluss kamen die Zyprer zum Anschlusstreffer.

Ganz so einfach sollte es im Achtelfinale nicht werden. Im Gegenteil, mit Real Madrid wartete einer der dicksten Brocken, der sich im Lostopf befunden hatte. Die Madrilenen hatten den Wettbewerb im Vorjahr zum sechsten Male gewonnen, ihre fünf aufeinander folgenden Titelgewinne in den Auftaktjahren des neuen Wettbewerbs sind bis heute legendär. Die Löwen mussten in beiden Spielen auf Manfred Wagner und Timo Konietzka, die nach Platzverweisen in der Bundesliga gesperrt waren und vom DFB nicht die nötige Ausnahmegenehmigung für Europapokalspiele erhielten. Strafe musste sein, auch um den Preis der internationalen Konkurrenzfähigkeit. Es sollte noch Jahre dauern, bis der DFB von dieser absurden Verfahrensweise abkam.

Wie in der Runde zuvor mussten die Löwen zunächst daheim antreten. Am 17. November 1966 war das Stadion an der Grünwalder Straße mit 40.000 Zuschauern ausverkauft. Küppers schoss seine Mannschaft in der 39. Minute nach feinem Solo mit 1:0 in Führung und dabei blieb es. Chancen auf ein besseres Ergebnis gab es, sie blieben aber ungenutzt.

Knapp zwei Wochen später reiste man mit großem Tross in die spanische Hauptstadt, um am 30. November im Estadio Santiago Bernabéu das Rückspiel auszutragen. Ganz ernst nahm man die Münchner in Madrid wohl nicht, nur 55.000 Zuschauer füllten das Stadion nicht einmal zur Hälfte des damaligen Fassungsvermögens. Die Löwen begannen gut, in der 13. Minute gelangte der Ball über Rebele und Küppers zu Brunnenmeier, der ihn zur 1:0-Führung ins Netz beförderte. Die große Überraschung lag in der Luft, doch nur acht Minuten später markierte Grosso den Ausgleichstreffer für Real und nach etwas über einer halben Stunde gingen die Spanier durch Veloso mit 2:1 in Führung. Dieses Ergebnis hätte ein drittes Spiel auf neutralem Platz bedeutet, denn die Auswärtstorregel war damals noch nicht erfunden. Doch nach der Pause konnten die

Löwen dem Druck nicht mehr standhalten und Pirri traf bereits in der 52. Minute zum 3:1-Endstand. Alle Versuche, wenigstens noch ein Entscheidungsspiel zu erreichen, blieben vergeblich, aber die Löwen hatten sich achtbar aus der Affäre gezogen.

Die Gesamtbilanz des TSV 1860 im Europapokal der Landesmeister steht damit bei drei Siegen und einer Niederlage. Beeindruckende 75% der Spiele wurden also gewonnen. Schade nur, dass die eine Niederlage ein wenig zu hoch ausgefallen ist.

62. GRUND

Weil bei den Löwen aus einem Fest eine Affäre werden kann

Das Leben schreibt so manche Geschichte und manche davon, wie zum Beispiel die folgende, kann man sich nur bei 1860 vorstellen.

Die Saison 1996/97 verlief wechselhaft, lange bewegte man sich in der Tabelle um Platz 10 herum. Doch mit einem 3:0 gegen Borussia Mönchengladbach ging es Anfang April auf Platz 6 und damit in die Nähe der UEFA-Pokal-Ränge. Der 5. Platz würde die Teilnahme garantieren, als Sechster musste man auf Schützenhilfe des VfB Stuttgart im DFB-Pokal hoffen. Auch hier manifestierte sich die bereits konstatierte Seelenverwandtschaft mit Sisyphos, denn im Duell mit einem direkten Konkurrenten um Platz 5, den VfL Bochum, gab es eine daheim eine 0:1-Niederlage. Die Löwen blieben Sechster.

Am vorletzten Spieltag ging es in Karlsruhe darum, den Anschluss an die Bochumer nicht zu verlieren und den KSC auf Distanz zu halten, der als einziger Rivale die Löwen noch von Platz 6 verdrängen konnte. Bereits ein Unentschieden hätte diesen Platz garantiert, doch es setzte eine deftige 0:3-Niederlage. So waren die Bochumer nicht mehr zu holen und am letzten Spieltag musste ein Sieg über Werder Bremen her, um nicht hinter den KSC zurück zu fallen; bei einem Remis wäre man auf Schützenhilfe des SC Freiburg angewiesen gewesen, der die Karlsruher empfing. Andererseits hatte sich die Konstellation dadurch verbessert, dass Borussia Dortmund am Mittwoch vor dem letzten Spieltag im Olympiastadion die Champions League gewonnen hatte, womit auch Platz 7 plötzlich zum UEFA-Cup-Rang wurde, einen Pokalsieg des VfB vorausgesetzt.

Der Verein schien die Spielzeit ohne Abschlussfeier ausklingen lassen zu wollen, weshalb Kapitän Manni Schwabl für den Abend nach dem letzten Spiel eine interne Mannschaftsfeier arrangierte, da verdiente Kollegen wie Bernhard Trares, Rainer Berg und Thomas Miller zu verabschieden waren. Angesichts der neuen Konstellation setzte Präsident Karl-Heinz Wildmoser just zum Termin der von den Spielern geplanten Feier ebenfalls ein Fest an und verpflichtete das Team zur Teilnahme. Es galt schließlich, Sponsoren zu begrüßen und bei Laune zu halten.

Manni Schwabl hatte sich mit dem Präsidenten bereits eine Auseinandersetzung wegen dieser Terminkollision geliefert. Vermutlich deswegen saß er gegen Bremen nur auf der Bank. Die Mannschaft hatte erneut, man hätte es ahnen können, einen schlechten Tag und Werder siegte leicht und locker mit 3:0.

Dennoch sollte gefeiert werden, in der Hoffnung, der VfB werde es im Pokalfinale gegen Energie Cottbus schon noch richten. Werner Lorant entschwand ins *Aktuelle Sportstudio*, Manni Schwabl und Jens Jeremies boykottierten die Feier des Präsidenten, der Rest der Mannschaft ließ sich für eine Stunde dort sehen und entschwand dann zum eigenen Termin. Die Presse sprach von einem Eklat und stürzte sich auf das Thema; die sogenannte Feten-Affäre sollte während der Sommerpause und darüber hinaus für Schlagzeilen sorgen.

In der Öffentlichkeit erfuhr Manni Schwabl viel Zustimmung, doch Werner Lorant schlug sich auf die Seite des Präsidenten, entzog Schwabl die Kapitänswürde und die Nummer 8. Die ihm stattdessen zugewiesene 35 konnte nur als Degradierung verstanden werden. Der Streit eskalierte, es kam sogar zu Morddrohungen gegen Wildmoser und Lorant, die auf dem Trainingsgelände eine ständige Polizeipräsenz angebracht erscheinen ließen. In dieser Situation gab Schwabl nach, wie es sich für den Klügeren ziemt, und man einigte sich auf eine Vertragsauflösung.

Unfassbar, wie aus einer eigentlich banalen Angelegenheit wie der Terminierung einer Mannschaftsfeier eine solche Affäre werden konnte. Die Mannschaft hatte mit der Ansetzung einer eigenen Feier angesichts der Tatenlosigkeit des Vereins Teamgeist bewiesen und hätte Kompromissbereitschaft seitens des Präsidenten erwarten dürfen. Karl-Heinz Wildmoser aber zeigte der Mannschaft in autoritärer Manier, wer Herr im Hause war. Den TSV 1860 kostete dies einen Spieler, der in der nächsten Spielzeit durchaus einen wertvollen Beitrag hätte leisten können.

Manni Schwabl kam später wieder mit den Löwen in Berührung, als er mit einer Investorengruppe Pläne zum Ausbau des Sechzigerstadions präsentierte. Wäre es ihm gelungen, diese Pläne in die Tat umzusetzen, hätte ihm dies in München wohl Freibier auf Lebenszeit garantiert, zumindest in Wirtschaften, in denen sich Löwen-Fans versammeln.

63. GRUND

Weil beim TSV 1860 auch mal Frauenfußball betrieben wurde

Ein Vorreiter der Frauenemanzipation war der Turnverein München sicherlich nicht, doch Frauen spielten im Verein durchaus eine Rolle. Bereits 1888 wurde eine Frauenriege gegründet und im Jahre 1903 trat man einem »Verein für Verbesserung der Frauenkleidung« bei. Die Festschrift zum 30-jährigen Bestehen der Fußballabteilung erinnert sich außerdem an zwei Damen, unentwegte Allesfahrerinnen offenbar, die die Mannschaft bei schönem wie schlechtem Wetter von Spiel zu Spiel begleiteten und in der Halbzeitpause »Äpfel, Orangen, Bonbons« reichten und ein »liebes Wort« an die Spieler richteten.

Frauenfußball war in jenen Jahren und für die nächsten Jahrzehnte natürlich kein Thema. Weil der DFB in patriarchalischer Fürsorglichkeit lange Zeit nicht bereit war, die Entscheidung darüber, ob sie gegen den Ball treten wollten, den Frauen selbst zu überlassen, wurde das Verbot des Frauenfußballs erst im Jahre 1970 aufgehoben. Es gehört zu den wenig bekannten Episoden der Löwengeschichte, dass sich der Verein in den 1970ern für einige Jahre dem neuen Trend öffnete und eine Frauen»mann«schaft ins Feld führte.

Die Gründung des Teams fällt in das Jahr 1971. Die Spielzeit entsprach damals, anders als bei den Männern, dem Kalenderjahr. Die jungen Löwinnen spielten mit anderen oberbayerischen Vereinen in einer Liga. Als gute Seele hinter diesem Unterfangen darf wohl Roswitha Kiermaier gelten, die in entsprechenden Notizen der Vereinszeitung sowohl als Betreuerin wie auch als Abteilungsleiterin firmiert, vor allem aber auch selbst gegen den Ball trat. 1976 vermeldet das Vereinsblatt, dass zum Kader die 13-jährige Steffi Brozulat gehöre, deren Vater Dieter von 1971 bis 1974 für die Löwen gespielt hatte. Im gleichen Jahr durften die »Damen«, so der damals übliche Sprachgebrauch, im Stadion an der Grünwalder Straße gegen den FC Wacker München das Vorspiel zum Ablösespiel für Ferdl Keller bestreiten.

1980 wurde das Spieljahr der Frauen dem bei den Männern üblichen Rhythmus angepasst und in der Saison 1980/81 belegte das Frauenteam des TSV München 1860 in der Verbandsliga Südbayern den 5. Platz unter neun Mannschaften. Dies scheint das letzte Jahr des Frauenfußballs bei 1860 gewesen zu sein. Der Verein stand am Rande des Ruins, möglicherweise wurde das Team aus Geldmangel aufgelöst. Schade.

64. GRUND

Weil der Löwe der König der Tiere ist

Seit 1911 ziert der Löwe das Wappen des TV München von 1860, wie der Verein damals noch hieß. Diese Wahl zeugt von Heimatverbundenheit, denn der Löwe ist auch das Wappentier Bayerns, weshalb der Bavaria-Statue über der Theresienwiese ein Löwe zur Seite steht. Und dann gibt es ja auch noch den Münchner Stadtgründer, den Welfenherzog Heinrich der Löwe.

Würde man heute unter der an Sport interessierten Bevölkerung des Landes eine Umfrage starten, welchem Verein sie den Beinamen »Die Löwen« zuordnen würde, so käme der TSV 1860 wohl auf eine klare Mehrheit. Exklusiv hat der Verein die Bezeichnung aber keineswegs, und so tauchen gelegentlich im Sportteil der Zeitungen oder im Videotext Schlagzeilen auf, die irgendwelchen Löwen irgendwelche Heldentaten zuordnen. Bei näherem Hinsehen muss der dadurch angelockte Fan dann irritiert feststellen, dass von einer obskuren Handballmannschaft die Rede ist.

Zu den Löwen im deutschen Fußball gehören die Eintracht aus Braunschweig (auch da dürfte Heinrich der Löwe dahinterstecken), der KSV Hessen Kassel und die Sportfreunde Hamborn 07, einstmals eine große Nummer im Ruhrpottfußball. International zu nennen sind Athletic Bilbao und Sporting Lissabon, in England aus einer Fülle von Profivereinen mit teilweise wunderbaren Spitznamen nur der FC Millwall. Die englische Nationalmannschaft führt im Wappen sogar drei Löwen, zu wenig um ganz oben mitzumischen und Titel zu gewinnen. Löwen spielen natürlich auch eine große Rolle bei den Beinamen afrikanischer Nationalteams, da gibt es die Unbezwingbaren Löwen (Kamerun), die Löwen vom Atlas (Marokko) und die Löwen der Teranga (Senegal).

Der Löwe ist auch deshalb für den TSV 1860 das einzig mögliche Wappentier, weil ein programmatischer Satz wie »Einmal Löwe, immer Löwe« anders gar nicht denkbar wäre. Sicher, die Giraffe blickt von so weit oben auf die Welt, wie es die Sechziger gerne in der Tabelle täten, aber »Einmal Giraffe, immer Giraffe«? Geht gar nicht. Oder, um zu tatsächlichen Wappentieren zu kommen, »Einmal Geißbock, immer Geißbock«? Wer möchte das von sich sagen? Auch, und dann soll's mit den Beispielen genug sein, »Einmal Zebra, immer Zebra« klingt nicht wirklich cool, zumal Zebras gegen Löwen normalerweise einen schweren Stand haben.

Nein, es ist ganz einfach: der Löwe ist der König der Tiere, und die Münchner Löwen sind die Könige der Löwen!

65. GRUND

Weil die Löwenmähne von Werner Lorant beinhart ist

Früher war es ganz einfach: der deutsche Mann trug die Haare kurz und ordentlich frisiert. Fußballspieler unterschieden sich da nicht von Normalbürgern, Fußballerfrisuren mussten also nicht extra kommentiert werden. Dann kamen in den Sechzigerjahren diese Pilzköpfe aus Liverpool, plötzlich trug die Jugend die Haare lang und war nach Ansicht der Älteren überhaupt nicht mehr gut frisiert. *Anything goes*, so der neue haargestalterische Grundsatz, der natürlich auch vor Fußballspielern nicht halt machte. Damit unterschieden sie sich zwar auch weiterhin nicht von Normalbürgern, aber weil Fußballer zunehmend im Licht der Öffentlichkeit standen und die Kreationen, die sie nun zur Schau stellten, mitunter sogar stilbildend wirkten, erregten Fußballerfrisuren von nun an große Aufmerksamkeit.

Zu den Spielern, bei denen dies der Fall war, gehörte auch ein gewisser Werner Lorant, und das änderte sich auch nicht, als er nur noch als Trainer an der Seitenlinie agierte. So nimmt es nicht Wunder, dass die *Süddeutsche Zeitung* im Jahre 2012 auf ihrer Website

Werner Lorant einen Platz in einer Bilderstrecke mit dem Titel *Berüchtigte Fußballerfrisuren* einräumte. Man wählte ein Bild aus den Achtzigerjahren und sprach von einem »Antlitz von schäferhundfarbener Pracht«. Andernorts formulierte der alte Lästerer Max Merkel: »Seine Frisur sieht aus, als sei sie mit der Trompete geföhnt.« (BILD)

Und damit ist der Punkt erreicht, an dem betont werden muss, wie unfair es ist, sich dem Phänomen Werner Lorant über seine stolze Haarpracht zu nähren. Denn der 1948 im westfälischen Welver geborene Lorant war ja ein durchaus passabler Bundesligaspieler, der zwar viermal aus der Liga abstieg, aber auch mit Eintracht Frankfurt den UEFA- und den DFB-Pokal gewann.

Erste Erfolge als Trainer feierte er bei Schweinfurt 05 mit dem Aufstieg in die 2. Liga und bei Viktoria Aschaffenburg mit der Meisterschaft in der Hessenliga. 1992 holte ihn Präsident Karl-Heinz Wildmoser zu den Löwen, die er binnen zweier Jahre in die Bundesliga führte und dort dann auch auf Dauer etablierte. Man qualifizierte sich für den UEFA-Pokal und stand 2000 an der Schwelle zur Champions League. In jenen Jahren stand das Duo Wildmoser/Lorant für 1860. Der Trainer konnte sich der Unterstützung des Präsidenten sicher sein, der ihm in sportlich schwierigen Situationen immer den Rücken stärkte und letztlich für das Vertrauen auch mit der erfolgreichen Bewältigung dieser Situationen belohnt wurde. Doch irgendwann nach der verpassten Champions-League-Qualifikation zerbrach etwas im Verhältnis der beiden, ohne dass die Öffentlichkeit je erfuhr, was der Auslöser dieser Entwicklung war. Am 18. Oktober 2001, nach einer 1:5-Derbyschlappe, entließ der Präsident schließlich seinen langjährigen Weggefährten.

Lorant war als Spieler für seine Härte berühmt und berüchtigt und auch als Trainer bewahrte er sich das Image vom »Werner Beinhart«, der von seinen Spielern viel verlangte, wenig mit ihnen sprach (»Ich bin doch kein Pfarrer«), sie aber dennoch glänzend zu motivieren vermochte. Sein polterndes Auftreten an der Seitenlinie brachte ihn mehrfach in Konflikt mit der Sportsgerichtsbarkeit; seine knorrige Art ließ ihn in der Öffentlichkeit zwar als Original erscheinen, die Medien goutierten sie jedoch nur so lange er gute Geschichten lieferte. Am Ende hatte sich das Image erschöpft. Der Journalist Thomas Hahn brachte es in der *Süddeutschen Zeitung* zwei Monate vor seiner Entlassung, am 8. August 2001, auf den Punkt: »Er ist zur Marke geworden, zur Hauptfigur einer Unterhaltungsmaschinerie, der das Spiel allein nicht mehr reicht. Und das ist dann wohl auch Lorants Tragik dieser Tage: dass nun Teile einer Branche genussvoll seine Ausfälle ausweiden, die genau davon vorher ganz gut gelebt haben.«

Es folgten zahlreiche Trainerstationen in aller Herren Länder, doch ähnliche Erfolge wie bei 1860 konnte Lorant andernorts nicht mehr feiern. Er geriet in finanzielle Schwierigkeiten, wohl weil er sich bei Immobiliengeschäften verspekuliert hatte, und seine Ehe zerbrach. Zuletzt sah man ihn in dubiosen Reality-TV-Shows. Doch den Ruhm, als Trainer den TSV 1860 München zu neuer sportlicher Blüte geführt zu haben, den kann ihm keiner nehmen.

66. GRUND

Weil mit Adalbert Wetzel ein Löwe Präsident der Löwen war

Das Präsidentenamt beim TSV München 1860 ist ein undankbarer Job. Die Anforderungen sind hoch, erwartet werden schließlich große sportliche Erfolge; die Arbeitsbedingungen sind schwierig, denn selten ziehen im Verein alle an einem Strang und dauernde Fraktionskämpfe und interne Widerstände können ganz schön zermürbend sein. Ganz unbeschädigt ist kaum einer aus dieser Tätigkeit herausgekommen. Wenn es aber einen gibt, der im Verein bis heute unverändert große Verehrung genießt, so ist dies Adalbert

Wetzel, der das Präsidentenamt länger als jeder andere, von 1952 bis 1969, ausübte.

Kein Löwenpräsident dürfte ein so abenteuerliches Leben gehabt haben wie der 1904 in Kißlegg im Westallgäu als Sohn eines Bäckers geborene Wetzel. Eine Hotelfachausbildung befriedigte ihn nur wenig. Im Alter von 17 Jahren zog es ihn in die Ferne, von Hamburg aus ging er zur See. Es verschlug ihn nach Kolumbien und dann weiter nach Venezuela, er reüssierte im Ölgeschäft und brachte es zu einem beträchtlichen Vermögen. Kurz vor Ausbruch des 2. Weltkriegs kehrte er nach Deutschland zurück, nachdem ihm bei einer Attacke mit einer Machete die Bauchdecke aufgeschlitzt worden war. Nach Kriegsende wurden sowohl sein Landbesitz in Südamerika wie auch sein in London angelegtes Geldvermögen enteignet, so dass er vor einem Neuanfang stand. Der gelang, als er von den amerikanischen Behörden die Lizenz zur örtlichen Coca-Cola-Produktion erhielt.

Im Juni 1946 trat Wetzel dem TSV 1860 bei und übernahm bereits wenig später die Leitung der Fußballabteilung. 1950 rückte er als Vize ins Präsidium und 1952 an dessen Spitze. Er widmete sich dem Verein mit ganzer Kraft und unterstützte ihn mitunter auch aus privaten Finanzmitteln. Bei den Fußballern dauerte es eine Weile, bis Erfolge eintraten. Wichtigster Schritt in diese Richtung war die Verpflichtung des Trainers Max Merkel durch Wetzel. Die beiden konnten gut miteinander, die Löwen qualifizierten sich für die Bundesliga, wurden Pokalsieger, Europapokalfinalist und Deutscher Meister. Und in München und im Verein wusste man, dass der Präsident der Vater dieser Erfolge war.

Doch in Zeiten des Erfolgs war der Keim des Niedergangs bereits gesät. Merkel und die Spieler gerieten überkreuz, nach einer Revolte der Mannschaft musste der Trainer gehen. Der Verein befand sich in einer finanziell schwierigen Lage; die Strukturen waren dem modernen Profifußball nicht angemessen und verschiedene Fraktionen griffen nach Macht und Einfluss. Wetzel gelang es nicht, diese Entwicklungen in den Griff zu bekommen, weshalb er sich Zeit seines Lebens Vorwürfe machen sollte.

Nach seinem Rücktritt vom Präsidentenamt im Jahre 1969 wurde Adalbert Wetzel zum Ehrenpräsidenten des Vereins ernannt, dem er weiterhin mit Rat und Tat zur Seite stand, unter anderem auch indem seine Fruchtsaftfirma Frucade als erster Trikotsponsor der Löwen fungierte. Wetzel starb im Februar 1990. Es sollte ihm nicht vergönnt sein, den Wiederaufstieg aus der Bayernliga noch zu erleben. Er bleibt der bedeutendste Präsident der Löwen nach dem Zweiten Weltkrieg, daran ändern auch die unglücklichen letzten Jahre seiner Amtszeit nichts. »Der Löwe ist tot«, so überschrieb die *Süddeutsche Zeitung* ihren Nachruf. Besser konnte man es nicht sagen.

67. GRUND

Weil Sechziger Tore des Monats schießen

Seit 1971 lässt die ARD-*Sportschau* das Tor des Monats wählen. Insgesamt sechsmal ist es Spielern des TSV 1860 gelungen, diese Auszeichnung zu erringen. Den Anfang machte im Juli 1977 Jan Højland Nielsen mit einem Distanzschuss zum 1:0 in einem Pokalspiel gegen Arminia Bielefeld. Es folgte im Januar 1982 Wolfgang Sidka, der in einem Zweitligaspiel beim VfL Osnabrück an der Strafraumgrenze zwei Gegner überlupfte und dann volley verwandelte. Ein technisches Kabinettstück. Dann verschwand 1860 bei den Amateuren, und obwohl sicher auch manches Bayernligator die Medaille verdient hätte, dauerte es lange, bis wieder ein Löwe zum Zuge kam. 1999 war es endlich soweit. Thomas Riedl hatte am 27. November 1999 aus zwanzig Metern abgezogen und damit für den ersten Derbysieg gegen den FC Bayern seit 22 Jahren gesorgt. Kein Wunder, dass die Löwen-Fans bei der Abstimmung keinen Konkurrenten gegen diesen historischen Treffer zum Zug kommen ließen.

Am 16. Dezember 2002 trug Benny Lauth zum ersten Mal (lässt man seine Nachwuchsländerspiele einmal außen vor) das weiße DFB-Trikot, wenn auch noch nicht in einem offiziellen Länderspiel, sondern in einem Benefizspiel für die Opfer der Jahrhundertflut vom Sommer des Jahres, das in der neuen Schalker Arena die Nationalmannschaft und eine Auswahl ausländischer Bundesligastars zusammenführte. Lauth traf zweimal, unvergessen sein sensationeller Fallrückzieher aus spitzem Winkel zum 3:2. Nahezu 90 % der abgegebenen Stimmen fielen bei der Abstimmung auf diesen Treffer, der später auch zum Tor des Jahres gewählt wurde.

Fallrückzieher waren auch eine Spezialität von Klaus Fischer. Der war im Sommer 1970 nach dem Abstieg zu Schalke 04 gewechselt. Am 30. Juli 2003 trug er in einem Wohltätigkeitsspiel zwischen Altstars von Bayern und 1860 noch einmal das Löwentrikot und erzielte in der 6. Minute per Scherenschlag das 1:0. Sein sechstes Tor des Monats. Und schließlich Matthias Lehmann. Er traf in einem Zweitligaspiel im November 2004 beim 1. FC Saarbrücken aus über dreißig Metern zum einzigen Löwentreffer bei einer 1:4-Niederlage. Später konnte er sich zumindest über die Wahl zum Torschützen des Monats freuen.

Seither wurde kein Löwenspieler mit der begehrten Medaille ausgezeichnet. Trotz aller Probleme, die den Verein im sportlichen Bereich bremsten, glänzten einige Löwenspieler weiterhin mit wunderschönen Toren, denen zumindest die Nominierung nicht verwehrt wurde. Ohne Anspruch auf Vollständigkeit: Im Februar 2008 traf Mustafa Kučuković mit einem fantastischen Schuss aus nahezu vierzig Metern und brachte die Löwen in Kaiserslautern auf die Siegerstraße. Im Juli des gleichen Jahres erzielte Lars Bender den Führungstreffer im Endspiel der U19-Europameisterschaft gegen Italien.

Im Juli 2012 wurde Benny Lauth mit einem sehenswerten Treffer aus einem Testspiel gegen den VfB Stuttgart nominiert. Im August 2012 traf Daniel Halfar gegen Erzgebirge Aue gleich zweimal. Beim ersten Mal drang er *à la* Arjen Robben von rechts in den

Strafraum ein, um dann mit links abzuschließen. Beim zweiten Tor überlupfte er den gegnerischen Toren in exakt gleicher Weise wie Schalkes Superstar Raúl am Tag zuvor in der Bundesliga. Nur einer der beiden Treffer wurde nominiert, beide hätten es verdient gehabt. Und wiederum einen Monat später, im September 2012 wurde Guillermo Vallori für sein 2:0 gegen den FC Ingolstadt nominiert, bei dem er den Ball mit dem ersten Kontakt aus der Luft holte und mit dem zweiten in den Kasten lupfte.

Die letzte Nominierung gehört Torwart Vitus Eicher, der am 23. April 2013 für die zweite Mannschaft des TSV 1860 im Spiel gegen den TSV Buchbach aus etwa siebzig Metern ins gegnerische Tor traf.

68. GRUND

Weil kein Alkohol auch keine Lösung ist

In Rahmen seiner Tätigkeit als Kolumnist für ein deutsches Boulevard-Blatt gab Max Merkel einmal folgende Anekdote zum Besten: »Im Training habe ich mal die Alkoholiker meiner Mannschaft gegen die Antialkoholiker spielen lassen. Die Alkoholiker gewannen 7:1. Da war's mir wurscht. Da hab i g'sagt: Sauft's weiter.« (zitiert nach: www.spiegel.de/sport/fussball/merkel-sprueche-sauft-s-weiter-a-451374.html)

Den Verein, bei dem dies geschah, erwähnt Merkel nicht. Manfred Wagner aus der 1966er Meistermannschaft bestätigt allerdings, dass dieses Spiel tatsächlich bei einem Löwentraining stattgefunden habe, erwähnt aber auch, dass es zu einem Rückspiel gekommen sei, in dem seine Mannschaft, die Antialkoholiker, deutlich gewonnen hätten.

Eine gewisse Affinität zum Alkohol verrät mitunter auch die Wahl des Trikotsponsors. In der Saison 1986/87 und dann wieder von 1994 bis 1995 zierte der Schriftzug jener Münchner Brauerei das Trikot der Löwen, die schon vom Namen her dazu prädestiniert ist. 1990/91 war es eine andere Münchner Brauerei, die gegenwärtig auch auf den Trikots der zweiten Mannschaft zu finden ist.

Nun könnte man sagen, für Alkohol solle ein Sportverein mit Vorbildcharakter besser nicht werben, noch dazu, wenn er das traurige Schicksal eines seiner besten Stürmer, gemeint ist Rudi Brunnenmeier, vor Augen hat. Aber Bier gehört in München ja bekanntlich zu den Grundnahrungsmitteln und ansonsten hält man sich an den Grundsatz, kein Alkohol sei auch keine Lösung.

69. GRUND

Weil bei 1860 die ganze Welt zu Hause ist

Die Welt ist groß und Fußball wird überall gespielt. So nimmt es nicht wunder, dass sich seit dem Fallen der meisten Ausländerbegrenzungen Spieler aus aller Herren Länder im europäischen Fußball die Klinke in die Hand geben. Und so stellte auch der TSV 1860 bald fest, dass man Löwen von allen Kontinenten holen kann.

Die erste Verpflichtung eines Nichteuropäers erfolgte allerdings schon zu Zeiten, als die Zahl der im Kader erlaubten Ausländer noch strikt begrenzt war. Im Sommer 1974 brauchte 1860 zwei neue Torhüter, denn die Keeper der Saison 1973/74 hatten beide den Verein verlassen. Man wurde sozusagen vor der eigenen Haustür fündig. Für die Weltmeisterschaft 1974 hatte sich mit Haiti eine Mannschaft qualifiziert, von der man bisher wenig gehört hatte. Das Team aus der Karibik durfte alle drei Vorrundenspiele in München austragen und kassierte gegen Italien, Polen und Argentinien drei Niederlagen mit insgesamt vierzehn Gegentoren. Was allerdings nicht an Torwart Henri Françillon lag, der Schlimmeres verhütete und sich durch sein fröhliches Auftreten große Sympathien erwarb. Die Löwen witterten ein Schnäppchen und gaben ihm einen Vertrag. (Überhaupt dachte man bei 1860 nach der WM in großen Dimensionen und war angeblich an Kazimierz Deyna und Robert Gadocha interessiert, den Stars jener polnischen Mannschaft, die überraschend den 3. Platz belegt hatte. Merkwürdigerweise hatten die beiden Besseres zu tun, als bei einem deutschen Zweitligisten mit mittelprächtigen Perspektiven anzuheuern.)

Das Experiment mit dem exotischen Torhüter erwies sich als Fehlschlag. Françillon hatte – Überraschung – Eingewöhnungsprobleme und der eigentlich als Ersatz verpflichtete Bernd Hartmann lief ihm bald den Rang ab. So blieb ihm nur der Platz auf der Ersatzbank und als er im Februar 1976 nach Haiti zurückkehrte, standen für ihn gerade mal sechs Pflichtspieleinsätze zu Buche. In seiner Heimat erfreute er sich weiterhin großer Popularität und brachte es nach dem Ende seiner Karriere sogar zum Parlamentsabgeordneten. In den Achtzigerjahren beantragte er Asyl in den USA, wo er heute noch lebt.

Danach war erst mal für lange Zeit Schluss mit Importen aus Lateinamerika. Als nächster kam Rodrigo Costa, zugleich der erste Brasilianer bei 1860 und auch der bisher beste. Er war kein Ballzauberer, überzeugte aber von 2002 bis 2006 als Innenverteidiger. 2002/03 hatte er Gesellschaft von seinem Landsmann Rafael da Silva, der es aber nur auf fünf Ligaspiele brachte, ebenso wie in der Saison 2009/10 Marcos Antonio. Im Winter 2003 verpflichteten die Löwen Fernando Santos. Trainer Falko Götz wollte einen Spieler, der gleich helfen sollte. Da ist es natürlich sinnvoll, in der Winterpause einen jungen Brasilianer zu holen, der erstmals im Ausland spielt. Die erhoffte Hilfe blieb aus, Fernando Santos wirkte in zehn Spielen mit und konnte den Abstieg nicht verhindern.

Erst 2014 spielte für wenige Monate mit Leonardo wieder ein Brasilianer bei 1860; ein Jahr später kam mit Rodnei ein weiterer. Zur gleichen Zeit kam mit Gary Kagelmacher erstmals auch ein Spieler mit der Staatsangehörigkeit Uruguays, dessen Name allerdings auf deutsche Wurzeln verweist. In der Saison 2016/17 stießen dann noch einmal drei Brasilianer, teils über die Zwischenstation Portugal, zu den Löwen: Lucas Ribamar, Victor Andrade und Amilton.

Einziger Argentinier bei 1860 war bisher Emanuel Biancucchi, der Cousin von Lionel Messi, der sich jedoch keinen Stammplatz sicherte. Und zum Ende der Wechselfrist im August 2010 heuerte mit Juan Barros ein Kolumbianer bei 1860 an. Einmal durfte er spielen und schon in der Winterpause war er wieder verschwunden. Ein überaus merkwürdiger Transfer.

Auch im Norden des amerikanischen Kontinents wurden die Löwen bei der Spielersuche fündig. Aus den USA kamen Matthew Okoh, Gregg Berhalter, Josh Wolff, Kenny Cooper und Bobby Wood. Berhalter war zwischen 2006 und 2009 Stammspieler in der Innenverteidigung und fungierte teilweise auch als Mannschaftskapitän. Wolff konnte sich in anderthalb Jahren von 2007 bis 2008 nicht so recht durchsetzen, gleiches gilt für den als große Stürmerhoffnung angepriesenen Kenny Cooper, der von 2009 bis 2011 ein Löwe war, dazwischen aber nach England ausgeliehen wurde. Okoh absolvierte in der Saison 1996/97 zwei Bundesligaspiele. Bobby Wood kam bereits als Jugendspieler aus Hawaii zu 1860 und hoffte vergeblich auf einen Stammplatz, wobei er u.a. hinter Rob Friend zurückstehen musste, nach Nikolas Ledgerwood der zweite Kanadier bei 1860.

Begeben wir uns nach Afrika. Der Superstar unter den Afrikanern bei 1860 ist natürlich Abédi Pelé aus Ghana. Zwölf weitere von diesem Kontinent trugen das Löwentrikot: Abderrahim Ouakili (Marokko), Awudu Issaka (Ghana), Samuel Ipoua (Kamerun), Francis Kioyo (Kamerun), Lance Davids (Südafrika), Pascal Ojigwe (Nigeria), Radhouène Felhi (Tunesien), Eke Uzoma (Nigeria), Collin Benjamin (Namibia), Daylon Claasen (Südafrika) und Anthony Annan (Ghana). Dazu rechnen könnte man auch Michél Dinzey, der zwar im Kongo geboren wurde und auch später für dieses Land international spielte, der aber in Berlin aufgewachsen ist und insofern als Fußballdeutscher gilt. Die Einkaufstour der Winterpause 2016/17 führte dann noch einmal eine größere Zahl von Afrikanern nach München: Abdoulaye Ba aus dem Senegal, den Ghanaer Lumor, und Frank Boya aus Kamerun.

Wesentlich kleiner ist das Kontingent an Löwen aus Asien. Der erste war Jiayi Shao aus China. Der technisch begnadete Mittelfeldspieler spielte von 2002 bis 2006 für 1860, hatte jedoch immer wieder mit Verletzungen zu kämpfen und konnte sein Potenzial sicher nicht in vollem Umfang abrufen. Nur ein halbes Jahr lang, die Rückrunde der Saison 2013/14, verweilte mit Yuya Osako der erste Japaner bei den Löwen.

Und, *last but not least*, Ozeanien. Über die Schweiz und England gelangte der Australier Paul Agostino 1997 zu 1860. Er blieb bis 2007 und kann damit auf die längste Verweildauer aller außereuropäischen Löwen zurückblicken. Der bei den Fans äußerst populäre Stürmer kam meist auf eine ordentliche Zahl von Einsätzen und erzielte dabei auch seine Tore, allererste Wahl war er in all den Jahren jedoch nur selten. Sein Landsmann Ned Zelic blieb immerhin vier Jahre und spielte in dieser Zeit eine wichtige Rolle im Abwehrzentrum oder dem defensiven Mittelfeld. 2015 kam mit Miloš Degenek ein weiterer Australier mit kroatischen Wurzeln zu den Löwen.

8. KAPITEL

VÖLLEREI

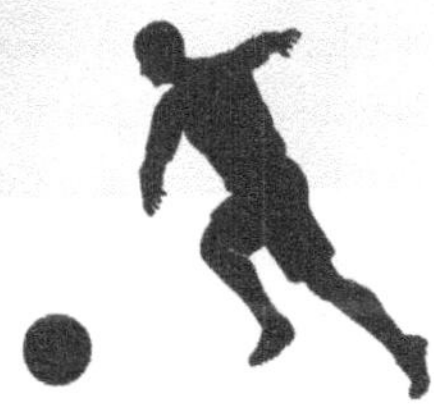

70. GRUND

Weil 1860 entscheidende Elfmetersituationen grandios bewältigt

Wir schreiben den 6. Juni 1981, der TSV München 1860 empfängt am vorletzten Spieltag der Bundesligasaison 1980/81 den Hamburger SV. Die Lage ist ernst, denn mit einem 1:2 beim VfB Stuttgart sind die Löwen unter den Strich gerutscht, der Abstieg droht. Der HSV mit dem Ex-Löwen Jimmy Hartwig hingegen hat noch eine kleine Chance auf den Meistertitel, doch das Auftreten der Hamburger erweckt nicht den Eindruck, als glaubten sie noch an diese Chance oder hätten gar die Absicht, die Löwen in die Zweitklassigkeit zu schießen.

In der 50. Minute wird Rudi Völler von Dietmar Jakobs gefoult, Schiedsrichter Wolf-Dieter Ahlenfelder zeigt auf den Punkt. Viorel Nästase tritt an, im März hat er einmal in einem Spiel gleich zwei Strafstöße verwandelt. Doch HSV-Keeper Uli Stein beweist mehr Ehrgeiz als seine Kollegen und hält. Verständlich, denn Stein stand vier Jahre zuvor bei den 1977er »Aufstiegsschlachten« im Kasten der Bielefelder Arminen und sein Ex-Verein aus Ostwestfalen ist in der aktuellen Situation der härteste Konkurrent der Sechziger. Dank Steins Rettungstat bleibt es beim torlosen Unentschieden.

Der Klassenerhalt ist zwar immer noch möglich, doch die Löwen haben es nicht mehr selbst in der Hand. Ein Sieg gegen den HSV hingegen hätte aufgrund des besseren Torverhältnisses den Sprung von den Abstiegsrängen und damit eine bessere Ausgangsposition bedeutet. Die Arminen leisten sich am letzten Spieltag dann sogar eine 0:1-Heimniederlage gegen den 1. FC Kaiserslautern, doch die Löwen verspielen die Bundesligazugehörigkeit mit einem happigen 2:7 beim Karlsruher SC.

Springen wir in die Saison 2003/04. Es ist der 15. Mai 2004, wieder der vorletzte Spieltag, wieder ist die Lage ernst, der Rückstand auf den rettenden 15. Platz beträgt vier Punkte. Es geht gegen Hertha BSC, mit einem Sieg könnte man sich vor dem letzten Spiel bis auf einen Punkt an die Berliner heranschieben. Und es lässt sich gut an, denn Rodrigo Costa bringt den TSV 1860 bereits in der 5. Minute in Führung. Acht Minuten vor Schluss dann die kalte Dusche. Alexander Madlung tut das, wofür er bekannt ist, und wuchtet den Ball mit dem Kopf unter die Latte. Doch in der vorletzten Minute bahnt sich eine erneute Wende an. Arne Friedrich foult Martin Stranzl, Elfmeter für 1860! Wer übernimmt die Verantwortung? Der etatmäßige Elferschütze Benny Lauth, der in dieser Saison alle drei bisherigen Strafstöße verwandelt hat, ist mit einer Verletzung außer Gefecht. Keiner mag so recht, obwohl durchaus einige erfahrene Leute auf dem Feld stehen. So schnappt sich der erst in der 85. Minute eingewechselte Francis Kioyo den Ball, läuft an und schiebt ihn weit neben den linken Pfosten.

Heute hat sich bei vielen die Erinnerung festgesetzt, Kioyos Fehlschuss habe den Klassenerhalt gekostet. Was nicht stimmt. Selbst bei einem Sieg gegen Hertha BSC wäre 1860 auf einem Abstiegsplatz geblieben, man hätte allerdings die Berliner noch in Reichweite gehabt und den Abstand zum 1. FC Kaiserslautern verkürzt. Die theoretische Möglichkeit, den Abstieg zu vermeiden, bestand auch nach diesem Spieltag noch, sie war nur kleiner, als sie es mit einem Sieg gewesen wäre. Kein Grund also, Kioyo zum Sündenbock zu machen.

Und Löwen ohne Killerinstinkt sind doch die liebenswertesten schlechthin, oder?

71. GRUND

Weil die Sechziger als erster aus der Amateurliga in die Bundesliga marschierten

1991 war es den Löwen endlich gelungen, nach neun langen Jahren der durch den Zwangsabstieg von 1982 verursachten Drittklassigkeit zu entkommen. Doch in der folgenden Saison verspielte man in schusseliger Weise – man ist schließlich der TSV 1860 – den Klassenerhalt in der 2. Liga und so galt es nun, einen neuen Anlauf in der Bayernliga zu nehmen, die offiziell eigentlich Amateuroberliga Bayern hieß.

Im Sommer 1992 hatte der Großgastronom Karl-Heinz Wildmoser das Kommando im Verein übernommen und die Präsidentin Lilo Knecht abgelöst, die sich als Frau und aufgrund ihrer Herkunft aus der Turnabteilung des Vereins mancherlei Kritik ausgesetzt gesehen hatte, den Verein jedoch nach turbulenten Jahren in ein ruhigeres Fahrwasser gebracht hatte. Wildmoser verpflichtete als Trainer mit Werner Lorant umgehend einen Mann, der den Löwen in der Bayernliga mit dem SV Heidingsfeld und dem FC Schweinfurt 05 viele Punkte genommen hatte.

Unter Lorant marschierte die Mannschaft in der neuen Saison von Anfang an. Acht Spiele ohne Niederlage zum Auftakt brachten die Tabellenführung, die nach der ersten Niederlage noch einmal kurz abgegeben wurde, von da an führte der Weg geradewegs und ziemlich unangefochten zum Meistertitel. In der Aufstiegsrunde genügten zwei Siege und vier Unentschieden zum Gruppensieg, der nach einem 1:1 im letzten Spiel am 13. Juni 1992 gegen den SSV Ulm 1846 endgültig feststand und anschließend auf dem Marienplatz gebührend gefeiert wurde.

Diesmal wollte man mit dem Abstieg nichts zu tun haben, prominente Neuzugänge wie Bernhard Winkler, der 1991 mit dem 1. FC Kaiserslautern Deutscher Meister geworden war, und der österreichische Nationalspieler Peter Pacult sollten dazu beitragen. Mittelfristig wurde natürlich die Rückkehr in die Bundesliga angestrebt. Der Saisonauftakt ging mit einem 0:4 bei Hansa Rostock kräftig in die Hose, ein gewisser Olaf Bodden war daran mit drei Treffern beteiligt. Es folgte jedoch eine Serie von acht Spielen ohne Niederlage, gekrönt von einem glorreichen 4:1 gegen den Bundesligaabsteiger VfL Bochum. Das bedeutete Platz 2, punktgleich mit den gerade deklassierten Bochumern, und plötzlich schien der Durchmarsch in die Bundesliga keine Utopie mehr zu sein. Trotz der ersten Heimniederlage gegen den SV Meppen belegte man am letzten Spieltag der Vorrunde immer noch Platz 2 und träumte unter dem Weihnachtsbaum vom Aufstieg.

In der Winterpause ging man zur Verstärkung des Kaders nochmals in die Vollen, die Neuerwerbungen Seeliger, Kientz und Lilienthal schienen das Mannschaftsgefüge jedoch eher zu belasten. Die Rückrunde begann mit vier Niederlagen, ganz schnell war man aus den Aufstiegsrängen gerutscht. Danach folgten Spiele mit Licht und Schatten, man nistete sich auf Platz 4 ein, ließ den Kontakt zu den davor stehenden Teams jedoch nicht abreißen. Und siehe da, ein 0:0 beim FC Homburg bedeutete am drittletzten Spieltag die Rückkehr auf den 3. Platz, der zum direkten Aufstieg berechtigte. Es folge zu Hause ein Pflichtsieg gegen Chemnitz und nun galt es, den Aufstiegsplatz am letzten Spieltag in Meppen zu verteidigen.

Die Konstellation vor diesem Spieltag: der VfL Bochum stand als Aufsteiger fest, Bayer Uerdingen auf Platz 2 mit zwei Punkten Vorsprung (es galt noch die Zweipunkteregel) durfte sich auf Grund einer guten Tordifferenz ebenfalls schon im Oberhaus wähnen. Die beiden nächsten Teams, 1860 und den FC St. Pauli, trennte nur das deutlich bessere Torverhältnis der Löwen voneinander. Die Löwen gastierten, wie gesagt, in Meppen beim Tabellenfünften, St. Pauli musste beim Sechsten antreten, dem VfL Wolfsburg, der sich damals noch in dem ihm angemessenen Biotop der Zweitklassigkeit aufhielt.

Es folgte der legendäre »Tag von Meppen«, der endgültig all die Leiden der letzten mageren Jahre vergessen machte. Das Emslandstadion war mit 15.600 Zuschauern ausverkauft und befand sich fest in der Hand der zahlreich mitgereisten Löwen-Fans. Ösi-Bomber Peter Pacult traf bereits in der 3. Minute auf Vorlage seines Sturmpartners Bernhard Winkler zum 1:0 und die Löwen brachten den Vorsprung sicher über die Runden. St. Pauli hingegen geriet in Wolfsburg früh in Rückstand, bei Halbzeit stand es 0:2. Und als die Wölfe kurz nach der Pause gar mit 3:0 in Führung gingen, löste sich die Anspannung bei den selbstverständlich informierten Löwen-Fans, denn nun hätte ja selbst eine eigene knappe Niederlage auf jeden Fall gereicht.

Als Schiedsrichter Bernd Heynemann endlich abpfiff, begann ein großes Fest, in Meppen und in München und überall sonst, wo es Löwen-Fans gab. Nach dreizehn langen Jahren war der TSV 1860 zurück in der Bundesliga. Als erster Verein überhaupt hatte man den direkten Durchmarsch von der dritten in die erste Liga geschafft.

72. GRUND

Es gibt nur ein Rudi Völler

In der Saison 1979/80 hatte der TSV 1860 als Neuling knapp die Klasse gehalten. Um eine weitere Zittersaison zu vermeiden, stieg man im Sommer 1980 mit über 2 Millionen DM auf dem Transfermarkt groß ein. Die bekanntesten Transfers waren die etablierten Bundesligaspieler Wolfgang Sidka (von Hertha BSC) und Hans Klinkhammer (von Borussia Mönchengladbach), dazu kamen unter anderem mit Viorel Năstase ein rumänischer Nationalspieler, der sich in den Westen abgesetzt hatte, und mit Rudolf »Rudi« Völler ein 20-jähriges Nachwuchstalent, das von Berti Vogts schon in die U21-Nationalmannschaft berufen worden war und für die

Offenbacher Kickers bereits 73 Zweitligaspiele absolviert hatte, darunter eines gegen 1860. Verteidiger Herbert Scheller hatte nach diesem Spiel von Löwentrainer Eckhard Krautzun ein Sonderlob erhalten, weil er den »gefährlichen Völler« an die Kette gelegt habe. Finanzielle Probleme zwangen die Kickers zum Verkauf des jungen Hanauers, für den sie immerhin eine Ablösesumme von 700.000 DM einstreichen durften.

Zusammen mit Nästase sollte Völler den wenig durchschlagskräftigen Sturm der Löwen auf Vordermann bringen, doch Trainer Carl-Heinz Rühl war von den Qualitäten dieser Neuverpflichtung offenbar nicht voll überzeugt: »Er ist kein Torjäger, kein Mann, der unser Problem in der Angriffsmitte löst«, (*Sportkurier*, 22. Oktober 1980) so wurde er vor Saisonbeginn zitiert. Zum Einsatz kam der junge Mann dann dementsprechend auch auf dem Linksaußenposten; Torjägerqualitäten stellte er aber durchaus unter Beweis, denn in seinen ersten elf Spielen traf er achtmal. Den Höhepunkt bildete ein Spiel am 25. Oktober 1980 im Olympiastadion gegen Fortuna Düsseldorf. Der Europapokalfinalist von 1979 war in der ersten Halbzeit mit 3:0 in Führung gegangen, woran Klaus Allofs mit zwei Treffern beteiligt war, doch in einer begeisternden Aufholjagd drehten die Löwen in der zweiten Hälfte den Spieß um und verließen als 4:3-Sieger den Platz. Drei der vier Torerfolge gingen auf das Konto von Rudi Völler. Danach lief es jedoch nicht mehr so gut. Eigener Aussage zufolge fiel er in der Rückrunde »in ein Loch« und traf nur noch einmal. Am Ende standen 33 Einsätze mit neun Toren zu Buche, leider aber auch der nicht eingeplante Abstieg in neue eingleisige 2. Liga.

Glaubt man einer im Fußball-Magazin *11 Freunde* zu lesenden Geschichte, so riet ihm sein Berater Holger Klemme, nach dem Abstieg bei 1860 zu bleiben. 30 Tore, dann könne er sich einen Club aussuchen. Diese Zahl war kein Problem und der junge Völler soll dem nur wenig älteren Klemme sogar eine Sonderprämie von 1.000 DM für jeden Treffer darüber hinaus abgeluchst haben. Im letzten, bedeutungslosen Saisonspiel ging es gegen die Offenbacher Kickers. Völler netzte beim 5:2 der Löwen viermal ein und teilte die so verdienten 4.000 DM mit Michael Kutzop, seinem ehemaligen und zukünftigen Mannschaftskameraden, der an jenem Tag sein Gegenspieler war. Mit insgesamt 37 Toren wurde er Torschützenkönig der Liga; 1860 aber verpasste den Wiederaufstieg dennoch knapp und musste aufgrund des Lizenzentzugs durch den DFB sogar in die Bayernliga.

An einen Verbleib bei den Löwen war unter diesen Umständen natürlich nicht zu denken und Völler wechselte zu Werder Bremen, wo er die von Carl-Heinz Rühl bezweifelten Torjägerqualitäten in den folgenden Jahren ausgiebig demonstrierte. Es folgten weitere Stationen bei AS Rom und Olympique Marseille, wo er 1993 die Champions League gewann, bevor er auf seine alten Tage noch bei Bayer Leverkusen anheuerte. Auch in der Nationalmannschaft stellte er seine Treffsicherheit mit 47 Toren in 90 Spielen unter Beweis und krönte seine Laufbahn 1990 mit dem Weltmeistertitel.

Als Spieler des Werksvereins begegnete Völler seinem alten Verein in den Spielzeiten 1994/95 und 1995/96 insgesamt noch viermal, nur in der letzten Begegnung im Mai 1996 in Leverkusen gelang ihm ein Tor. Im September 1994 hingegen hatte er in der 2. Runde des DFB-Pokals mit einem Pfostenschuss im Elfmeterschießen dazu beigetragen, dass 1860 im Stadion an der Grünwalder Straße die nächste Runde erreichte. Und am 30. Juli 2003 streifte der Rudi, inzwischen Teamchef der Nationalmannschaft, sogar noch einmal das Löwentrikot über: in einem Wohltätigkeitsspiel zwischen Altstars des TSV 1860 und des FC Bayern steuerte er vor 11.500 Zuschauern im Stadion an der Grünwalder Straße den Treffer zum zwischenzeitlichen 4:3 für die Löwen bei, Endergebnis 4:4.

Die beiden Jahre bei 1860 bedeuteten einen wichtigen Schritt in der Karriere des Rudi Völler. Und auch für ihn gilt natürlich der von ihm selbst erst vor kurzem in einer Fernsehsendung bei Sky zitierte Satz: Einmal Löwe, immer Löwe.

73. GRUND

Weil Max Merkel die Löwen winterfest gemacht hat

Der erste Bundesligawinter 1963/64 war bitterkalt, weshalb zahlreiche Spiele auf verschneiten oder gefrorenen Plätzen ausgetragen werden mussten. Verletzungsträchtige Bedingungen also, zumindest Hautabschürfungen waren auf hartem Untergrund an der Tagesordnung. Löwentrainer Max Merkel, eigentlich als Schleifer verschrien, wollte seine Schützlinge davor bewahren und sann auf Abhilfe. Vor dem Rückrundenauftakt am 11. Januar 1964 in Braunschweig bestellte er bei einer befreundeten Firma einen Satz lange Strumpfhosen, die nun erstmals ausprobiert werden sollten. Dummerweise wurden die für Fußballer so ungewohnten Kleidungsstücke nicht wie gewünscht in fleischfarben geliefert, sondern in himmelblau. Durchaus passend zu den Löwenfarben also, aber eben auch ungewohnt. In seinem Buch *Mit Zuckerbrot und Peitsche* schildert Merkel, wie die Mannschaft sich beim Aufwärmen der neuen »Tracht« schämte und sie unter Trainingshosen versteckte. Beim Einlaufen wurden die Spieler dann von den Zuschauern mit schallendem Gelächter begrüßt. Merkel taten sie sogar leid, was sicher nicht oft vorkam. Doch der Plan ging auf: die Mannschaft fand schnell ins Spiel und gewann durch ein Tor in der ersten Hälfte mit 1:0. Fortan gehörten Strumpfhosen nicht nur bei 1860 sondern auch anderenorts zur winterlichen Grundausstattung.

74. GRUND

Weil sich der TSV 1860 (endlich) seiner Vergangenheit stellt

Das Verhalten des TSV München 1860 während der Nazidiktatur ist kein Ruhmesblatt in der langen Geschichte des Vereins. Von den in den Augen der Herrschenden subversiven Anfängen der Turnbewegung war auf dem Weg dorthin schon lange nichts mehr übrig geblieben. In der Kaiserzeit wurde man zum großen bürgerlichen Turnverein, angesiedelt in der Mitte der Gesellschaft unter dem Protektorat des Hauses Wittelsbach.

Die Haltung des Bürgertums zur Weimarer Republik lässt sich bestenfalls als ambivalent bezeichnen. 1860-Präsident Ernst Müller-Meinungen dürfte da durchaus als repräsentativ gelten, wenn er die Republik als »durch bitterste Not aufgezwungene Staatsform« (zitiert nach Wikipedia) bezeichnete. Andere Mitglieder des Vereins gingen in ihrer Ablehnung der neuen Staatsform weiter und schlossen sich schon früh der Hitler-Bewegung an. Immerhin ging der Verein bei der Vermietung des neu ausgebauten Stadions in den späten Zwanzigern einigermaßen neutral vor, auch Veranstaltungen der Arbeitersportbewegung fanden an der Grünwalder Straße statt. Kurz nach dem Krieg hatte man den Platz, in Verletzung der Bestimmungen des Versailler Vertrags, allerdings auch in München residierenden Freikorps zur Verfügung gestellt.

Verlautbarungen des Vereins aus dem Jahre 1933 lassen denn auch große Zustimmung zum neuen Regime erkennen. Man übte sich bei verschiedenen Maßnahmen in vorauseilendem Gehorsam und hatte keine Mühe, in den eigenen Reihen Kandidaten für die Vereinsführung zu finden, die der nun herrschenden Partei schon länger gedient hatten und also dem Regime genehm waren. Reichssportführer Hans von Tschammer und Osten besuchte den Verein und die Nähe zum Regime erwies sich von großem Nutzen, als es galt durch den Verkauf des Stadions an die Stadt die existenzgefährdenden Finanzprobleme zu lösen.

All dies ist nicht schön, aber auch nicht mehr zu ändern. Wichtig aus heutiger Sicht erscheint aber auch, wie ein Verein mit diesen Aspekten seiner Geschichte umgeht. Traurigerweise dauerte es mehr als ein halbes Jahrhundert, bis bei den Löwen ernsthafte Versuche zu einer Art Vergangenheitsbewältigung zu erkennen waren. Noch in den Siebzigerjahren wurde in der Vereinszeitung ein Foto gedruckt, auf dem Präsident Erich Riedl einem seiner Vorgänger, Fritz Ebenböck, zum Geburtstag gratuliert. Nun war die Familie Ebenböck schon bei der Gründung des Vereins dabei, sozusagen alter Löwenadel, aber dieser spezielle Ebenböck war SS-Mitglied, alter Kämpfer und Vereinsführer von 1934 bis 1935. Davon war im Text zum Bild nichts zu lesen.

All dies änderte sich erst in den letzten Jahren. Der Münchner Historiker Anton Löffelmeier machte sich an die erste systematische Aufarbeitung der Geschichte des TSV 1860 in der NS-Zeit. Bei seinem Erscheinen wurde das Buch in der Stadiongaststätte in Anwesenheit von Vizepräsident Franz Maget und KGaA-Geschäftsführer Manfred Stoffers vorgestellt. Erstmals wurde von Vereinsseite eingeräumt, dass es diese Geschichte gibt und dass man darauf nicht stolz sein kann.

Wichtiger noch als solche Erklärungen aber, dass der Verein gleichzeitig begann, sich offensiv zum Einsatz gegen Rassismus und Diskriminierung zu bekennen. Die neue Vereinssatzung enthält einen Anti-Rassismus-Paragrafen; die Stadionordnung erlaubt Ordnern das Eingreifen gegen Personen, die durch rassistisches oder diskriminierendes Verhalten auffällig werden, oder die Symbole und Kleidung zur Schau tragen, die mit altem oder neuem Nazismus identifizierbar sind. All dies sollte eigentlich selbstverständlich sein, dennoch erfreulich, dass das man nun auch beim TSV 1860 die Notwendigkeit solcher Maßnahmen akzeptiert hat.

75. GRUND

Weil die Löwen meisterliche Jugendmannschaften haben

Ziel der Nachwuchsarbeit großer Vereine ist es vor allem, junge Talente an den »großen Fußball« heranzuführen. Von den diesbezüglichen Erfolgen des TSV 1860 wird an anderer Stelle berichtet. Aber natürlich gibt es im Jugendbereich auch Titel zu gewinnen. Werfen wir deshalb einen kurzen Blick auf die Meisterschaftserfolge der Junglöwen.

Die Deutsche A-Jugendmeisterschaft wird seit 1969 ausgespielt. Vorher endeten die Jugendspiele mit der Süddeutschen Meisterschaft. Diesen Titel gewannen die Löwen im Jahre 1963. Zuvor hatten sie 1951 und 1957 als Bayerischer Meister die süddeutsche Endrunde erreicht und einmal als Dritter und einmal als Zweiter abgeschlossen.

Seit 1969 gewann die A-Jugend der Löwen dreimal (1982, 1983 und 1988) die Bayerische Meisterschaft und qualifizierte sich damit für die Endrunde zur Deutschen Meisterschaft, kam dort aber nie über das Viertelfinale heraus. 1996/97 wurden im A-Jugend-Bereich Regionalligen eingeführt und die Löwen erreichten als Vizemeister der neuen Regionalliga Süd erstmals wieder die deutsche Endrunde. Dort drang man mit Siegen über den 1. FC Kaiserslautern und den Hamburger SV bis ins Endspiel vor, das man dann in Augsburg mit 1:2 gegen Borussia Dortmund verlor. 2003 wurde die A-Jugend-Bundesliga eingeführt; die letzte Spielzeit der Regionalliga Süd, 2002/03, beendeten die Löwen als Meister, in der Deutschen Meisterschaft kam man im Halbfinale nicht an Bayer Leverkusen vorbei. Ähnlich lief es in der Saison 2010/11, in der man als Vizemeister der A-Jugend-Bundesliga Süd/Südwest ebenfalls im Halbfinale gegen den 1. FC Kaiserslautern ausschied. Einen DFB-Pokal spielen die A-Junioren seit einiger Zeit auch aus und diesen Titel konnte der

TSV 1860 zweimal gewinnen, im Jahre 2000 gegen den Hamburger SV und im Jahre 2007 gegen den VfL Wolfsburg; beide Endspiele endeten mit 2:1.

In der B-Jugend spielt man seit 1977 um die Deutsche Meisterschaft. Bereits vorher hatten die Löwen in dieser Altersklasse einmal den bayerischen Titel gewonnen, das war 1975. 1980 gelang dies erneut, doch in der Deutschen Meisterschaft scheiterte man in der 1. Runde. Vier Jahre später, 1984, erfolgte ein weiterer Anlauf und diesmal stand am Ende die Deutsche Vizemeisterschaft zu Buche. Die »Opfer« auf dem Weg ins Finale hießen Eintracht Frankfurt, VfB Stuttgart und SV Waldhof Mannheim, das Finale in Dortmund ging dann gegen die einheimischen Borussen knapp mit 0:1 verloren. 2002/03 und 2004/05 qualifizierte man sich als Zweiter der Regionalliga Süd für die deutsche Endrunde. Endstation bedeutete jeweils der VfB Stuttgart, einmal im Halb- und einmal im Viertelfinale.

2005/06 schließlich beendete man die Regionalligasaison als Meister. Über den VfL Wolfsburg und den 1. FC Kaiserslautern zogen die Junglöwen um die Bender-Zwillinge ins Meisterschaftsfinale ein, wo wie 1984 Borussia Dortmund der Gegner war. Das Spiel wurde am 3. Juni 2006 in Hamm ausgetragen, erneut also hatten die Westfalen den Heimvorteil. Doch diesmal hieß der Sieger TSV 1860 München. Manuel Schäffler und Timo Gebhart erzielten die Tore zum 2:0-Sieg. Gebhart traf per Elfmeter und leistete sich später noch den Luxus, einen weiteren zu verschießen. Die Mannschaft spielte in folgender Aufstellung: Patrick Rösch, Daniel Thomas, Mathias Wittek, Florian Jungwirth, Stefan Alschinger, Sven Bender, Sandro Kaiser, Lars Bender, Timo Gebhart, Manuel Schäffler, Maximilian Knauer. Eingewechselt wurden Junis Ibrahim, Michael Mayr und Robert Rudnik und der Trainer hieß Wolfgang Schellenberg, später auch als Co-Trainer bei den Profis und als Leiter des Nachwuchsleistungszentrums für die Löwen tätig.

Seit 2005 verleiht der Deutsche Fußball-Bund an die besten Nachwuchsspieler der Bereiche U19, U18 und U17 die Fritz-Walter-Medaille in Gold, Silber und Bronze. Bisher gehörten sieben Nachwuchsspieler des TSV 1860 zu den ausgezeichneten: 2006 Alexander Eberlein (Silber, U18), Lars Bender (Gold, U17), Sven Bender (Bronze, U17); 2008 Florian Jungwirth (Silber, U19); 2010 Peniel Mlapa (Gold, U19); 2011 Kevin Volland (Bronze, U19); 2012 Thomas Pledl (Silber, U18).

76. GRUND

Weil Jens Jeremies irgendwie doch ein Löwe geblieben ist

Am 1. April 1995 gastierte Dynamo Dresden zum einzigen Mal in der Bundesligageschichte beim TSV 1860 München, damals noch im Stadion an der Grünwalder Straße. 1860 machte mit einem 3:1 einen wichtigen Schritt zum Klassenerhalt, die Sachsen mussten am Ende der Saison die Bundesliga verlassen. In der Dynamo-Mannschaft stand ein defensiver Mittelfeldspieler namens Jens Jeremies, der dem Münchner Publikum nicht weiter auffiel. Löwencoach Werner Lorant hatte aber wohl genauer hingeschaut, denn im Sommer präsentierten die Löwen den jungen Mann als Neuzugang.

Ein Mann für die Bank, dachten wohl die meisten, der sich erst an die Mannschaft heranarbeiten müssen würde. Weit gefehlt, der Görlitzer eroberte sich sofort einen Stammplatz und war fortan aus dem Team nicht wegzudenken. Es folgten Berufungen in die U21-Nationalmannschaft und im Herbst 1997 das erste A-Länderspiel. Am Ende der Saison gehörte Jeremies als einziger Löwe zum Aufgebot von Berti Vogts für die Weltmeisterschaft in Frankreich. Das Turnier verlief für die deutsche Mannschaft enttäuschend, was aber nicht an Jens Jeremies lag. Bereits während der Rückrunde der

Saison 1997/98 war sein Wechsel an die Säbener Straße bekannt geworden, was die Löwen-Fans naturgemäß nicht begeisterte. Manche reagierten, zum Glück nur verbal, recht heftig auf den vermeintlichen »Verrat«.

Dass die Löwen auch ohne ihn ihre Qualitäten hatten, konnte der Neubayer im ersten Derby der Saison 1998/99 aus nächster Nähe auf dem Platz verfolgen, als seine alte Mannschaft mit 1:0 gewann. Das Rückspiel fand am 15. April 2000 statt. Die Bayern waren immer noch Tabellenführer, die Löwen gingen als Fünfter in das Spiel. Ausgerechnet der Held des Hinspiels, Siegtorschütze Thomas Riedl, durfte aufgrund einer Gelbsperre nicht mitwirken.

Wieder begannen die Löwen forsch und erspielten sich gute Chancen. Bereits in der 22. Minute gelang das 1:0. Thomas Häßler flankte von rechts, Martin Max nahm den Ball mit der Brust an und schob in aller Ruhe ein. Doch nur sieben Minuten später erzielte Mehmet Scholl mit einem direkten Freistoß der Ausgleich. Die Löwen ließen nicht locker, aber Martin Max gelang es nicht, in einer ähnlichen Situation wie beim 1:0 den Ball ins Netz zu senden. Dann in der 40. Minute erhielten die Löwen unerwartete Hilfestellung. Roman Týce setzte sich auf dem linken Flügel gegen Markus Babbel durch und flankte in den Torraum. Jens Jeremies ging dem Ball entgegen, doch auch Oliver Kahn kam aus dem Kasten. Ein kurzer Moment der Uneinigkeit und Jeremies lenkte den Ball mit dem Kopf an Kahn vorbei ins eigene Netz.

Die Löwen verteidigten den Vorsprung auch in der zweiten Halbzeit. Zum ersten Mal in der Bundesligageschichte hatten sie damit beide Derbys gegen den FC Bayern gewonnen. Zum Fußballgott avancierte Jens Jeremies bei den Löwen-Fans durch sein Eigentor nicht und beim FC Bayern spielen keine Fußballgötter. Aber dass er den Löwen selbst als Roter noch einmal aushalf, nehmen sie ihm nicht übel.

77. GRUND

Weil eine Watschn noch niemandem geschadet hat?

Die Münchner Fußballgeschichte kennt zwei Fälle von wahrhaft historischen Ohrfeigen (oder, wie es auf gut bairisch heißt, Watschn) und beide Male waren Löwenspieler beteiligt. Einmal auf der aktiven Seite, dies verhinderte den Übertritt von Franz Beckenbauer zum TSV 1860, wovon an anderer Stelle berichtet wird. Im anderen Fall als Rezipient, was nicht bedeutet, dass hier in biblischer Unschuld die andere Wange hingehalten wurde.

Wir schreiben den 12. November 1977, der 15. Spieltag der Bundesligasaison 1977/78 steht an. Neuling 1860 tut sich schwer im Oberhaus, in den bisherigen vierzehn Spielen hat es noch nicht zu einem Sieg und gerade mal zu drei Unentschieden gereicht. Das bedeutet Rang 18. Doch dem FC Bayern geht es kaum besser. Vier Siege und vier Unentschieden addieren sich zwar zu immerhin zwölf Punkten, aber die reichen auch nur zu Platz 14, zwei Punkte vor den Abstiegsrängen. Franz Beckenbauer spielt inzwischen in New York und in der Mannschaft tummeln sich Akteure wie Peter Gruber und Rainer Künkel, die heute nicht einmal mehr eingefleischten Bayern-Fans in Erinnerung sind. In dieser Situation treffen sich die Lokalrivalen zum ersten Bundesligaderby seit sieben Jahren.

Das Olympiastadion ist ausverkauft, die Zuschauerzahl wird präzise mit 77.573 angegeben. Die erste Halbzeit geht klar an die Bayern, was sich auch im Führungstreffer von Karl-Heinz Rummenigge niederschlägt (31. Minute). Nach der Pause kommen die Löwen besser ins Spiel, angespornt durch den Ausgleichstreffer, den Herbert Scheller gleich in der 46. Minute per Weitschuss erzielt hat. Lange Zeit sieht es nach einem Unentschieden aus, doch in der 84. Minute gibt es etwa 30 Meter vor dem Tor einen Freistoß für 1860. Keine gefährliche Distanz, denken sich die Bayern und bilden nur eine lässige Zweimannmauer. Löwenkapitän und Freistoßspezialist Alfred Kohlhäufl bedankt sich und hämmert den Ball in die Maschen. Der erste Saisonsieg für seine Mannschaft ist zum Greifen nah.

Dann die Schlussminute: Karl-Heinz Rummenigge foult Löwenstürmer Erhard »Beppo« Hofeditz im Strafraum, Schiedsrichter Biwersi zeigt auf den Punkt. Vom Derbyfieber infiziert liefern sich die beiden Protagonisten einen Wortwechsel, den Bayerntrainer Dettmar Cramer später wie folgt wiedergab: »Du kannst aufstehen, der Schiedsrichter hat schon gepfiffen.« So Rummenigges Aufforderung. Der Konter von Hofeditz: »Du rotes Schwein.« (Glaubhafter wirkt die ebenfalls zitierte Variante, in der Hofeditz' letztes Wort ebenfalls mit S beginnt, aber nur drei Buchstaben aufweist.) Wie auch immer, Rummenigge antwortet nicht mit Worten, sondern mit einer Ohrfeige für den Löwenspieler. Schiedsrichter Biwersi kennt keine Gnade und zeigt die Rote Karte. Herbert Scheller verwandelt den Elfmeter zum 3:1, die Punkte gehen an 1860.

In jenen Tagen belebte der Bayerische Rundfunk seine sonntagabendliche Zusammenfassung des Sportgeschehens vom Wochenende mit Auszügen aus der Livereportage von den wichtigsten Ereignissen. Und so konnten sich die Löwen-Fans unter den Zuhörern daran ergötzen, wie BR-Reporter Eberhard Stanjek, der in seiner Reporterkabine damals wohl noch keine Fernsehbilder zur Verfügung hatte, äußerst erregt eine klare Fehlentscheidung des Schiedsrichters monierte, der sich erdreistet hatte, einen Bayernspieler des Feldes zu verweisen. Eberhard Stanjek war als Sportjournalist einer der besten seines Fachs, aber es gibt Momente, da behält der Fan die Oberhand über den Journalisten. Und vielleicht korrumpieren viele schöne Europapokalreisen mit dem Lieblingsverein eben doch ein klitzekleines bisschen?

Was lernen wir daraus aus Löwensicht? Einstecken ist besser als Austeilen.

78. GRUND

Weil der TSV 1860 regelmäßig absteigt, wenn in München die Eröffnung eines Großstadions bevorsteht

Regelmäßig ist hier vielleicht nicht das richtige Wort, denn eigentlich wurde in der Geschichte der Stadt München nur zweimal ein Großstadion eröffnet, 1972 das Olympiastadion und 2005 die Fröttmaninger Arena. Doch 1860 stieg beide Male kurz zuvor, in den Jahren 1970 und 2004, aus der Bundesliga ab. Das Muster ist also klar erkennbar. Was daran liebenswert sein soll? Vielleicht das erkennbare Paradox einer inkonsequenten Verweigerungshaltung. Denn eingezogen ist man in die neuen Stadien trotzdem; die Möglichkeit, daraus den bestmöglichen ökonomischen und damit vielleicht auch sportlichen Nutzen zu ziehen, war als Zweitligist jedoch nicht recht gegeben.

In den 1920ern etablierte sich der Sport als Massenbewegung. Die meisten Kommunen trugen dem durch die Errichtung von Großstadien Rechnung, so entstanden beispielsweise in Frankfurt das Waldstadion, in Stuttgart das Neckarstadion, in Köln das Müngersdorfer Stadion und in Hamburg das Volksparkstadion. (Keines dieser Stadien sieht heute noch so aus wie damals, das ist normal. Keines dieser Stadien heißt heute noch so wie damals, das ist bedauerlich.) Diese Stadien waren vor allem Großveranstaltungen vorbehalten, die örtlichen Fußballvereine nutzten weiterhin ihre eigenen Spielstätten und wechselten erst mit Einführung der Bundesliga in die großen Arenen.

Auch in München wurde der Bau eines solchen Stadions in Tages- und Sportpresse immer wieder angemahnt, es kam jedoch nie dazu. Insofern kommt der Eröffnung des zum Stadion ausgebauten Sechzigerplatzes an der Grünwalder Straße im Jahre 1925 ähnliche Bedeutung zu, wie dem Bau der späteren Großstadien, denn dort trugen fortan alle Münchner Erstligisten bis zur Eröffnung des Olympiastadions ihre Spiele aus. Für den TSV 1860 war diese Stadioneröffnung zwar nicht mit einem Abstieg verbunden; Stadionbau und -unterhalt verursachten jedoch Kosten, die dem Verein im Zuge der Weltwirtschaftskrise beinahe das Genick brachen und letztlich zum Verkauf an die Stadt im Jahre 1937 führten.

Nach dem Krieg wurde das Sechzigerstadion bald als zu klein und zu alt empfunden. Es gab Pläne für einen Stadionbau auf dem Oberwiesenfeld, die jedoch erst im Zuge der erfolgreichen Olympiabewerbung für die Spiele von 1972 verwirklicht wurden. Obwohl Kritiker schon bei der Eröffnung bemängelten, das neue Stadion sei trotz aller architektonischen Brillanz nicht wirklich für Fußballspiele geeignet, sollte es natürlich auch den Münchner Profivereinen zur Verfügung stehen. Dem Aufstieg des FC Bayern zur Fußballgroßmacht standen Laufbahn und Weitläufigkeit der Ränge jedenfalls nicht im Wege. Nun waren halt bei großen Spielen statt knappen 40.000 über 70.000 Zuschauer abzukassieren. Und hätte die Vorstandschaft der Löwen auf Basis der Erfolge der Sechzigerjahre eine nachhaltige Erfolgsstrategie entwickelt, anstatt den Verein durch Misswirtschaft in den Abstieg zu treiben, dann hätte auch 1860 von diesen neuen Möglichkeiten profitieren können.

Gut drei Jahrzehnte später fand das Spiel eine Wiederholung. Der gemeinsame Stadionbau mit dem FC Bayern war ohnehin ein für 1860 kaum zu stemmendes Projekt, das möglicherweise unmittelbar zum Abstieg beitrug, weil der Bau Mittel band, die besser in die Verstärkung der Mannschaft geflossen wären. Schwer einzuschätzen, ob sich das Projekt ohne den Abstieg gerechnet hätte. In diesem Fall hätte dem Verein die Arena nach Abzahlung der für den Bau aufgenommenen Kredite zur Hälfte gehört, was keine schlechte wirtschaftliche Basis gewesen wäre. Die Möglichkeit des Abstiegs war in den bestehenden Verträgen jedoch offenbar nicht vorgesehen, was den Verein in eine schwere Finanzkrise stürzte, aus der er bis heute nicht herausgefunden hat.

Chancen zu vergeben, gehört zum Fußball. Auf dem Platz hat dies jedoch selten so schwerwiegende Folgen wie in Fragen der wirtschaftlichen Gesundheit eines Vereins.

79. GRUND

Weil die Löwen sich auf Schnee wohlfühlen

In Zeiten, da Rasenheizungen noch nicht zur verbindlichen Ausstattung eines Bundesligastadions gehörten, waren Bundesligaspiele auf schneebedecktem Rasen durchaus keine Seltenheit. Und die Löwen erwarben sich in den frühen Jahren der Liga den Ruf einer Mannschaft, die mit Schnee besonders gut zurecht kommt.

Diesen Ruf begründete vor allem ein legendäres Spiel aus der ersten Bundesligasaison. Am 7. März 1964, es war der 23. Spieltag, musste der Hamburger SV im Stadion an der Grünwalder Straße antreten. In der Tabelle lagen die Hamburger einige Plätze vor den Löwen; das Hinspiel hatten sie dank dreier Tore von Uwe Seeler deutlich mit 5:0 gewonnen. Max Merkel rüffelte anschließend seine Mannschaft als »Giesinger Knabenchor«.

Doch diesmal kam alles anders. Der Winter hatte sich noch nicht zurückgezogen, der Rasen lag unter einer Schneedecke. Und der Knabenchor kam hoch motiviert aus der Kabine. Bereits nach sieben Minuten führten die Löwen durch zwei Tore von Fredi Heiß mit 2:0. Gert Dörfel verkürzte zwar umgehend, doch bereits in der 16. Minute stellte Rudi Brunnenmeier den alten Abstand wieder her. Dabei sollte es bis zur Pause bleiben, noch war es ein ganz normales Spiel. Doch danach ging es Schlag auf Schlag. Wilfried Kohlars, erneut Rudi Brunnenmeier und dann Hennes Küppers erhöhten bis zur 58. Minute auf 6:1. Das 6:2 durch Uwe Seeler (71.) war nur noch Ergebniskosmetik. In der Schlussviertelstunde langten Küppers, Brunnenmeier und Kohlars jeweils noch einmal hin und am Ende konnten 40.000 Zuschauer ein glorreiches 9:2 bejubeln. Beileibe nicht der einzige Schneewalzer der Löwen, doch dieser sollte besonders in Erinnerung bleiben, denn nie verlor der HSV in seiner Bundesligageschichte höher, nie sollte er mehr Gegentore kassieren.

Lag es wirklich am Schneeboden? Man weiß es nicht, aber es wird gemunkelt, Zeugwart Poldi Bauer habe ein besonderes Talent zur Präparierung schneegängiger Fußballschuhe gehabt.

80. GRUND

Weil bei den Löwen auch mal ein Spieler die Gelbe Karte zeigt

Die Gelbe Karte zur Anzeige der Verwarnung eines Spielers durch den Schiedsrichter kam erstmals bei der Weltmeisterschaft 1970 in Mexiko zum Einsatz und findet seitdem auch im Ligabetrieb Verwendung. Bei Löwen-Fans firmiert die Karte auch unter der Bezeichnung »Gelbes Karton«. Urheber dieser Formulierung war der nur bruchstückhaft Deutsch sprechende Ahmet Glavović, der von 1976 bis 1979 die Liberoposition bei 1860 besetzte. Glavo, so sein Spitzname, ging mit eiserner Härte zu Werke und scheute keinen Zweikampf, was ihm in seiner ersten Saison bei den Löwen sechzehn Gelbe Karten einbrachte. Einen Platzverweis aber konnte er vermeiden. In den beiden folgenden Jahren nahm die Zahl der Karten ab; in der Saison 1978/79 wurde er aber doch einmal des Feldes verwiesen, ironischerweise zu Unrecht nach einem Allerweltsfoul.

1979 kehrte der Jugoslawe in seine Heimatstadt Mostar zurück, wo er fortan ein Café betrieb. In den Kriegen der Neunzigerjahre verlor er seinen ganzen Besitz und begab sich vorübergehend nach München zurück, wo ihn die Löwen-Fans in bester Erinnerung behalten hatten.

Auch andere Löwenspieler gehörten im Laufe der Jahre zu eifrigen Kartensammlern, in Erinnerung blieb im Zusammenhang mit den bunten Kärtchen aber vor allem ein Vorgang, in dem die Verhältnisse umgekehrt wurden. Es geschah am 24. August 1974 im Olympiastadion bei einem Spiel der 2. Liga Süd zwischen 1860 und Mainz 05. Löwenrechtsaußen Georg Metzger sah sich von seinem Gegenspieler, dem Mainzer Verteidiger Herward Koppenhöfer, wiederholt regelwidrig angegangen, ohne dass der Schiedsrichter eine Verwarnung aussprach. Kurz vor der Pause erhielt Metzger, der sich gewehrt hatte, selbst die Gelbe Karte, wurde wenig später von Koppenhöfer erneut malträtiert und fühlte sich nun endgültig in seinem Gerechtigkeitsempfinden verletzt. Die Gelbe Karte lugte gar zu verlockend aus der Tasche des Unparteiischen, der Schorsch schnappte sie sich, um sie Koppenhöfer vor die Nase zu halten. Schiedsrichter Haselberger aus Reutlingen war nicht amüsiert und brachte seinerseits die Rote Karte zum Einsatz. Was Metzger wiederum gar nicht erst abwarten wollte, er begab sich umgehend auf den Weg zur Dusche.

9. KAPITEL

LÖWEN-GESCHICHTEN

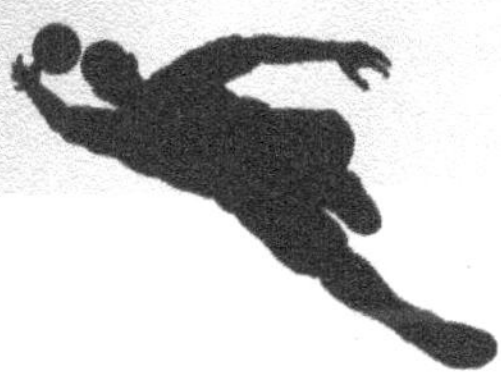

81. GRUND

Weil 1860 ein Verein für James-Bond-Fans ist

Am 16. September 2011 verkündete die Firma H.I. Squared, in deren Händen seit dem Einstieg des Investors Hasan Ismaik die Vermarktungsrechte liegen, als quasi erste Amtshandlung die Akquisition eines neuen Trikotsponsors für den TSV 1860. Es handelte sich um die Automarke Aston Martin.

Irgendwie logisch, denn gelegentlich wird ja behauptet, 1860 sei ein Arbeiterverein. Und bei den Prolls sitzt die Kohle bekanntlich locker und sie sind geil auf schnelle Autos. Oder verdankt sich der Deal der Tatsache, dass Benny Lauth privat einen Aston Martin fährt? Den er auch behalten sollte, denn Dienstwagen für die Spieler aus eigener Produktion gab es bei diesem Sponsor vermutlich nicht angesichts der doch recht teuren Produkte. Vielleicht wollte Aston Martin aber auch nur die James-Bond-Fans unter den Löwen-Anhängern ansprechen? Der britische Superagent bevorzugt ja seit Urzeiten diese Marke.

Intensive Recherchen haben inzwischen ergeben, dass sich hinter den Abenteuern von James Bond in der Tat so etwas wie eine geheime Geschichte des TSV 1860 verbirgt: Da gibt es Dr. No, der immer wieder sein Veto einlegt, wenn die Löwen aufsteigen wollen. Mit Liebesgrüßen aus Moskau kam der Georgier Mate Ghvinianidze nach München, um viel Zeit im Casino Royale zu verbringen. Im Diamentenfieber heuern immer mal wieder Goldfinger bei 1860 an, weil sie glauben, man könne sich dort eine ebenso eingefärbte Nase verdienen. Manchmal, wenn die Löwen richtig gut drauf sind, verwandelt sich der Fußball in einen Feuerball und die Stürmer sind dann treffsicher wie der Mann mit dem Goldenen Colt, sie haben beim Zielen das Golden Eye. Im Geheimdienst Ihrer Majestät wollte Sven-Göran Eriksson für die Löwen tätig werden, kam dann aber doch nicht, weil ihm die Lizenz zum Töten fehlte.

Profifußball ist nichts für Octopussies und schon gar nicht bei den Löwen. Und wenn es besonders schlecht läuft, legt sich der Hauch des Todes über das Stadion. Man lebt nur zweimal, denken sich die Löwen-Fans, wenn das Spiel der Mannschaft mal wieder den Blutdruck nach oben treibt, denn andernfalls könnte der Besuch eines Spiels zur tödlichen Mission werden. Aber es wird alles gut gehen, denn der Morgen stirbt nie (und die Hoffnung zuletzt). Die Welt ist nicht genug, solange 1860 nicht in der 1. Liga spielt, aber eigentlich sind die Ansprüche der Löwen-Fans bescheiden: Sie wollen nicht mehr und nicht weniger als gelegentlich ein Quantum Trost.

82. GRUND

Weil bei 1860 die Kleinsten oft die Größten sind

Es muss in den Achtzigerjahren gewesen sein: die drei Nationalspieler Pierre Littbarski, Thomas Häßler und Manfred Schwabl treten eines Nachts an die Hotelbar. »Drei Kurze«, ergreift Littbarski das Wort. »Das seh' ich«, die lapidare Antwort des Barkeepers. »Aber was wollt ihr trinken?«

Zwei aus diesem Trio, Manni Schwabl und Icke Häßler, trugen später das Trikot des TSV 1860 und das kann kein Zufall sein, setzten sie doch eine Tradition kleiner trickreicher Spieler fort, die Jahrzehnte zuvor begonnen hatte. Schon die Sturmreihe der Endspielmannschaft von 1931 – Ludwig Stiglbauer, Ludwig Lachner, Anton Huber, Otto Oeldenberger, Gustav Thalmeier – wurde später von dem Münchner Fußballjournalisten Michael Steinbrecher als »Liliputaner-Angriff« bezeichnet. Bei Lachner verweist bereits der ihm von Trainer Max Breunig verpasste Spitzname »Pipin« auf seine Körpergröße. Nicht mehr dabei in jenem Endspiel der langjährige Linksaußen der Löwen, Sebastian Gabler, auch er kein Riese von Gestalt.

Die herausragenden »Zwergerl« der Fünfzigerjahre waren Kurt Mondschein, Lieblingsspieler des jungen Franz Beckenbauer, und Ludwig Zausinger. Auch die Meistermannschaft kam mit Željko Perušić nicht ohne einen kleinen Spieler aus. In den Siebzigern wirbelten Anton Nachreiner, heute Richter und Vorsitzender des DFB-Kontrollausschusses, und mit Ivica Senzen ein weiterer Jugoslawe auf dem Flügel, und auch der Österreicher Sepp Stering gehörte normalerweise zu den kleinsten Spielern auf dem Platz. In den Bayernligajahren entwickelte sich Peter Zeiler zum Publikumsliebling, wegen einer gewissen Ähnlichkeit mit einem damals populären Tennisspieler mitunter auch »Löwen-Boris« genannt. Nicht zu vergessen aus jener Zeit auch Armin Störzenhofecker, ein Kilometerfresser in bester Perušić-Tradition. Und dann kamen die bereits erwähnten Manni Schwabl und Thomas Häßler.

Man sieht, bei 1860 gehören die Kleinen zu den Größten. Der kleinste Spieler der letzten Jahre war Daniel Halfar, mit 1,73 Meter fast schon ein Riese unter den Zwergen, der inzwischen den Verein verlassen hat. Zum Bundesligaaufstieg wird aber möglicherweise ohnehin ein Spieler benötigt, bei dem eine Sechs nach dem Komma steht.

83. GRUND

Weil die Löwen die Haare schön haben (wollen)

Ein Charakteristikum zumindest des männlichen Löwen ist seine prächtige Mähne. Insofern war es schon sein volles Haupthaar, das Werner Lorant für den Trainerjob bei 1860 prädestinierte. Betrachtet man Bilder von Löwenspielern durch die Jahrzehnte, so wird man allerdings kaum bemerkenswerte Frisurkreationen finden. Die Meister von 1966 waren alle noch brave geschnitten und gescheitelt, keine Pilzköpfe oder gar Hippies weit und breit. Später wurden die Haare natürlich länger, auch bei Löwenspielern mag die eine oder andere Vokuhila dabei gewesen sein, insgesamt aber wenig Besonderheiten.

Deshalb soll es an dieser Stelle auch weniger um volles Haupthaar als vielmehr das Verschwinden desselben gehen, welches den Löwen einmal erhebliche Probleme bereitete. Im Winter 2004 verpflichtete 1860 Nemanja Vučićević, einen technisch beschlagenen und trickreichen Mann für die Außenbahn. In der Saison 2005/06 eroberte er sich zunächst einen Stammplatz, musste dann aber für einige Spiele auf der Ersatzbank Platz nehmen. Am 4. November 2005 kam er in Burghausen in der 72. Minute beim späteren Endstand von 2:0 für 1860 als Einwechselspieler aufs Feld.

Zwei Wochen später wurde bekannt, dass der Serbe nach dem Spiel in Burghausen positiv auf Finasterid getestet worden war, ein gegen Haarausfall eingesetztes Mittel, das auf der Dopingliste steht, weil es auch zur Verschleierung verbotener leistungsfördernder Substanzen verwendet werden kann. Vučićević verwies durchaus glaubhaft darauf, seine Freundin – sie wollte eben einen Löwen mit Mähne – sei über die zunehmende Ausweitung seiner Geheimratsecken nicht glücklich gewesen, weshalb er zu dem besagten Mittel gegriffen habe, ohne sich über das bestehende Verbot im Klaren gewesen zu sein. Das DFB-Sportgericht sperrte ihn dennoch für sechs Monate, denn das illegale Mittel war ja nun mal nachgewiesen worden und die Motivation für die Einnahme ist juristisch unerheblich.

Das Spiel hätte aber dennoch wie gespielt gewertet werden können, denn der späte Einsatz von Vučićević hatte keinen Einfluss auf das Endergebnis gehabt, wie auch die Burghausener zugestanden. Sie legten aber dennoch Protest ein, das Sportgericht verfügte immerhin keinen Punktabzug sondern nur ein Wiederholungsspiel. Das dann aber natürlich, alles andere wäre einem Wunder gleichgekommen, von Burghausen gewonnen wurde.

Nach dem ursprünglichen Sieg in Burghausen stand 1860 auf Platz 2, im nächsten Spiel rückte man an die Tabellenspitze. Am

Saisonende stand Platz 13 zu Buche, und man darf vermuten, dass die Dopingaffäre durchaus einen Beitrag zu diesem Absturz leistete. Ein hoher Preis für ein bisschen jugendliche Eitelkeit.

Vučićević kehrte nach Ablauf seiner Sperre in die Mannschaft zurück und trat fortan nur noch mit Vollglatze auf. Hatte er eine neue Freundin gefunden oder hatte die alte ihre Einschätzung der Attraktivität einer vollen Haarpracht geändert?

84. GRUND

Weil die Seele des Vereins im Löwenstüberl zu Hause ist

Die Frage, ob Fußballvereine eine Seele haben, ist von ähnlich transzendentaler Bedeutung wie die Frage nach der Existenz des Fußballgotts. Setzen wir die Existenz dieser Seele einfach mal voraus, wo aber wäre sie dann wohl anzusiedeln? Fans des FC Bayern würden dies vermutlich in der Person ihres langjährigen Managers und jetzigen Präsidenten tun; die Seele des BVB 09 dürfte über dem Dortmunder Borsigplatz schweben, die des VfL Wolfsburg hingegen an einem Fließband im örtlichen VW-Werk residieren oder in der Chefetage des Konzerns.

Begeben wir uns also auf die Suche nach der Seele des TSV 1860. Sie muss in Giesing zu finden sein, so viel steht fest. Wohnt sie in der seit 1966 weitgehend unveränderten Heimkabine des Stadions an der Grünwalder Straße? Vielleicht, aber mit letzter Sicherheit lässt sich das nicht sagen. Wir ziehen also weiter und gelangen zum Trainingsgelände an der Grünwalder Straße 114. Hier kann man Experten befragen und nicht wenige dieser Experten bekunden, die Seele des Vereins sei in einem kleinen Flachdachbau am Eingang des Geländes beheimatet. In diesem Bau befindet sich eine Gaststätte namens »Löwenstüberl« und wenn wir der Seele ein Gesicht geben wollen, dann wäre dies wohl Christl Estermann, die Mitte der Neunzigerjahre von Karl-Heinz Wildmoser mit der Bewirtung des Stüberls betraut wurde und die dem in den Siebzigerjahren als Kiosk entstandenen Bau sein heutiges Erscheinungsbild gegeben hat.

Das Löwenstüberl dient als Treffpunkt für alle, die auf dem Trainingsgelände, wo sich ja auch die Geschäftsstelle befindet, zu tun haben. Werner Lorant besetzte jahrelang einen Stammplatz links neben der Theke und hielt dort Hof für Journalisten und Fans. Dem Vernehmen nach musste er wegen seiner Verdienste um den Verein nie bezahlen, was insofern erstaunlich ist, als sein Gehalt damals so bemessen gewesen sein dürfte, dass es für viele »Exbressos« und auch das eine oder andere Schnitzel gereicht haben dürfte. Auch Lorants Nachfolger und Spieler aller Generationen ließen und lassen sich dort verpflegen, das Lorant'sche Privileg bleibt ihnen allerdings vorenthalten.

Für Reporter ist das Stüberl unverzichtbar, wie sonst sollten sie die ewig langen, oft bis tief in die Nacht reichenden Wartezeiten überstehen, wenn sich die Vereinsgremien im Sitzungsraum der Geschäftsstelle um die Bewältigung der letzten Krise bemühen. Und für die natürlich auch bei 1860 reichlich vorhandenen Kiebitze wäre der regelmäßige oder gelegentliche Besuch beim Training unvollständig ohne auch noch bei der Christl vorbeizuschauen. Unter den älteren Herren, die sich regelmäßig versammeln, befinden sich »die besten Trainer der Welt«, wie Ulla Hoppen von den Löwen-Fans gegen Rechts es einmal formulierte (zitiert nach: www.journalistenakademie.de/dossierbeitrag.php?b=1245). Die familiäre Atmosphäre bei der Christl ist angeblich sogar geeignet, rote Fremdgänger anzulocken, die nach der Trainingsbeobachtung an der Säbener Straße für Speis und Trank lieber an der Grünwalder Straße vorbeischauen.

Mit der Seele des Vereins muss man vorsichtig umgehen. Geschieht dies nicht, dann kann es zu größeren Gefühlsaufwallungen kommen. So geschehen im August 2012, als der Verein per Presseerklärung verkündete, Christl Estermann werde sich in den verdienten Ruhestand begeben. Dies war jedoch keineswegs im Sinne der streitbaren Wirtin, die im Sommer 2013 einen runden Geburtstag jenseits der Renteneintrittsalters feierte. Erst ein von Präsident Dieter Schneider moderiertes Krisengespräch brachte die Lösung in Gestalt eines unbefristeten Pachtvertrags. Vom am Wochenende anstehenden wichtigen Auswärtsspiel beim 1. FC Kaiserslautern war in jenen Tagen kaum die Rede. Der bei 1860 ganz normale Wahnsinn. Passend dazu hat die Seele des Vereins das Besondere an diesem Verein in einem weisen Satz auf den Punkt gebracht: »Das ist halt anders als woanders.« (*tz-online*, 27. August 2012)

85. GRUND

Weil 1860 der Verein der brüderlichen Liebe ist

Der TSV 1860 begann seine Existenz bekanntlich als Turnverein und unter Turnern ist es üblich, die Mitstreiter als Turnbrüder und Turnschwestern zu bezeichnen. Kein Wunder also, dass auch bei den Sechziger-Fußballern einige Brüderpaare in Erscheinung traten. Das erste waren die beiden Wiener Ludwig und Heini Spanier, der eine Stürmer, der andere Torwart, die etwa um das Jahr 1904 bei der noch jungen Fußballabteilung anheuerten, allerdings wohl nur für recht kurze Zeit blieben.

Nach Jahren sportlicher Mittelmäßigkeit konnten die Löwen im Sommer 1938 endlich mal wieder mit namhaften Verstärkungen aufwarten. Aus Fürth kamen die Gebrüder Karl und Ludwig Janda. Karl war der ältere, Ludwig der talentiertere. Die beiden entstammten einer Familie mit insgesamt fünf fußballspielenden Brüdern. Ludwig Janda gehörte zur Pokalsiegermannschaft vom November 1942, zusammen mit Heinz Krückeberg und Ernst Willimowski bildete er den vermutlich stärksten Innensturm, den die

Löwen jemals hatten. Auch Sepp Herberger war auf ihn aufmerksam geworden, nur der Krieg verhinderte wohl eine größere internationale Karriere. In den letzten Kriegsjahren spielte er auch für den Luftwaffensportverein Hamburg.

1945 waren die Brüder wieder bei 1860 vereint und spielten gemeinsam in der Oberligamannschaft. Im Dezember 1945 stieß mit Albert ein weiterer Janda-Bruder zu diesem Duo, der jedoch nur kurze Zeit bei 1860 blieb. Karl absolvierte sein letztes Oberligaspiel im September 1947. Ludwig wechselte im Herbst 1949 als erster deutscher Fußballspieler nach Italien, wo er bis 1954 spielte, zunächst für den AC Florenz, dann für den AC Novara. Nach dem Ende seiner aktiven Laufbahn arbeitete er als Trainer in Deutschland.

Seit der ersten Oberligasaison 1945/46 gehörte auch Fritz »Buale« Sommer zu den Mannschaftskameraden der Janda-Brüder. Der vielseitig einsetzbare Abwehrspieler spielte bis 1958 für die Löwen, kein anderer Sechziger hat mehr Oberligaspiele auf dem Buckel. Auch er schaffte es in Sepp Herbergers legendäres Notizbuch und wurde 1953 in einem B-Länderspiel gegen Spanien eingesetzt. Die Hoffnungen, vielleicht den Kader für die Weltmeisterschaft 1954 zu erreichen, erfüllten sich nicht, wohl auch, weil die Löwen im selben Jahr abgestiegen waren und in der Saison 1953/54 nur zweitklassig spielten. Fritz Sommer hatte einen Bruder namens Arnold, der von 1948 bis 1951 in insgesamt vierzehn Oberligaspielen für die Löwen zum Einsatz kam.

Unsere letzten Löwenbrüder sind die Zwillinge Lars und Sven Bender, wohl die größten Talente, die der Verein in den letzten Jahren, wenn nicht überhaupt, hervorgebracht hat. Die beiden begannen beim TSV Brannenburg und wechselten nach einem Intermezzo bei der SpVgg Unterhaching 2002 zu den Löwen. Mit der B-Jugend wurden sie 2006 Deutscher Meister, mit der deutschen U19-Nationalmannschaft 2008 Europameister, wobei Lars im Endspiel gegen Italien das 1:0 erzielte. Direkt nach der B-Jugendmeisterschaft rückten die beiden schon mit 17 Jahren in den Profikader der Löwen auf. Noch drei Jahre blieben sie dem Verein erhalten. Die Hoffnungen, mit den beiden in die Bundesliga einzuziehen und sie dann vielleicht halten zu können, erfüllten sich nicht. Im Sommer 2009 wechselte zunächst Sven zu Borussia Dortmund, kurz darauf zog es Lars zu Bayer Leverkusen. Der Rest ist bekannt.

Löwen-Fans verfolgen ihre Karriere mit großer Aufmerksamkeit, freuen sich über jedes Länderspiel und andere sportliche Erfolge, und hoffen, dass die beiden die Vorgabe der Toten Hosen beachten und nie zum FC Bayern gehen werden. Dahinter steht natürlich auch die heimliche Hoffnung, die beiden vielleicht doch noch einmal in der Bundesliga im Trikot mit dem Löwen sehen zu können.

86. GRUND

Weil man bei 1860 ein Herz für Österreicher hat

Laut amtlicher Statistik waren am 31. Dezember 2011 21.056 Menschen mit österreichischer Staatsbürgerschaft in München gemeldet. Sie bilden die fünftgrößte Ausländergruppe in der Stadt, wobei aus Kroatien, Griechenland und Italien nur unwesentlich mehr Mitbürger registriert sind, einzig die Türkei stellt ein substanziell größeres Kontingent. Österreicher zieht es also in die bayerische Landeshauptstadt; kein Wunder, dass sie auch unter den Spielern, die einmal das Trikot des TSV 1860 trugen, in großer Zahl vertreten sind.

Der erste Wiener kam bereits im Jahre 1904. Er hieß Karl Schwarz und war, so die Festschrift zum 30-jährigen Bestehen der Fußballabteilung, »ein unansehnlicher, krummbeiniger Junge – aber den Fußball spielte er«. Offenbar war er aus beruflichen Gründen nach München gekommen, »doch er spielte viel lieber Fußball und Billard, als seine Stellung bei Hirschberg & Co. gut auszufüllen«. Er kehrte bald in seine Heimat zurück, doch es kamen »neue Talente aus Wien«, die Brüder Ludwig und Heini Spanier. »Ersterer ein schussgewaltiger Stürmer, letzterer ein Torwart von seinerzeit nie gesehener Güte. Er fing damals schon alles mit den Händen und ging auch mit Robinsonaden zu Boden.« Die Festschrift erwähnt für das Jahr 1912 auch den Wiener »Klassefußballer« Adolf Riebe, der aber nur ein ganz kurzes Gastspiel bei 1860 gegeben haben kann. In der zeitgenössischen Presse sind keine Einsätze erwähnt und bereits im selben Jahr taucht er bei der SpVgg Fürth auf, mit der er 1914 Deutscher Meister wurde.

Nach dem 1. Weltkrieg schloss sich mit Robert Hönig ein Verteidiger vom Wiener SK den Löwen an. Von 1920 bis 1923 gehörte er zu den Stützen der ersten Mannschaft. Im Sommer 1938 kam Eduard »Edi« Kainberger vom Salzburger AK zu 1860, er war Torwart; im November 1940 konnte man den Rechtsaußen Walter Staudinger begrüßen, der in Wien für Wacker und Rapid gespielt hatte. Beide spielten etwa zwei Jahre lang einigermaßen regelmäßig für 1860, bevor sie in den Krieg mussten. Während des Krieges stießen noch zwei weitere Wiener namens Aicher und Lackner für kurze Zeit zu den Löwen.

Dann dauerte es bis 1970, bis wieder ein Österreicher bei den Löwen anheuerte. Als Radenković-Nachfolger stand Gernot Fraydl für ein Jahr im Löwentor. Ebenfalls nur ein Jahr, die Saison 1973/74, blieb der Mittelfeldspieler Erwin Hohenwarter; immerhin zwei Jahre schaffte Josef »Sepp« Stering, ein kleiner, flinker Stürmer, der es von 1978 bis 1980 auf 66 Pflichtspieleinsätze brachte.

Dann erneut eine mehr als ein Jahrzehnt währende Zeit ohne Österreicher bei 1860. Doch in der Saison 1993/94 half Peter Pacult, die Sechziger in die Bundesliga zu schießen. Vom Pa-kult wird in diesem Buch an anderer Stelle berichtet. Im Winter 1996 kam dann Harald Cerny, der in insgesamt 238 Bundesligaspielen die rechte Seite bei den Löwen besetzte und damit zum Bundesligarekordspieler des Vereins avancierte. Im Herbst 1997 waren Christian

Prosenik und Marcus Pürk mit Rapid Wien im UEFA-Cup gegen 1860 angetreten, im Sommer 1999 holte Werner Lorant sie nach München. Prosenik kam nie recht zum Zuge und blieb nur anderthalb Jahre, auch Pürk wurde nie Stammspieler, blieb aber bis 2004. Markus Weissenberger wurde 2001 geholt und sollte als Nachfolger von Thomas Häßler aufgebaut werden. Das war ein anspruchsvolles Verlangen, doch Weissenberger kam immerhin auf 90 Pflichtspiele und ohne den Bundesligaabstieg wären es wohl noch mehr geworden.

Inzwischen war 1860 dazu übergegangen, talentierte Spieler aus Österreich für die Nachwuchsmannschaften zu verpflichten. Martin Stranzl schaffte als erster den Sprung in die Profimannschaft, ihm folgten später Julian Baumgartlinger und Moritz Leitner (der auch einen deutschen Pass hat). Philipp Hosiner verließ die Löwen, bevor er die erste Mannschaft erreichte und wurde später bei der Wiener Austria Torschützenkönig der österreichischen Liga.

Auch unter den Trainern des TSV 1860 spielten Österreicher eine bedeutende Rolle. Der erste von ihnen war Richard Dombi, der die Mannschaft von August 1928 bis Ende 1929 betreute. Mehr über ihn an anderer Stelle. Der nächste war Josef Molzer, der in der Saison 1951/52 das Zepter bei den Löwen schwang. In den Sechzigerjahren folgte der erfolgreichste von allen, Max Merkel, der im nächsten Jahrzehnt noch einmal für kurze Zeit und mit entschieden weniger Erfolg zurückkehrte. Dazwischen hatte Franz »Bimbo« Binder in der Saison 1969/70 ab November vergeblich versucht, den Abstieg zu verhindern; der Karren steckte schon zu tief im Dreck, als er den Job übernahm.

Peter Pacult trat im Oktober 2001 die Nachfolge von Werner Lorant auf dem Trainerposten an und wurde im März 2003 recht kurz entschlossen entlassen. Und dann war da noch Walter »Schoko« Schachner, von dem sich die Löwen bei seinem Amtsantritt im Januar 2006 nicht weniger als den Aufstieg in die Bundesliga erhofften. Es gelang nicht. Versuchte Schachner anfangs noch mit einer »Schoko-Tabelle« zu belegen, wie sich die Bilanz unter ihm verbessert hatte, so verfing diese Strategie bald nicht mehr. Nach nur vierzehn Monaten musste er seinen Hut nehmen.

Im Sommer 2014 stieß mit Rubin Okotie ein wahrhaft internationaler Österreicher zu den Löwen. Der Sohn eines Nigerianers und einer Österreicherin kam im pakistanischen Karatschi zur Welt und verbrachte die ersten vier Jahre seines Lebens in Barcelona. Als Spieler war er bereits in Österreich, Deutschland, Belgien und Dänemark tätig gewesen. Während das Team in der Saison 2014/15 nur schwer in die Gänge kam, schoss er Tor um Tor und schaffte die Rückkehr ins Nationalteam seines Landes. Ein Lichtblick in einer Spielzeit, die sich wenig erfreulich anließ. Mit Michael Liendl erhielt Okotie in der folgenden Saison Unterstützung durch einen Landsmann.

»Einmal der Gigl, einmal der Gogl«, sagt man in Österreich. So ist's auch mit den Österreichern bei den Löwenfußballern. Manche wurden zu Helden, bei manchen hat's halt nicht ganz so gut geklappt.

87. GRUND

Weil im Glockenspiel der weiß-blaue Ritter siegt

Das Glockenspiel am Rathaus auf dem Marienplatz gehört zu den bekanntesten Touristenattraktionen Münchens. Das größte Glockenspiel Deutschlands stellt zwei Ereignisse aus der Münchner Stadtgeschichte dar, den Tanz der Schäffler und die Hochzeit des Herzog Wilhelm V. mit Renate von Lothringen im Februar 1568. Der Schäfflertanz ist nicht nur Bestandteil des Glockenspiels, sondern kommt heute noch alle sieben Jahre in München zur Aufführung. Er soll daran erinnern, dass die Fassmacher sich nach einer Pestepidemie als Erste wieder in der Öffentlichkeit zeigten, um mit ihrem Tanz die Bevölkerung zu ermutigen.

Anlässlich der Fürstenhochzeit fand auf dem Marienplatz ein großes Ritterturnier statt. In der Darstellung im Glockenspiel reiten ein blauweißer und ein rotweißer Ritter mit ihren Lanzen in der Hand aufeinander zu. Der blaue Ritter trifft den roten, der nach hinten kippt und im richtigen Leben wohl vom Pferd gefallen wäre. Die Ritter symbolisieren zweifelsfrei die beiden großen Münchner Fußballvereine und somit dürfte klar sein, wer auf dem Marienplatz das historische Vorrecht hat.

88. GRUND

Weil die Löwen auch in der Drittklassigkeit Zuschauerrekorde aufstellten

Die erste Bayernligasaison nach dem Zwangsabstieg diente dazu, sich neu zu sortieren, in der zweiten wollten die Löwen angreifen. Doch der Saisonstart misslang, sechs Unentschieden in den ersten acht Saisonspielen waren entschieden zu viele, und die SpVgg Fürth schien bereits im Herbst uneinholbar enteilt. Bernd Patzke löste Kurt Schwarzhuber als Trainer ab. Nach Weihnachten wurde es besser und die Löwen hatten die Fürther wieder in Sichtweite, als diese am 19. April 1984 an der Grünwalder Straße erschienen. Gründonnerstagabend, das Flutlicht strahlte, und 31.000 Zuschauer im ausverkauften Stadion erhofften sich ein Fußballfest. Sie sollten nicht enttäuscht werden.

Die Löwen legten los wie die Feuerwehr und schon in der 3. Minute erzielte Andy Löbmann den Führungstreffer. Nach einer Viertelstunde verwandelte Paul Schönwetter einen Foulelfmeter; Jürgen Korus, Erich Beer und noch einmal Löbmann erhöhten bis zur Pause auf 5:0. Die zweite Hälfte verlief weniger turbulent, doch Kurt Eigl stellte in der 80. Minute auf 6:0, bevor die Fürther zum Ehrentreffer kamen.

Sicherlich das beste Spiel einer Löwenmannschaft in der Bayernliga. Die Fürther erholten sich von dieser Schlappe nicht mehr und 1860 beendete die Saison als Meister. Die Erinnerung an die nachfolgende Aufstiegsrunde haben die meisten Löwen-Fans, die dabei waren, von ihrer internen Festplatte gelöscht.

Die Zuschauerzahl bedeutete Rekord für die damaligen Amateur-Oberligen und dieser Rekord wurde bis zur Einführung der neuen Regionalligen im Jahre 1994 nur noch einmal erreicht, natürlich von den Löwen, wie könnte es anders sein.

In der Saison 1989/90 hatten sich die Löwen unter Trainer Karsten Wettberg wieder durch eine lange Erfolgsserie noch an einen bereits entschwunden geglaubten Kontrahenten herangearbeitet. Im letzten Saisonspiel am 11. Mai 1990 konnte man mit einem Sieg den 1. FC Schweinfurt 05 doch noch überholen. Ein Freitagabend, wieder ein Flutlichtspiel, wieder vor ausverkauftem Stadion, das heißt 31.000 Zuschauern. Libero Walter Hainer brachte die Löwen per Foulelfmeter unmittelbar vor der Pause in Führung, Bernhard Winkler glich für die von Werner Lorant trainierten Schweinfurter nach einer Stunde aus. Etwa zehn Minuten später die erneute Löwenführung durch Roland Kneißl, fast im Gegenzug Elfmeter für Schweinfurt und Ausgleich. Und wieder nur Minuten später gar die Führung für die Gäste nach einem Patzer des ansonsten überragenden Hainer. Doch Reiner Maurer glich für die Löwen aus und noch waren etwa zehn Minuten zu spielen. Es reichte nicht mehr, die 05er retteten sich ins Ziel. Vielleicht nicht das beste Bayernligaspiel einer Löwenmannschaft, aber vermutlich das beste Spiel, an dem die Löwen in der Bayernliga beteiligt waren, weil in diesem Spiel beide Teams hochklassigen Fußball boten und das Spiel an Dramatik kaum zu überbieten war.

Doppelte Rekordkulisse, zwei magische Bayernliganächte.

89. GRUND

Weil die Löwen die Toten Hosen in die Arena brachten

Das Aufstiegsspiel der zweiten Mannschaft des TSV 1860 am 4. Juni 2013 in der Münchner Arena darf in mehrfacher Hinsicht als historisch gelten. 1860 war der erste Verein, der mit der zweiten Mannschaft an die Tür zur eingleisigen 3. Liga klopfte. Noch nie hatten sich in München 14.500 Zuschauer zu einem Viertligaspiel eingefunden. Und das Spiel war eigentlich schon zwei Tage zuvor angesetzt gewesen, musste aber verschoben werde, da die Drainage in der Arena der gewaltigen Wassermassen nicht Herr wurde, die in diesen Tagen über München niedergingen. Der erste Spielausfall in der Geschichte des 2005 eröffneten Stadions.

Historisch aber vor allem das in der Pause angebotene Musikprogramm. Gespielt wurde nämlich »Bayern« von den Toten Hosen mit dem berühmten Refrain »Wir würden nie zum FC Bayern München gehen!« Der Song war bei Spielen der Profis von 1860 noch nie gelaufen, wurde also mit ziemlicher Sicherheit bei dieser Gelegenheit zum ersten Mal in der Arena zu Gehör gebracht.

Nicht endgültig verifiziert werden konnte hingegen, ob es sich bei dem von den Fans dargebotenen Gesang »Steht auf, wenn ihr Steuern zahlt« ebenfalls um eine Premiere handelte.

10. KAPITEL

NOCH MEHR LÖWEN-GESCHICHTEN

90. GRUND

Weil bei 1860 auch die 2. Liga nicht vor Länderspielberufungen schützt

Der TSV 1860 hat in seiner langen Geschichte eine Reihe von Nationalspielern gestellt. Die ungewöhnlichste Berufung war sicher die von Ferdinand Keller, denn der spielte mit den Löwen in der 2. Liga Süd, als er zu seinem ersten und leider auch einzigen Nationalelfeinsatz kam.

Der Ferdl, wie er allgemein genannt wurde, kam aus Pasing im Münchner Westen, erlernte dort das Bäckerhandwerk und spielte für die TSG Pasing. Bereits Mitte der Sechzigerjahre war er kurz bei den Löwen, traute sich den Sprung in die erste Mannschaft jedoch noch nicht zu und ging zurück zu seinem Stammverein. 1969 heuerte er erneut bei 1860 an, um 1970 nach dem Abstieg zu Hannover 96 zu wechseln. Ab 1972 trug er wieder das Trikot mit dem Löwen und erzielte in vier Spielzeiten jeweils über zwanzig Tore für seinen Lieblingsverein. Woher wissen wir, dass 1860 sein Lieblingsverein war? Als er 1975 seinen Vertrag verlängerte, schlug er ein Angebot des FC Bayern aus und nannte dafür folgende Begründung: »Als Bua war ich scho a Sechzger, da koa i ned einfach nüber zau de andern.«

Mit der erhofften Rückkehr in die Bundesliga klappte es in all den Jahren nicht, seine beständigen Leistungen und seine sensationelle Torquote brachten ihm jedoch nicht nur das erwähnte Angebot des Lokalrivalen ein, sondern auch eine Berufung in die B-Nationalmannschaft des DFB, für die er am 11. März 1975 bei einem 0:1 in Dublin gegen die irische A-Mannschaft debütierte. Am 2. September 1975 erzielte er in einem B-Länderspiel gegen Österreich nach einer halben Stunde das 1:0 für die deutsche Mannschaft, wurde aber schon in der 58. Minute ausgewechselt. Keineswegs wegen einer schwachen Leistung, sondern weil ihn Helmut Schön spontan ins Aufgebot für das am folgenden Tag in Wien stattfindende Spiel der A-Mannschaften berufen hatte. In der 70. Minute durfte er für den Gladbacher Hacki Wimmer im Praterstadion auf den Platz und leistete so seinen Beitrag zu einem deutschen 2:0-Sieg.

Nach dem erneut verpassten Aufstieg waren bei 1860 im Sommer 1976 Sparmaßnahmen angesagt und Ferdl Keller wechselte zum Hamburger SV, mit dem er gleich in seiner ersten Saison den Europapokal der Pokalsieger gewann.

91. GRUND

Weil Piotr Nowak die Löwen aus dem Bundesligakeller rettete

Der Bundesligastart 1994/95 war daneben gegangen, Aufsteiger 1860 München suchte verzweifelt nach Verstärkungen, um den Kader bundesligatauglich zu machen. Und Präsident Karl-Heinz Wildmoser wurde fündig. Vom FC Tirol Innsbruck kam Manni Schwabl und beim 1. FC Kaiserslautern gelang es mit Piotr Nowak einen Mittelfeldspieler loszueisen, dessen Talente man auf dem Betzenberg nicht richtig einzuschätzen wusste. Nowak war genau das, was die Löwen brauchten. Ein technisch exzellenter Spielgestalter, der das spielerische Element in die Mannschaft brachte.

Nowak galt wegen eines deutschen Großvaters als Fußballdeutscher und besetzte keine Ausländerstelle. In seiner Zeit bei Dynamo Dresden, bevor er nach Kaiserslautern wechselte, firmierte er gelegentlich auch als Peter Keller, was für einige Verwirrung sorgte. Keller war der Name des besagten Großvaters. International trat er jedoch für Polen an und brachte es bis zum Kapitän der Nationalmannschaft.

Länderspielreisen erfüllten Löwen-Fans jedes Mal mit Sorge, schienen sie doch regelmäßig eine gewisse Unzufriedenheit mit seiner Situation bei 1860 zu wecken, woraufhin von Abwanderungsgelüsten zu hören war. Präsident Wildmoser unternahm allerlei Anstrengungen, um den Unverzichtbaren zu halten, und bis zum Ende des Jahres 1997 gelang dies auch. Dann wechselte der Pole in die amerikanische Profiliga, wo er seine Karriere mit einigen Titelgewinnen krönte und danach erfolgreich als Trainer arbeitete.

Vermutlich der beste Löwenspieler der Neunzigerjahre, sicherlich der wichtigste Transfer dieser Periode, denn ohne ihn wäre es möglicherweise nicht gelungen, den Verein wieder in der Bundesliga zu etablieren.

92. GRUND

Weil es die Löwen-Fans gegen Rechts gibt

Das Fußballstadion ist keine Insel der Glückseligkeit. Dort versammeln sich Menschen, die einen breiten Querschnitt durch die ganze Gesellschaft repräsentieren. So nimmt es nicht wunder, dass sich darunter auch Menschen befinden, die politische Anschauungen und Meinungen vertreten, die mit dem vom Grundgesetz dieser Republik garantierten Schutz der Menschenwürde nicht vereinbar sind. Diese Anschauungen mögen rassistischer, fremdenfeindlicher, sexistischer und homophober Natur sein; ihre Anhänger mögen sie, wenn sie schon nicht davon lassen können, in den eigenen vier Wänden pflegen. Keinesfalls aber haben sie einen Anspruch darauf, damit im Stadion hausieren gehen zu dürfen; im Gegenteil, Fußballfans können und sollten einen Anspruch darauf erheben, mit derlei Unfug beim Besuch eines Fußballspiels nicht behelligt zu werden. Gar nicht zu reden von den Spielern, die mit vollem Recht darauf pochen können, bei der Ausübung ihres Berufs nicht rassistisch beleidigt zu werden, auch wenn sie ihren Beruf im Stadion ausüben, wo es nun mal nicht nur dezent und gesittet zugeht.

Eigentlich sollte es zu den vornehmsten Pflichten von Fußballvereinen gehören, dafür zu sorgen, dass es in ihren Stadien nicht zu Aktionen kommt, in denen sich die oben aufgeführten Anschauungen manifestieren. Genauso wenig sollten sie damit einverstanden sein, dass sich auf den Rängen Gruppen versammeln, die den Fußball dazu benutzen, junge Leute für Bewegungen und Aktivitäten zu rekrutieren, die nicht durch die Verfassung gedeckt sind und nicht den Schutz der Menschenwürde zum Ziel haben. Dies sollte umso mehr für einen Verein wie den TSV 1860 München gelten, dessen Vergangenheit durch braune Flecken verunstaltet ist.

Leider hat es sehr lange gedauert, bis vom Verein so etwas wie ein Bekenntnis zu dieser Verpflichtung zu erhalten war. Umso wichtiger die Tätigkeit einer Gruppe von Anhängern und Stadionbesuchern, die unter dem Namen »Löwen-Fans gegen Rechts« bekannt wurden. Ein Transparent, auf dem genau diese Worte zu lesen waren, wurde einst von einigen Fans im Olympiastadion präsentiert, denen die im Fanblock immer wieder zu hörenden rechtsextremen Parolen auf die Nerven gingen. Es entstand ein lockerer Zusammenschluss, der sich die Bekämpfung solcher Umtriebe im Stadion zum Ziel machte und sich auch sonst mitunter in diesem Sinne in die Vereinspolitik einmischen wollte. Die »Löwen-Fans gegen Rechts« sind kein Verein, keine Fanclub, sie sind einfach ein unverzichtbarer Teil der Fanszene.

Anfangs stießen die Bemühungen der »Löwen-Fans gegen Rechts«, den Verein zu Maßnahmen gegen Nazis auf den Tribünen zu bewegen, auf keinerlei Resonanz. Das Problem wurde unter Karl-Heinz Wildmoser schlichtweg ignoriert. Inzwischen hat sich die Lage gebessert. Der Verein betrachtet die Aufarbeitung der eigenen Vergangenheit nicht mehr als Nestbeschmutzung, in Stadionordnung und Vereinssatzung stehen nun die richtigen Paragrafen. Das Problem ist damit allerdings nicht verschwunden, denn noch immer versammelt sich im Fanblock auch eine Gruppe von Rechtsextremen und Neonazis. Das Problem mag bei 1860 nicht größer sein als bei anderen Vereinen, aber das enthebt nicht von der Pflicht zur Wachsamkeit. Jener Idealzustand, der die Existenz einer Fangruppierung, die dies leistet, überflüssig machen würde, ist bei weitem nicht erreicht. Weshalb der Verein dankbar sein sollte, dass die »Löwen-Fans gegen Rechts« in ihrer Wachsamkeit nicht nachlassen. Auch wenn natürlich jeder einzelne Stadionbesucher aufgefordert ist, gegen rassistisches und ähnliches Verhalten, gegen rechtsextreme Parolen und gegen das Zeigen rechtsextremer Symbolik vorzugehen.

Schön zu wissen, das die Aktivitäten der »Löwen-Fans gegen Rechts« immerhin eine hohe Würdigung erfahren haben: Im Jahre 2009 wurden sie mit dem Julius-Hirsch-Preis geehrt, mit dem der DFB Personen und Organisationen auszeichnet, die sich im Fußball in besonderer Weise für Freiheit und Toleranz eingesetzt haben.

93. GRUND

Weil das Sechzigerstadion keine perlbrombeer-violetten Sitzschalen erhält

Im März 2013 war in der Münchner Presse zu lesen, die im Zuge der Generalüberholung des Stadions an der Grünwalder Straße neu anzubringenden Tribünensitze sollten eine perlbrombeer-violette Farbe erhalten. Sitze, die an eine Schokoladenkuh erinnern, im altehrwürdigen Sechzigerstadion? Eine merkwürdige Vorstellung, die jenen Verein auf den Plan rief, dem ein nicht unerhebliches Verdienst daran zukommt, dass das Stadion auf Giesings Höhen immer noch als Fußballplatz zur Verfügung steht.

Mit dem Umzug der Löwen ins Olympiastadion geriet das alte Stadion an der Grünwalder Straße 1995 in eine ernsthafte Existenzkrise. Stadtpolitiker machten sich vermehrt Gedanken darüber, ob man die vom Stadion belegte Fläche nicht in anderer Form nutzen sollte. Viele Fußballfans, darunter natürlich vornehmlich Anhänger des TSV 1860, konnten sich jedoch mit dem Gedanken, dass ein so traditionsreicher Ort der Münchner Fußballgeschichte der Abrissbirne preisgegeben werden sollte, nicht anfreunden. Und viele Löwen-Fans hofften, der Umzug aufs Oberwiesenfeld sei nicht das letzte Wort gewesen.

So tat sich im Herbst 1996 eine Gruppe von Fans zusammen und gründete einen Verein mit Namen »Freunde des Sechz'ger Stadions«. Vornehmstes Ziel des Vereins ist es, sich für den Erhalt des Stadions einzusetzen, wobei das Stadion immer auch in seiner Bedeutung für den Stadtteil Giesing gesehen wird. Das Engagement des Vereins geht damit über den bloßen Einsatz für den Erhalt einer Sportstätte hinaus.

Als Spielstätte für Amateur- und Jugendmannschaften der beiden großen Münchner Vereine besaß das Stadion an der Grünwalder Straße auch nach dem Auszug der Löwenprofis eine große Bedeutung für das städtische Sportgeschehen. Doch in Zeiten knapper Finanzmittel und angesichts des Baus eines neuen Großstadions in Gestalt der Fröttmaninger Arena, erschien der Unterhalt des altehrwürdigen Bauwerks manchen Stadtvätern als überflüssige Last für den Stadtsäckel. Die »Freunde des Sechz'ger Stadions« ließen in ihren Bemühungen jedoch nicht nach, auch die Führung des TSV 1860 positionierte sich eindeutig für den Erhalt des Stadions, und schließlich stieß man mit den entsprechenden Argumenten auch bei der Stadt auf offene Ohren. Der Stadtrat sicherte die Existenz des Stadions zumindest mittelfristig mit dem Beschluss, es durch einen Umbau in drittligatauglichen Zustand zu versetzen.

Die Geschichte der »Freunde des Sechz'ger Stadions« ist also eine für das Umfeld des TSV 1860 geradezu untypische Erfolgsgeschichte. Nicht unerheblich dazu beigetragen hat der langjährige rührige Vorsitzende des Vereins, Roman Beer, der auch als Verfasser der ultimativen Stadiongeschichte in Erscheinung getreten ist. Natürlich nahm er sich auch des Problems der perlbrombeerfarbenen

Sitzschalen an. Der Verein veranstaltete einen Ideenwettbewerb, den die Stadt bei ihrer letztendlichen Entscheidung leider nicht mit einbezog. Immerhin, das ja bereits von einem Schokoladenhersteller mit Beschlag belegte Lila fiel dann doch durch. Und das nun gewählte Grau in mehreren Schattierungen ist zumindest dezenter.

94. GRUND

Weil bei 1860 der Trainer der wichtigste Mann ist

Aus heutiger Sicht erscheint es kaum vorstellbar, aber es gab einmal eine Zeit, da war es in Fußballvereinen nicht üblich, Trainer zu entlassen. Dies mag daran gelegen haben, dass in jenen Zeiten die Trainer noch nicht das alleinige Sagen hatten, sondern die Mannschaftsaufstellung Woche für Woche mit dem Spielausschuss des Vereins aushandeln mussten. Dennoch, es bleibt erstaunlich: Bis zum Amtsantritt von Max Merkel im Juli 1961 hatte der TSV 1860 noch nie während der Saison einen Trainer entlassen. Richard Dombi ging zum Jahresende 1928, also inmitten der Saison, doch die zeitgenössischen Presseberichte deuten nicht auf eine Entlassung.

Irgendwann müssen sich die Machtverhältnisse verschoben haben und, so paradox es auf den ersten Blick erscheinen mag, von dem Moment an, da bestimmte Entscheidungen in den alleinigen Entscheidungsbereich des Trainers gelangten, wurde seine Position angreifbarer. Wenn der Trainer die ganze Macht hat, dann trägt er, logisch, auch die Verantwortung, wenn es nicht so läuft wie geplant. Und all das Gerede vom Trainer als dem schwächsten Glied, weil man ja nicht die Mannschaft auswechseln könne, bleibt eben das: Gerede.

Max Merkel war also der erste Löwentrainer, der vorzeitig gehen musste, nachdem er es sich mit der Mannschaft verscherzt hatte, beim Vorstand – mit Ausnahme von Adalbert Wetzel – in Ungnade gefallen und selbst zu der Erkenntnis gelangt war, ein Wechsel sei nötig. Wenn es je in der Geschichte des Fußballs einen Präzedenzfall gegeben hat, dann war es dieser, denn seit dem Abgang von Max Merkel ist es bei 1860 nahezu unmöglich geworden, einen Trainervertrag zu erfüllen, sieht man einmal von Interimstrainern ab, die während der Saison übernehmen und nur einen Vertrag bis zum Saisonende haben.

Merkels Nachfolger Gunter Baumann blieb bis zum Ende der Saison 1966/67, dann übernahm Adalbert Sing, der gerade mal sechzehn Monate schaffte. Jugendtrainer Hans Pilz brachte die Saison zu Ende. Für die Saison 1969/70 verpflichtete man mit Fritz Langner einen Coach, der als »harter Hund« galt, eine groteske Wahl, denn Langner hatte in der Menschenführung ähnliche »Qualitäten« wie Max Merkel, nur leider ohne dessen sportliche Erfolge. Langner musste nach dreieinhalb Monaten gehen; der Karren steckte bereits tief im Dreck und der neue Mann, Franz »Bimbo« Binder, konnte den Abstieg nicht mehr verhindern.

Obwohl aus Torhütern bekanntlich selten große Trainer werden, legte man die Aufgabe des Wiederaufstiegs aus der Regionalliga in die Hände von Hans Tilkowski, der 1966 im WM-Finale das berühmte Wembley-Tor (nicht) kassiert hatte. Tilkowski durfte immerhin zwei volle Spielzeiten bleiben; erst nachdem der Start in die Saison 1972/73 nicht ganz nach Wunsch verlief, wurde er Ende August 1972 entlassen. Als Nachfolger holte man mit Elek Schwartz einen erfahrenen Trainer von internationaler Reputation, der den Aufstieg aber auch nicht schaffte und München im Sommer 1973 wieder verließ. Auf Schwartz folgte Rudi Gutendorf, dessen Vertrag im Sommer 1974 nicht verlängert wurde, denn in der Not wandte man sich noch einmal an den großen Max, der es endlich richten sollte. Max Merkel begann im Sommer 1974 seine zweite Amtsperiode bei 1860. Nach alter Sitte krempelte er den Kader gehörig um, es wurde gemunkelt, er verdiene an Transfers kräftig mit. Sportlich ging's aber nicht voran und so warf er im April 1975 das Handtuch, in Erwartung eines Angebots des FC Bayern, das aber ausblieb.

Merkels Nachfolger wurde Heinz Lucas, endlich ein guter Griff. Lucas leistete ruhige und solide Arbeit und schaffte in der Saison 1976/77 völlig überraschend den Aufstieg in die Bundesliga. Dass es gleich wieder nach unten ging, war nicht seine Schuld, der Kader genügte einfach nicht den Ansprüchen. Weshalb er trotz des Abstiegs bleiben durfte. Das Projekt »sofortiger Wiederaufstieg« schien nach einer schleppend verlaufenen Vorrunde allerdings in großer Gefahr. Präsident Erich Riedl wollte einen Wechsel und mit großer Einfühlsamkeit, wie es sich für einen Politiker aus einer Partei ziemt, die das Wort »christlich« im Namen führt, entließ er den verdienten Heinz Lucas am Heiligabend 1978. Und, Nehmen ist seliger als Geben, er holte mit Eckhard Krautzun den Trainer genau des Vereins, Wormatia Worms, der die Zweitligatabelle nach der Vorrunde anführte, also ein Hauptkonkurrent der Löwen im Aufstiegskampf war. Das war strategisch gedacht, hatte Stil, und bescherte der Wormatia ein Weihnachtsgeschenk, für das sie sicherlich äußerst dankbar war.

Unter Krautzun spielte die Mannschaft beständig schlechter, schaffte unerklärlicherweise aber dennoch den Aufstieg. Den Bundesligastart kriegte er allerdings nicht hin und so durfte er bereits im September 1979 den Hut nehmen. Nachfolger Carl-Heinz Rühl schaffte 1979/80 wie gewünscht den Klassenerhalt, 1980/81 mit verstärktem Kader jedoch nicht. Sein Nachfolger wurde mit Wenzel Halama ein früherer Assistenztrainer von Max Merkel, der 1981 den Grazer AK zum Pokalsieg in Österreich geführt hatte. Er musste im März 1982 gehen, nachdem der angepeilte Wiederaufstieg in weite Ferne gerückt war. Nachfolger Willibert Kremer konnte diesen auch nicht mehr bewerkstelligen und nach dem Lizenzentzug stand eine völlige Neuorientierung an.

Erster Bayernligatrainer bei 1860 wurde Bernhard Schumm, der gerade die Amateure in die Landesliga, damals die vierthöchste

Spielklasse, geführt hatte, jene Mannschaft also, aus der nun eine beträchtliche Zahl von Spielern in den Bayernligakader aufrückte. Am Beispiel Schumm zeigte sich bald die geradezu sprichwörtliche Engelsgeduld des TSV 1860 München in Trainerfragen. Obwohl niemand in der Saison 1982/83 ernsthaft mit der sofortigen Rückkehr in den bezahlten Fußball rechnen konnte, wurde Schumm bereits im Dezember 1982 entlassen und durch den bisherigen A-Jugend-Trainer Kurt Schwarzhuber ersetzt. Wieder sollte es ein »harter Hund« richten. Er durfte sich neun Monate lang versuchen, dann übernahm Bernd Patzke, der zwölf Monate schaffte, bevor er von Präsident Karl Heckl während eines Oktoberfestbesuchs entlassen wurde. Nicht die letzte skurrile Trainerentlassung bei 1860.

Für zwei Monate übernahm Nachwuchstrainer Octavian Popescu, dann interimsweise für sechs Wochen Erich Beer, dann kam überraschenderweise Wenzel Halama zurück, mit dem man 1981/82 nicht die besten Erfahrungen gemacht hatte. Er schaffte immerhin fünfzehn Monate, musste aber im Mai 1986 noch während der völlig misslungenen Aufstiegsrunde zur 2. Liga gehen. Als nächster trat Fahrudin Jusufi an, der zuletzt in Berlin gearbeitet hatte und von dort gleich eine ganze Reihe von Spielern mitbrachte. Nach neuneinhalb Monaten war Schluss. Mit Thomas Zander folgte mal wieder ein ehemaliger Spieler, sechseinhalb Monate. Dann mit Uwe Klimaschefski wieder ein bekannter Name, der sich jedoch in der Bayernliga völlig unter Wert beschäftigt fühlte und sein Amt auch entsprechend lustlos ausübte. Sieben Monate. Kein Wunder, dass in einem Münchner *Tatort* aus dem Jahre 1986 mit dem Titel *Schicki-Micki* ein Chefredakteur den Kollegen vom Sportressort mit der Frage beehrt: »Wer ist denn heute Trainer bei 1860?«

Mit Willi Bierofka kehrte im Sommer 1988 endlich wieder so etwas wie Normalität ein. (Obwohl man natürlich behaupten könnte, der beständige Wechsel der letzten Jahre sei die eigentlich Normalität bei 1860.) Bierofka schaffte eine komplette Saison und fast auch noch eine zweite. An deren Ende hätte Karsten Wettberg seine Nachfolge antreten sollen, weil der aber vorzeitig von der SpVgg Unterhaching freigestellt wurde, trat er seine Tätigkeit bei 1860 bereits im Februar 1990 und nicht erst im Sommer an. Mit den anderswo geschilderten Erfolgen, doch nachdem der Zweitligaerhalt nicht gesichert werden konnte, musste er vor der anstehenden Qualifikationsrunde im Mai 1992 den Hut nehmen.

Dann kam Werner Lorant, der etwas schaffte, was es bei 1860 noch nie gegeben hatte. Nahezu zehn Jahre am Stück als Trainer. Aber all die Verdienste, die er sich um den Verein erworben hatte, retteten ihn im Oktober 2001 nicht vor der Entlassung durch Präsident Karl-Heinz Wildmoser. Nun installierte der Präsident ein Trainerduo aus den ehemaligen Spielern Peter Pacult und Gerald Vanenburg, wobei zunächst nicht geklärt schien, ob nun einer der Chef sei oder ob Gleichberechtigung herrsche. Pacult gewann den Machtkampf, Vanenburg zog sich zurück, doch nach anderthalb Jahren musste auch Pacult gehen. Eine sportliche Weiterentwicklung war in den letzten Monaten tatsächlich nicht zu erkennen gewesen, aber man stand immerhin auf Platz 8.

Höher hinauf sollte es für den neuen Trainer Falko Götz denn auch nicht gehen. Im Gegenteil, der immer gut frisierte Berliner führte das Team zielstrebig in die Abstiegszone und nach dreizehn Monaten war auch für ihn das Ende gekommen, zu spät, denn der erneut eingesprungene Gerald Vanenburg konnte den Abstieg auch nicht mehr abwenden. Die Entlassung von Falko Götz erfolgte unter merkwürdigen Begleitumständen. Nach Aussage von Sportdirektor Dirk Dufner war vorher abgesprochen, dass Götz gehen müsse, wenn das Heimspiel gegen den HSV nicht gewonnen würde. Das Spiel ging mit 1:2 verloren, Götz tat jedoch in der Pressekonferenz so, als bleibe er Trainer, während Vizepräsident Hans Zehetmair gleichzeitig gegenüber Journalisten die Entlassung von Götz öffentlich machte. Das erweckte den Eindruck, als sei der Verein an die Öffentlichkeit gegangen, ohne zuvor den Trainer von seinem Schicksal in Kenntnis zu setzen. Der öffentliche Aufruhr war entsprechend, doch tatsächlich handelte es sich wohl eher um eine fein gesponnene Intrige, um den Vizepräsidenten Zehetmair zu diskreditieren.

Das Ziel Wiederaufstieg sollte mit Rudi Bommer erreicht werden, der zuletzt beim künftigen Ligakonkurrenten Wacker Burghausen erfolgreich gewirkt hatte. Bommer hatte kein glückliches Händchen und musste bereits nach fünf Monaten im Dezember 2004 gehen. Reiner Maurer gelang es beinahe noch, tatsächlich einen Aufstiegsplatz zu erreichen. In der folgenden Saison verlor man allerdings in einer winterlichen Krisenphase schnell die Geduld mit ihm. Walter Schachner kam im Januar 2006 und ging nach weitgehend erfolglosen vierzehn Monaten im März 2007. Nachfolger Marco Kurz schaffte eine erfolgreiche Vorrunde 2007/08 und führte die Mannschaft ins Viertelfinale des DFB-Pokals. Fortan verschlechterte sich die Punktausbeute allerdings zusehends und Kurz wurde im Februar 2009 von Sportdirektor Miki Stević entlassen, in besonders stilvoller Weise. Man ließ Kurz noch den nächsten Gegner beobachten und entließ ihn während der Rückreise am nächsten Morgen per Telefonanruf.

Nachfolger Uwe Wolf, zuvor Co-Trainer, brachte die Mannschaft noch in Abstiegsgefahr, so dass Ewald Lienen, der eigentlich erst im Sommer 2009 kommen sollte, bereits für die beiden letzten Saisonspiele einsprang, um das Schlimmste zu verhüten. Dazu reichte dann ein Unentschieden aus den beiden Spielen. In der folgenden Saison ging es nicht voran und während der Vorbereitung auf die Saison 2010/11 verließ Ewald Lienen den Verein auf eigenen Wunsch, um zu Olympiakos Piräus zu wechseln.

Die Lienen-Nachfolge trat Reiner Maurer an, eigentlich als Trainer der zweiten Mannschaft geholt. Unter schwierigsten Bedingungen angesichts der eskalierenden Finanzkrise im Verein absolvierte die Mannschaft unter Maurer zwei ordentliche Spielzeiten. Im Herbst 2012 war von den zuvor erreichten spielerischen Fortschritten allerdings nicht mehr viel zu sehen und Maurer wurde durch Amateurtrainer Alexander Schmidt ersetzt. Der wurde schon nach wenigen Wochen der Saison 2013/14 entlassen und durch den alten

Fahrensmann Friedhelm Funkel ersetzt, der jedoch bereits vom dem Ende dieser Spielzeit schon wieder seinen Hut nehmen musste. An seine Stelle trat der bisherige Assistenztrainer Markus von Ahlen, der das Kommando nach wenigen Wochen der Saison 2014/15 erneut übernahm, als der Versuch, mit dem Niederländer Ricardo Moniz den Aufstieg zu schaffen, für gescheitert erklärt wurde. Der Klassenerhalt gelang jedoch erst mit Torsten Fröhling, der während der Vorrunde der Saison 2015/16 dann aber Benno Möhlmann weichen musste, der kurz vor Saisonende von Daniel Bierofka ersetzt wurde. In der Saison 2016/17 versuchten sich dann Kosta Runajic und Vítor Pereira mit mäßigem Erfolg.

Die häufige Rotation auf der Trainerposition beweist, welche Bedeutung man bei 1860 dieser Stelle zubilligt. Hielte man sie nicht für wichtig, wäre man ja nicht beständig auf der Suche nach der bestmöglichen Lösung. Und der TSV 1860 ist natürlich auch der schönste Beleg dafür, wie weit man mit Geduld und sorgfältig abgewogenen Personalentscheidungen kommen kann.

95. GRUND

Weil der TSV 1860 einen halbwegs lustigen Fußballwitz hervorgebracht hat

Nehmen wir einmal an, ein Verleger wollte ein Buch mit Fußballwitzen verlegen. Es würde ein schmales Büchlein werden, denn wirklich gute Fußballwitze sind überaus rar. Klar, da gibt es jenen von der Fußballmannschaft als kleinster Brauerei der Stadt, elf Flaschen. Oder vom Blinden, der mehr Punkte als die örtliche Fußballmannschaft hat. Wahre Schenkelklopfer. Der eine wirklich gute wird an anderer Stelle in diesem Buch erzählt (Grund Nr. 3) und dann gibt es noch den, in dem der Teufel Gott ein Fußballmatch Himmel gegen Hölle vorschlägt. Gott wundert sich, denn »Das wird doch eine völlig einseitige Sache, alle grandiosen Fußballspieler sind im Himmel und ich hab' sie in meiner Mannschaft.« – »Mag sein«, so des Teufels Replik, »aber ich habe alle Schiedsrichter!«

Vielleicht aber würde auch der folgende, in dem ein Löwenspieler eine Rolle spielt, Eingang in jenes imaginäre Bändchen finden: Der Sohn stürmt atemlos in die Wirtschaft, in der der Vater gemütlich sein Bier trinkt: »Babba, Babba, der Br … der Br … der Br …« Der Vater wird ganz unruhig, bis der Sohn dann endlich den mehrfach angefangenen Satz vollendet: »… der Briefträger liegt bei der Mama im Bett!« Daraufhin der Vater erleichtert: »Gott sei Dank, i hob scho denkt, der Brunnenmeier spuit ned.« Der Enkel jenes Sohnes wollte übrigens im Winter 2013 von seinen Vater wissen, wann die Löwen eigentlich zuletzt ein Heimspiel gewonnen hätten. Woraufhin er die Antwort erhielt: »Da musst scho den Großvata fragn.«

96. GRUND

Weil die Löwen die Mutter aller Niederlagen bereits auf der Alm vorweg genommen haben

Niederlagen gehören selbstverständlich zur Geschichte eines Fußballvereins, keine Mannschaft gewinnt immer. Besonders in Erinnerung bleiben natürlich Endspielniederlagen. An anderer Stelle in diesem Buch ist von den verlorenen Endspielen des TSV 1860 die Rede. Aber solche Niederlagen bleiben in mancherlei Hinsicht folgenlos. Sicherlich, man hat den Titel, um den es ging, nicht gewonnen. Das ist traurig und die Geschichtsbücher werden es bis in alle Ewigkeit belegen. Aber in der nächsten Saison geht es weiter.

Im normalen Ligabetrieb hingegen gibt es Niederlagen, deren Bedeutung sich möglicherweise erst in der Nachbetrachtung vollständig erschließt und die schwerwiegende Folgen nach sich ziehen. Eine solche leisteten sich die Löwen am 9. Mai 1981, dem 30. Spieltag der Saison 1980/81 auf der Bielefelder Alm. Die Ausgangssituation vor dem Spiel: fünf Teams liegen am Tabellenende dicht beisammen, nur durch zwei Punkte getrennt (es gilt noch die Zweipunkteregel), auf Platz 14 die Löwen, allerdings punktgleich mit den Altmeistern aus Nürnberg und Schalke auf den nächsten Plätzen, einen Punkt dahinter Bayer 05 Uerdingen, das Schlusslicht hält der aktuelle Gegner aus Bielefeld, zwei Punkte hinter den Löwen.

Ein vorentscheidendes Spiel im Abstiegskampf also, heute würde man sagen ein »Sechs-Punkte-Spiel«. Und zunächst lässt sich alles gut an. In der 17. Minute bringt Viorel Năstase die Löwen mit 1:0 in Führung. Zwar gleichen die Arminen in der 28. Minute aus, doch das Spiel wird von 1860 weiterhin überlegen geführt. In der 77. Minute erzielt wiederum Năstase den erneuten Führungstreffer. Das muss die Entscheidung sein, nichts deutet darauf hin, dass die schwachen Bielefelder sich noch einmal werden aufraffen können. Aber dann doch noch die große Wende: in der 88. Minute der Ausgleichstreffer und in letzter Minute gar das Siegtor für Bielefeld durch Norbert Eilenfeldt.

Eigentlich ist noch nichts verloren, es bleiben noch vier Spiele zur Sicherung der Ligazugehörigkeit. Doch dieser Genickschlags hinterlässt Folgen psychologischer Art. Bereits unmittelbar nach dem Spiel hat der *kicker* bei den Löwen »Untergangsstimmung« diagnostiziert. Am Ende der Saison steht der Abstieg, als Drittletzter mit einem Punkt Rückstand auf die Arminen. Bereits ein Unentschieden auf der Alm hätte also wohl genügt, um das Unheil abzuwenden. Als der FC Bayern 1999 in Barcelona in ähnlicher Weise das Champions-League-Finale vergeigte, sprach man von der »Mutter aller Niederlagen«. Klar, das Spiel von Bielefeld war »nur« ein Ligaspiel, für die Löwen dennoch aber mindestens die »Großtante aller Niederlagen«.

97. GRUND

Weil 1860 großes Kino ist

1950 kam das Kino zum ersten Mal zu den Löwen. Einige Szenen für die Filmkomödie *Der Theodor im Fußballtor* wurden im Sechzigerstadion gedreht und mehrere Löwenspieler waren als Komparsen dabei. In den Hauptrollen Theo Lingen und Hans Moser; Sammy Drechsel stellte einen Sportreporter dar. Lingen spielte den Mittelstürmer einer Münchner Fußballmannschaft. Auf dem Programmheft trug er das gestreifte Löwentrikot, posierte aber unerklärlicherweise als Torwart.

In den Achtzigerjahren hatten Thomas Gottschalk und Mike Krüger als Supernasen großen Erfolg im Kino. Im Jahre 1984 diente das Stadion an der Grünwalder Straße bei einem Bayernligaspiel der Löwen als Kulisse für einige Szenen des Films *Zwei Nasen tanken Super*. Dem Publikum gefiel's, der Filmkritik eher nicht.

Das Stadion spielt auch eine zentrale Rolle in *Zum Sterben schön*, einem Film von Friedemann Fromm aus dem Jahre 1998. Hauptfigur Peter ist Löwen-Fan, leidet an seinem Verein, dem es nicht gut geht, und weiß nicht recht, was er mit seinem Leben anfangen soll. In dieser Situation vererbt ihm ein alter Onkel ein Bestattungsunternehmen. Von nun an betrachtet er es als seine Aufgabe, das Unternehmen zum Erfolg zu führen, um auf diese Weise Mittel bereitstellen zu können, die den Löwen den Kauf eines Stürmers ermöglichen sollen. Daraus entwickelt sich eine skurrile Filmhandlung mit feinen satirischen und kulturkritischen Momenten. Eine schöne Meditation über Sehnsucht, Lebensentwürfe, Wahnsinn und vieles mehr.

Auch in *Männer am Wochenende. Von Frauen und Löwen* von Hubert Pöllman aus dem Jahre 2011 ist die Hauptfigur Anhänger des TSV 1860. Pöllmann spielt diesen Laurens Huber selbst. Die Löwen sind die große Konstante in seinem Leben, aber auch sie sind in Not und tragen so dazu bei, dass sein Leben eine einzige Krise ist. Seine Frau, von der er finanziell abhängig ist, will die Scheidung; sein Bruder ist zwar Astrophysiker, lebt aber in großer Not in einer Wohnung voller Gerümpel, und auch andere benötigen in mancherlei Form Hilfe und Unterstützung durch die Hauptfigur. Der Film schildert Laurens' Versuch, einen Weg durch das Chaos zu finden. Fußball, Frauen und Freundschaft, darum geht es in diesem charmanten kleinen Film, der ein Lebensgefühl vermittelt, das vielen Fans der Blauen nicht fremd sein dürfte. Es kulminiert in dem Satz: »Der Sieg ist eine Kette von Niederlagen.«

Lokalderby von Matti Bauer ist ein Dokumentarfilm aus dem Jahre 1997, der sich vor dem Hintergrund des Derbys vom Herbst 1996 mit den unterschiedlichen Welten der beiden Münchner Lokalrivalen beschäftigt. Bauer lässt Fans, ehemalige Aktive, Politiker und Zeitzeugen wie Dieter Hildebrandt zu Wort kommen und entwirft so vor dem Hintergrund der Rivalität zweier Fußballvereine ein facettenreiches Bild der Stadt München. Diesem Film verdanken wir auch die Aussage eines Fans, der den Unterschied zwischen Blauen und Roten wunderbar auf den Punkt bringt: »Sechzig, das ist das Leben. Da geht es immer auf und ab. Die Bayern dagegen, das ist die Scheinwelt.«

Und das Kino geht weiter. Jahr für Jahr, Woche für Woche, auf dem Platz und in den Hinterzimmern.

98. GRUND

Weil die Löwen rocken

Die Löwen haben ein Vereinslied und sie hatten einen singenden Torwart. Beiden ist ein eigenes Kapitel gewidmet, doch damit hat sich das Thema Musik rund um den TSV 1860 keineswegs erschöpft. Es gibt nämlich noch eine zweite Vereinshymne, die im September 1993, kurz nach dem Aufstieg in die 2. Liga, bei einem Heimspiel gegen den

VfL Bochum vorgestellt wurde. 1860 sei *Stark wie noch nie*, hieß es darin; gesungen wurde das Lied von einem gewissen Stefan Benker. Manifestierte sich darin ein neues Selbstbewusstsein oder doch eine gewisse Geschichtsvergessenheit seitens eines Vereins, der ja immerhin mal Deutscher Meister und Europapokalfinalist war, nun aber gerade erst die Bayernliga hinter sich gelassen hatte? Musikalisch gehörte der Song eher in die Kategorie deutscher Schlager und wäre zum Beispiel beim FC St. Pauli undenkbar, wo man die Mannschaft beim Einlaufen mit *Hells Bells* von AC/DC begrüßt.

Dennoch gelangte die neue Hymne zu einer gewissen Popularität bei den Fans, und so schob der Verein wenige Jahre später eine weitere mit dem Titel *Löwenstark* nach, die aber ziemlich schnell wieder in der Versenkung verschwand. Ebenfalls in diese Richtung gingen spätere Werke mit dem Titel *Sechzig ist unser Leben* und *Ein Stern, der deine Farben trägt*. 2014 leistete der Verein sich mal wieder eine neue Hymne, *Für immer weiß und blau*, die so einschläfernd war, dass ihr eine Mitschuld an der missratenen Saison gegeben werden muss, und die schon bald nicht mehr gespielt wurde. Alles nicht der große Rock 'n' Roll.

Interessanter da schon die Songs, die aus der Punk-Ecke kamen und den TSV 1860 zum Thema hatten. Den Vorreiter machten hier die Marionetz, eine Münchner Punkband, die bereits 1981 den Song *Heya Heya TSV* veröffentlichte, der später von den Gruppen LustfingeR und Rauschangriff gecovert wurde. LustfingeR erschien ungefähr zur gleichen Zeit wie die Marionetz auf der Szene und trat später mit einer Reihen von Löwensongs hervor: *Löwenmut* (1990), *Grünwalder Stadion* (2001), *Mia kumma wieda* (2004) und *Wir sind die Löwen* (2012).

Auch die erfolgreichste Münchner Band der letzten Jahre, die Sportfreunde Stiller, taten sich mit Fußballsongs hervor, darunter für die Löwen-Fans *Lauth anhören* von der CD *Burli* aus dem Jahre 2004. Zwei Jahre später trat Benny Lauth im Video zu dem Song *Budenzauber* von der CD *You Have To Win Zweikampf* auf. Von den Bandmitgliedern haben sich Schlagzeuger Florian Weber und Bassist Rüdiger Linhof als Anhänger der Blauen geoutet.

Der vermutlich interessanteste Song mit Löwenbezug stammt aber von einem Duo namens Jeep Beat Orchestra, das 1995 auf dem Münchner Kultlabel Trikont eine CD mit dem Titel *Treffpunkt der modernen Jugend* veröffentlichte. Darauf der Song *Wenn der Ausgleich fällt*, in dem es den beiden gelang, die Spielernamen Pacult, Trares, Winkler und Störzenhofecker unterzubringen, letzteres sicher kein leichtes Unterfangen.

Und ein wirkliche Hymne, die von den Fans geliebt und bei Heimspielen im Stadion gespielt wird, hat eine weitere Münchner Band hervorgebracht, die Vorstadtkönige. Ihr Song heißt *Mit Leib und Seele*, womit sich Löwen-Fans natürlich glänzend identifizieren können.

All dies spricht für eine starke Verankerung der Löwen in der Münchner Indie-Rock-Szene. Und das bedeutet: Die Löwen sind die Guten, denn böse Menschen haben bekanntlich keine Lieder.

99. GRUND

Weil die Löwen ein offenes Buch sind

Große Literatur und Fußball gehen in Deutschland nicht so recht zusammen. In Amerika ist das anders, dort haben so bedeutende Autoren wie Philip Roth, John Updike, Don DeLillo oder Robert Coover Texte geschrieben, in denen das Baseballspiel eine zentrale Rolle spielt. Auf den großen deutschen Fußballroman hingegen warten wir noch immer. Dass dafür nur ein Verein als Gegenstand taugt, muss an dieser Stelle nicht extra betont werden. Dies soll aber nicht heißen, dass der TSV 1860 nicht bereits jetzt Gegenstand einiger schöner Bücher wäre. Besonders zwei kleine, aber feine Texte gilt es hier anzuzeigen.

Manfred Fock berichtet in *Der letzte Spieltag* (Fangorn, 1996) davon, wie er den 28. Mai 1966 erlebt hat, den Tag, an dem der TSV 1860 die Deutsche Meisterschaft errang. Ein kühler, regnerischer Tag, die Massen schieben sich den Giesinger Berg hinauf zum Stadion, dazwischen ein elfjähriger Bub, der die Löwen verehrt und zugleich mit dem Einsammeln von Bierflaschen in der Stehhalle sein Taschengeld aufbessert. Anschauliche Szenen einer Münchner Kindheit in kleinen Verhältnissen, ohne jede falsche Nostalgie. Und natürlich ein Denkmal für die Meistermannschaft.

Stefan Weigls *Marienplatz: Einmal Löwe, immer Löwe* (Tisch 7, 2007) ist der Monolog der Witwe Wally Aumiller im Gedenken an ihren kürzlich verstorbenen Gatten Rudi, der ein so großer Löwen-Fan war, dass er mit seiner Frau in eine laute Wohnung an der Tegernseer Landstraße gezogen ist, weil das Wohnzimmer genau 18,60 Quadratmeter gehabt hat. Seinen Lebensunterhalt hat er als Kioskpächter auf dem Marienplatz verdient, weshalb er Jahr für Jahr miterleben musste, wie ein Fußballverein, der nicht der seine war, auf dem Rathausbalkon Titelgewinne feierte. Wally macht nun Inventur und die Gegenstände, die sie zu zählen hat, lösen vielfältige Erinnerungen aus. Daraus entsteht ein wunderbares Bild des alltäglichen Löwenwahns.

Aber auch wer sich über die Geschichte des Vereins informieren möchte, wird auf dem Buchmarkt bestens bedient. Das Standardwerk zur Geschichte der Löwenfußballer stammt, es sei ohne falsche Bescheidenheit gesagt, von Hardy Grüne und dem Autor dieser Zeilen. Es trägt den Titel *Die Löwen: Die Fußball-Geschichte des TSV München von 1860* und ist 2012 im Verlag Die Werkstatt herausgekommen. Aus demselben Verlag stammt auch *Kultstätte an der Grünwalder Straße: Die Geschichte eines Stadions* von Roman Beer, 2011 in zweiter Auflage erschienen. Und der Münchner Historiker Anton Löffelmeier hat ebenfalls im Verlag Die Werkstatt im Jahre 2009 seine Forschungsergebnisse zu einem dunklen Kapitel der Löwengeschichte in dem Band *Die »Löwen« unterm*

Hakenkreuz: Der TSV München von 1860 im Nationalsozialismus veröffentlicht.

Die letzten Ergänzungen der Löwen-Bibliothek sind – dies vermutlich eine Weltneuheit unter Fußballbüchern – ein von Andreas Schmied und Maik Lange zusammengestellter Fotoband mit Tätowierungen von Löwen-Fans, und nicht zuletzt ein von Roman Beer, Arnold Lemke und Claus Melchior verfasster Band über die Meistersaison 1965/66.

Stoff für alle, die das Spiel lesen wollen.

11. KAPITEL

VORBILDLICHE LÖWEN

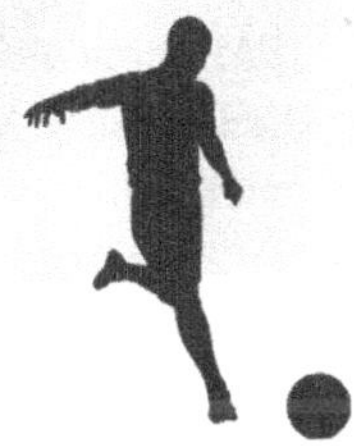

100. GRUND

Weil 1860 ein Vorbild für den FC Bayern ist!

Nüchtern betrachtet ist der ungeliebte Lokalrivale ja einfach ein nur ein Löwenbaby! Vom 1860 gegründeten Münchner Turnverein spaltete sich der Männerturnverein 1879 ab, den wiederum im Jahre 1900 elf Fußballspieler verließen, um den FC Bayern zu gründen. Die Genealogie ist also eindeutig und bis heute äußert sich diese Abkunft bei den Mannen von der Säbener Straße in einem permanenten Wiederholungszwang. Belege gewünscht? *Et voilà*:

- 1928 verpflichteten die Löwen den Wiener Richard Dombi als Trainer, nach einem Jahr in Mannheim holten ihn 1930 die Bayern.
- 1931 erreichte 1860 als erster Münchner Verein das Finale um die Deutsche Meisterschaft, nur ein Jahr später zogen die Bayern nach.
- 1942 gewann 1860 als erster Münchner Verein den deutschen Pokal. Diesmal ließen sich die Bayern ein wenig Zeit, erst 1957 war es soweit.
- 1953 stieg der TSV 1860 aus der Oberliga Süd ab, schon 1955 gelang dies den Bayern.
- 1964 besiegen die Löwen den Hamburger SV mit 9:2, keine fünfzig Jahre später, 2013, machen die Bayern es ihnen gegen eine wesentlich schwächere Hamburger Mannschaft nach.
- 1964 gewann 1860 zum zweiten Mal den DFB-Pokal, 1966 halten die Bayernspieler die Trophäe gen Himmel.
- 1965 erreichte der TSV 1860 als erster deutscher Verein das Finale im Europapokal der Pokalsieger, die Bayern folgen 1967. Das 1965er Finale fand im Londoner Wembley-Stadion statt, der FC Bayern durfte 2013 ein Europapokalfinale in Wembley bestreiten.
- 1966 wurde 1860 Deutscher Meister, das Bayern-Imitat folgte 1969.

- 1967 besiegte 1860 als erste deutsche Mannschaft im Europapokal Real Madrid, Jahre später entwickelten sich die Bayern zur *Bestia Negra* der Madrilenen.
- 1981 verlor der TSV 1860 bei Arminia Bielefeld ein wichtiges Spiel durch zwei Gegentore in den Schlussminuten. 1999 wiederholten dies die Bayern in einem vergleichsweise unbedeutenden Match gegen Manchester United.
- 2004 suchten die Löwen im letzten Saisonheimspiel gegen Hertha BSC kurz vor Schluss verzweifelt einen Elfmeterschützen. 2012 imitierten die Bayern dieses Verhalten im letzten Saisonheimspiel gegen den FC Chelsea.
- 2013, Anfang des Jahres, sollte bei 1860 mit Sven-Göran Eriksson ein Großmeister der Trainerzunft ein Amt übernehmen. Nur wenige Tage später gab der FC Bayern die Verpflichtung von Pep Guardiola bekannt.

Wie bei unartigen Kindern so üblich, halten sich die Bayern jedoch nicht immer an die Spielregeln. Warum sonst müssten die Löwen-Fans immer noch darauf warten, dass sich der FC Bayern endlich die Abstiege der Jahre 1970, 1978, 1980 und 2004 zum Vorbild nimmt?

101. GRUND

Weil der TSV 1860 einer der erfolgreichsten deutschen Sportvereine ist

In seiner Autobiografie erzählt Max Merkel die Geschichte von seiner ersten Begegnung mit Adalbert Wetzel, der ihn als Trainer zu 1860 holen wollte. Man traf sich in einem Lokal und ein mit Merkel bekanntes Ehepaar trat an den Tisch. Merkel stellte Wetzel als Fußball-Chef des TSV 1860 vor, woraufhin die Dame mit Erstaunen gefragt haben soll: »Fußball spielt man in Ihrem Verein auch, Herr Wetzel? Ich dachte immer, Sie wären nur ein Leichtathletik-Club!«

Ganz so unbekannt und erfolglos wie diese Geschichte suggeriert, waren die Löwen-Fußballer natürlich bis dahin nicht gewesen, aber Merkel sieht sich gerne und nicht ganz zu unrecht in der Rolle dessen, der den Fußball im TSV 1860 überhaupt erst zum Leben erweckt hat. Und zweifellos hatte der Verein seine großen sportlichen Erfolge bis dahin vorwiegend in anderen Sportarten erzielt.

Der Umfang dieser Erfolge ist allerdings so beeindruckend, dass die Identifikation des Vereins mit anderen Sportarten als dem Fußball nicht verwundert. Die Festschrift *Hundert Jahre Turn- und Sportverein München von 1860* enthält eine »Ehrenliste« der Meister, die der Verein bis zum Jahre 1960 hervorgebracht hatte. Diese Liste umfasst acht eng und in zwei Spalten bedruckte Seiten! Darauf finden sich Olympiasieger, Olympiateilnehmer, Welt- und Europameister und zahlreiche nationale Titelträger.

Ein großer Teil dieser Erfolge geht auf das Konto der Leichtathleten, Turner und Gewichtheber, die mit schöner Regelmäßigkeit nicht nur Einzeltitel holten, sondern auch die Mannschaftsmeisterschaften in ihren Disziplinen dominierten. Den Leichtathleten gelang dies von 1947 bis 1959 dreizehn Mal in Folge. Aber auch die Skiabteilung trug zur Titelsammlung bei, auf ihr Konto geht auch der letzte Olympiasieg einer Löwin durch Marina Kiehl. Die alten Turnspiele wurden lange gepflegt, in den 1920ern errangen die Schlagballer sieben Deutsche Meisterschaften, in den Jahren nach dem 2. Weltkrieg gelang dies den Faustballerinnen viermal. Später kamen Basketball und Volleyball dazu; die Basketballer schafften es in den Sechzigern und Siebzigern bis in die Bundesliga, die Volleyballer errangen von 1973 bis 1980 vier deutsche Meistertitel und gewannen fünfmal den Pokal.

In Zeiten zunehmender Professionalisierung des Sports in allen olympischen Disziplinen erwies es sich als schwierig, Spitzensport in so vielen Abteilungen zu betreiben. Die Gewichtheber hatten mit Nachwuchsproblemen zu kämpfen, die Basketballer gingen eine Spielgemeinschaft mit dem USC München ein und spielen heute wieder selbstständig, allerdings in unteren Ligen. Die Volleyballer verließen den Verein. Die Leichtathleten erlebten nochmals eine Blüte in einer 1992 begründeten Startgemeinschaft mit Quelle Fürth, die von 1996 bis 1999 bei den Männern und von 1993 bis 1999 bei den Frauen ununterbrochen die Deutsche Mannschaftsmeisterschaft gewann. Die Insolvenz der Firma Quelle führte 2009 zur Auflösung der Startgemeinschaft, seitdem besteht Leichtathletik bei 1860 vorwiegend in der Jugendförderung.

Das Zeitalter der Sportvereine, in denen gleichzeitig Fußball und zahlreiche andere Sportarten auf höchstem Niveau betrieben werden, ist vorbei. Unter den Vereinen, die dieses Modell in Deutschland verfolgten, bleibt der TSV 1860 einer der erfolgreichsten, wenn nicht der erfolgreichste überhaupt.

102. GRUND

Weil Simon Jentzsch ein Pokalheld ist

Simon Jentzsch spielte von 2000 bis 2003 für den TSV 1860 und war wohl der beste Torhüter, den die Löwen in den Bundesligajahren von 1994 bis 2004 hatten. In dieser Zeit hielt er fünf Elfmeter, vier weitere wurden von den Schützen aus Angst vor ihm vergeben. Nicht eingerechnet sind hier Elfmeter, die er im Elfmeterschießen meisterte. In der Saison 2001/02 sicherte er den Löwen beim VfB Stuttgart mit zwei bei dieser Übung gehaltenen Elfern das Aufrücken ins Viertelfinale des DFB-Pokals. Noch denkwürdiger war jedoch ein Pokalspiel der Saison 2002/03.

Am 5. November 2002 empfing der TSV 1860 im Olympiastadion in der 2. Runde den Ligarivalen VfL Wolfsburg, bei dem damals Stefan Effenberg den Leitgolf gab. Nach zwanzig Minuten führten die Löwen 2:0, eine Minute später verkürzten die Wölfe, und in der 50. Minute kamen sie zum Ausgleich.

Dabei blieb es bis zum Ende der Verlängerung. Elfmeterschießen, die beiden Torhüter Claus Reitmaier und Simon Jentzsch rücken in den Fokus. Wolfsburg legt vor und führt nach drei Schüssen vom Punkt mit 2:1, Thomas Häßler hat für 1860 getroffen. Dann scheitert Daniel Borimirov an Reitmair, doch auch Ponte verschießt für Wolfsburg. Rémo Meyer kann Reitmair nicht bezwingen, was Diego Klimowicz die Chance eröffnet, mit dem 3:1 eine Vorentscheidung herbeizuführen. Doch Jentzsch pariert.

Nach dieser Serie von Fehlschüssen treffen Torben Hoffmann und Davor Šuker für die Löwen, dazwischen Petrov für die gegnerische Seite. Nach jeweils fünf Schützen steht es also 3:3. Bei den nächsten beiden Paaren sind alle Schützen erfolgreich, für 1860 treffen Benny Lauth und Rodrigo Costa. Dann verschießt Tobias Rau, doch Harald Cerny vergibt den Matchball. Nun treffen wieder zwei Paare, darunter Markus Schroth und Tomáš Votava auf Seiten der Löwen. Alle Feldspieler sind damit je einmal zum Schuss angetreten, es steht 7:7, die Torhüter müssen ran. Reitmair vergibt, Simon Jentzsch verwandelt eiskalt, 1860 steht nach dem längsten Elfmeterschießen der Vereinsgeschichte in der nächsten Runde.

Im Elfmeterschießen Bälle gehalten haben einige Löwen-Keeper, im Elfmeterschießen zu verwandeln, das schaffte nur Simon Jentzsch.

103. GRUND

Weil die Sechziger in den Top 21 der ewigen Bundesligatabelle stehen

52 Vereine haben bisher mindestens eine Bundesligasaison gespielt. Wenn man also in der ewigen Tabelle der Liga unter den ersten Zwanzig rangiert, so darf man für sich in Anspruch nehmen, einer ziemlich illustren Gesellschaft anzugehören. Zwanzig Spielzeiten hat der TSV 1860 bisher im deutschen Fußballoberhaus verbracht. Das macht 672 Spiele, von denen 238 gewonnen wurden, 264 verloren gingen verloren, 170 endeten unentschieden. Daraus errechnen sich unter Anwendung der Dreipunkteregel 884 Punkte, das Torverhältnis ist mit 1022:1059 leicht negativ. Das ergab im Sommer 2013 zum Ende der 50. Bundesligasaison Platz 19 in der ewigen Tabelle.

Diese Position war nicht zu halten, denn Aufsteiger Eintracht Braunschweig schaffte in der Saison 2013/14 trotz des sofortigen Wiederabstiegs die nötigen Punkte, um 1860 auf Rang 20 zu verdrängen. Der Platz in den Top 20 ist allerdings vorläufig nicht gefährdet, denn der nächste Kandidat, der VfL Wolfsburg, müsste wohl noch mindestens drei Jahre Punkte sammeln, um dieses Ziel zu erreichen. Dennoch wäre es an der Zeit, mal wieder selbst im Oberhaus auf Punktejagd zu gehen. – So las sich das 2014. Inzwischen ist der VfL Wolfsburg tatsächlich an den Löwen vorbei gezogen. Der Platz in den Top 21 ist jedoch bis auf Weiteres ungefährdet.

In der ewigen Tabelle der 2. Liga (die auch die zweigeteilten Jahre von 1974 bis 1981 einschließt) rangiert der TSV 1860 auf dem 13. Platz, einholbar in absehbarer Zeit nur von den Bielefelder Arminen und dem 1. FC Nürnberg. Den Status als Zweitliga-Dino, das Team mit der längsten ununterbrochenen Verweildauer, hat man im Sommer 2017 leichtfertig verspielt, und damit vorerst auch die

Möglichkeit, in der Ewigen Tabelle der 2. Liga weiter nach oben zu klettern.

104. GRUND

Weil 1860 Fans hat, bei denen es was zu Lachen gibt

Das Bekenntnis zu einem Fußballverein scheint heutzutage für Prominente aller Kategorien sozusagen *de rigueur* zu sein. Mitunter wirkt das peinlich, vor allem bei Politikern, die es sich mit niemandem verderben wollen und deshalb in dieser zentralen Frage eine gewisse Entscheidungsschwäche an den Tag legen. Bestes Beispiel ist Ex-Kanzler Gerhard Schröder, der als Ministerpräsident von Niedersachsen die Nähe zu Hannover 96 suchte, bei einem Besuch in Cottbus mit einem Energie-Schal auf der Tribüne saß, als Westfale eigentlich aber wohl die Daumen für Borussia Dortmund drückt.

Von solcher Politikerzuneigung war auch der TSV 1860 nie sicher. Wobei es zu unterscheiden gilt zwischen Politikern, die eigentlich keine Fans sind und mit der Übernahme einer Funktion im Verein eher andere Ziele verfolgen – wofür Ex-Präsident Erich Riedl als Paradebeispiel gelten kann – und solchen, bei denen das Bekenntnis ehrlich erscheint und die auch keine Funktion im Verein übernommen haben – Theo Waigel gehört in diese Kategorie. Wieder andere landen als Fan in einer Führungsposition und werden dort dann nicht glücklich, Beispiele hierfür sind Hans Zehetmair und Franz Maget. Münchens Ex-Oberbürgermeister Christian Ude hat sich immer zu 1860 bekannt, erweckt allerdings eher den Eindruck, als interessiere er sich eigentlich nicht für Sport.

Natürlich beschränkt sich die Prominenz unter den Fans beim TSV 1860 nicht auf Politiker. Dieter Hildebrandt, der große Mann des deutschen Kabaretts war Anhänger der Löwen. Das trifft sich gut, denn als Löwen-Fan muss man Humor haben. So ist es wohl kein Zufall, dass die Löwen in der Münchner Kabarettszene überhaupt gut vernetzt sind, auch Ottfried Fischer, Christian Springer und Michael Altinger bekennen sich zu den Blauen.

Von der Verankerung des TSV 1860 in der Münchner Musikszene ist an anderer Stelle die Rede. Doch auch Konstantin Wecker, vormals Besitzer eines Lokals in Giesing ganz in der Nähe des Stadions, soll den Löwen zugeneigt sein, und Michael Holm demonstrierte dies mit der Neueinspielung seines Hit *Mendocino* unter dem Titel *60 München*. Und auch unter Schauspielern haben die Löwen ihre Anhänger. Michael Lerchenberg gehört dazu; Götz George war über Jahrzehnte Lebenszeitmitglied bei 1860.

Die Liste ließe sich verlängern, doch bevor wir uns in irgendwelchen Spekulationen verfangen, geben wir gerne zu, dass es tatsächlich auch heute noch Prominente gibt, von denen wir merkwürdigerweise noch nicht wissen, für welchen Fußballclub ihr Herz schlägt.

105. GRUND

Weil Karl-Heinz Wildmoser für Thomas Häßler die Autobahn blau-weiß anmalen wollte

1998 stieg der Karlsruher SC aus der Bundesliga ab. Star der Mannschaft war Thomas Häßler, den man sich kaum in der 2. Liga vorstellen konnte. Unter den Bewerbern für seine Dienste befand sich überraschenderweise auch der TSV 1860. Überraschend deshalb, weil es Karl-Heinz Wildmoser in den letzten Jahre zwar gelungen war, den einen oder anderen nicht ganz unbekannten Spieler zum Wechsel an die Isar zu veranlassen, aber Thomas Häßler! Das war noch mal eine andere Kategorie. Um dem kleinen Berliner zu verdeutlichen, wie er bei den Löwen aufgenommen werden würde, versprach ihm der Präsident, bei einer Zusage die Autobahn nach München blau-weiß anmalen zu lassen.

Häßler ging jedoch zu Borussia Dortmund, der Champions-League-Sieger von 1997 schien die bessere sportliche Perspektive zu bieten (und zahlte vermutlich auch mehr). Eine Fehlentscheidung. Michael Skibbe spielte das alte Trainerspiel, sich einen Star auszusuchen und ihn zum Beweis seiner Autorität zu deckeln. Der sensible Häßler war ein denkbar ungeeignetes Objekt für solche Spielchen und wollte nach einer Saison mit nur achtzehn Einsätzen gleich wieder weg. Er erinnerte sich an Wildmosers Versprechen und unterschrieb bei 1860.

Von einer Malaktion auf der A8 oder der A9 wurde zwar nichts bekannt, doch wie von Wildmoser angekündigt, wurde Thomas Häßler von den Löwen-Fans mit offenen Armen empfangen. Ein Weltmeister bei 1860! Das gab es schon 1979 mit Heinz Flohe, doch der war im Endspiel von 1974 nicht zum Einsatz gekommen, höchstens ein halber Weltmeister also. Häßler hingegen hatte 1990 im Endspiel von Rom von Anfang bis zum Ende auf dem Platz gestanden. Werner Lorant gab ihm im Mittelfeld alle Freiheiten und Häßler verlieh dem Spiel der Löwen wieder jenen spielerischen Glanz, der mit dem Abgang von Piotr Nowak verloren gegangen schien. Gleich in seiner ersten Saison gewannen die Löwen beide Derbys und erreichten die Qualifikationsspiele zur Champions League.

Seit der Weltmeisterschaft 1998 hatte Thomas Häßler nicht mehr in der Nationalmannschaft gespielt, doch nach den guten Leistungen in seiner ersten Saison bei 1860 berief Erich Ribbeck ihn ins Aufgebot für die Europameisterschaft 2000. Es sollte der furchtbarste Turnierauftritt einer deutschen Nationalmannschaft aller Zeiten werden, den sich der Löwe, hätte er dies vorher gewusst, vermutlich erspart hätte. Immerhin konnte er während des Turniers seinen 100. und 101. Länderspieleinsatz feiern, womit er zur kleinen Gruppe von Spielern gehört, die eine dreistellige Zahl von Berufungen ins DFB-Team aufweisen können.

In der Saison 2002/03 musste er sich einer Knieoperation unterziehen und versäumte den größten Teil der Rückrunde. Es mehrten sich die Zeichen, dass der Verein nicht mehr mit ihm plante, und in der Tat erhielt Thomas Häßler keinen neuen Vertrag mehr. Vermutlich ein Fehler, denn selbst als Teilzeitkraft hätte er wohl einen Beitrag dazu leisten können, den Absturz auf die Abstiegsränge in der Saison 2003/04 zu vermeiden.

Thomas Häßler mag zwar klein von Statur gewesen sein, unter den Löwen war er dennoch ein Riese.

106. GRUND

Weil Lionel Messi Leo gerufen wird

Im Sommer 2008 verpflichteten die Löwen einen argentinischen Nachwuchsspieler namens Emanuel Biancucchi. Keine schlagzeilenträchtige Nachricht eigentlich, hätte der Argentinier nicht mit einem berühmten Verwandten aufwarten können. Er war ein Cousin von Lionel Messi.

Die Qualitäten Messis durfte man von ihm nicht erwarten, so viel war klar, denn dann wäre er nicht bei 1860 gelandet. Aber er sollte ja auch nicht die Champions League gewinnen, sondern den Löwen helfen, der 2. Liga zu entkommen.

Und ein bisschen vom Glanz des berühmten Cousins würde schon auch auf die Sechziger abstrahlen, war Lionel Messi aufgrund seines Rufnamens Leo doch ohnehin quasi ein Löwe. Und nach dem unvermeidlichen Aufstieg und der danach ebenso unvermeidlichen Qualifikation für die Champions League, würde er vielleicht auch bereit sein, seine Zelte in Barcelona abzubrechen, um sie an der Isar aufzuschlagen.

Ein Problem galt es allerdings noch aus der Welt zu schaffen. Biancucchi sollte in der zweiten Mannschaft aufgebaut werden, doch für die war er als Nicht-EU-Ausländer nicht spielberechtigt. Ein italienischer Pass wurde beantragt, auf die notwendigen italienischen Vorfahren deutete ja bereits der Familienname. Die vermeintliche Formsache zog sich in die Länge, der Pass ließ auf sich warten. Erst mal hieß es, brav trainieren und Ende der Saison 2008/09 gab es dann zwei Freundschaftsspieleinsätze in der Profimannschaft, für die die Ausländerbeschränkung nicht galt.

Zu Beginn der folgenden Saison spielte Biancucchi zweimal mit einer Sondergenehmigung des DFB in der zweiten Mannschaft, dann wurde die Spielberechtigung widerrufen. Ewald Lienen holte ihn dann in den Profikader, ab Oktober 2009 kam er bei den Profis in insgesamt dreizehn Spielen zum Einsatz, davon zehnmal als Einwechselspieler. An seiner Technik gab es nichts auszusetzen, leider verband sie sich mit einer ausgeprägten Neigung, den Ball dem Gegner zu überlassen. 2010/11 reichte es dann noch zu zwei Punktspieleinsätzen als Einwechselspieler, dafür gab's im Oktober 2010 endlich den italienischen Pass und damit die Möglichkeit, in der U21 zu spielen. In der Winterpause verließ der Argentinier jedoch unter mysteriösen Umständen die Löwen. Zunächst hieß es, sein neuer Verein sei Cesena in Italien, und nur für diesen Verein hatten die Löwen wohl die Freigabe erteilt. Doch dann unterschrieb er einen Vertrag beim spanischen FC Girona. Ob 1860 jemals die eigentlich fällige Ablösesumme erhielt, wurde schamhaft verschwiegen. Vielleicht war man nur froh, den Mann von der Gehaltsliste zu bekommen.

Lionel Messi kam aber dennoch zu den Löwen. Am 3. März 2010 absolvierte die von Diego Maradona trainierte argentinische Nationalmannschaft in München ein Länderspiel gegen Deutschland. Und zuvor übte die Albiceleste, angeführt von Leo Messi, auf dem Trainingsgelände des TSV 1860 an der Grünwalder Straße. Einmal Leo, immer Löwe.

107. GRUND

Weil ein Löwenspieler einmal beinahe Diego Maradona aus dem Europapokal geworfen hätte

Als der TSV 1860 im Sommer 1982 vom DFB per Lizenzentzug zum Abstieg in die drittklassige Bayernliga verurteilt wurde, suchte natürlich der größte Teil der Profimannschaft, die gerade die Rückkehr in die Bundesliga nur knapp versäumt hatte, umgehend das Weite. Der Kern der neuen Mannschaft bestand aus Spielern der Amateurmannschaft, die in der Saison 1981/82 in der bayerischen Landesliga Süd den 2. Platz belegt hatte.

Kaum einer der 12.000 Zuschauer, die am 4. August 1982 bei miserablem Wetter auf Giesings Höhen strömten, um dem ersten Bayernligaspiel des TSV 1860 gegen die SpVgg Landshut beizuwohnen, kannte die Spieler, die nun für die Löwen die Kastanien aus dem Feuer holen sollten. Am Ende des Spiels hatte einer von ihnen jedoch nachhaltig auf sich aufmerksam gemacht, der gerade mal 19-jährige Andreas Löbmann, der mit zwei Toren in der 74. und 78. Minute einen 1:2-Rückstand in einen Sieg verwandelt hatte und damit zum Helden des Tages avancierte.

Löbmann hatte bereits in der Jugend für 1860 gespielt, die Vorsaison jedoch beim FC Wacker verbracht, der ihm zunächst auch die Freigabe zur Rückkehr verweigern wollte. Der junge Stürmer wirkte etwas ungelenk, der Ball schien nicht unbedingt sein Freund, ebenso wenig die Abseitsregel. Doch am Ende der Saison hatte er das Leder achtzehn Mal im gegnerischen Tor versenkt und gegen Torerfolge gibt es wenig Argumente. Eine ähnliche Zahl erreichte der Andy in den folgenden Jahren zwar nicht, seinen Platz im Team aber konnte er behaupten und 1988/89 hatte er sein bestes Jahr, als er in 32 Spielen 29 mal traf.

Da es mit dem erhofften Aufstieg wieder nicht geklappt hatte, wechselte Andy Löbmann in die erste Schweizer Liga zum FC Wettingen, der sich überraschend für den UEFA-Pokal qualifiziert hatte. Dort war in der 1. Runde der irische FC Dundalk der Gegner, der im Hinspiel in Wettingen mit 1:2 und im Rückspiel mit 0:2 den Kürzeren zog. Drei der vier Tore gingen auf das Konto des Ex-Löwen. In der nächsten Runde wartete mit dem SSC Neapel ein ungleich größeres Kaliber, stand in der Mannschaft der Italiener doch mit Diego Maradona der damals unbestritten beste Spieler der Welt. Das Hinspiel im Züricher Letzigrund endete torlos, im Rückspiel gingen die Schweizer früh in Führung und mussten erst nach der Pause den Ausgleich hinnehmen. Ein überaus umstrittener Elfmeter bedeutete schließlich das Ende aller Hoffnungen. Viel fehlte also nicht und ein früherer Löwenspieler hätte Anteil an einer der größten Europapokalsensationen aller Zeiten gehabt.

Nach zwei Jahren in der Schweiz wechselte Löbmann nach Berlin zu Blau Weiß 90, um ein weiteres Jahr später für eine weitere Spielzeit zu seinem Stammverein nach München zurückzukehren. Mit insgesamt 98 Toren ist er unangefochtener Bayernliga-Schützenkönig der Löwen, mit 222 Einsätzen führt er auch die Liste der Bayernliga-Rekordspieler gemeinsam mit Joachim Goldstein an.

108. GRUND

Weil Petrus ein Blauer ist

Am Samstag, den 25. Mai 2013, gewann ein Münchner Fußballverein, der meist in roten Trikots antritt, in London einen europäischen Titel, hinter dem er bereits seit einigen Jahren vergeblich her war. Einen Tag später landete man mit großem Tross und dem Pokal im Gepäck auf dem Münchner Flughafen. Bei strömendem Regen und bitterer Kälte, das Empfangskomitee und die Medienvertreter warteten völlig durchnässt und mit blauen Lippen. Eine Woche später gewann derselbe Verein in Berlin einen nationalen

Titel und landete tags darauf erneut auf dem heimischen Flughafen. Diesmal ging's auch noch per Autokorso in die Stadt zum Rathaus. Und das Wetter? Seit der Vorwoche praktisch unverändert.

Was schließen wir daraus? Petrus war mit den Ergebnissen der Spiele von London und Berlin nicht einverstanden, Petrus ist ein Blauer!

109. GRUND

Weil Löwen treu sind

Heute ist der Wechsel das Beständigste, und so ist es kaum noch denkbar, dass ein Spieler eine wirklich lange Zeit oder gar seine gesamte Laufbahn bei einem Verein verbringt. Man kann dies den Spielern kaum vorwerfen, denn selbst wenn sie es wollten, werden sie oft durch die Personalpolitik ihres Vereins daran gehindert, treu zu bleiben. Bei den Löwen brachte es in den letzten Jahren Torwart Michael Hofmann immerhin auf stolze vierzehn Spielzeiten. Er kam 1996 aus Bayreuth und wechselte erst 2010, als er keinen Vertrag mehr erhielt, im Alter von 37 Jahren zu Jahn Regensburg.

Die sportlichen Erfolge von Michi Hofmann verblassen jedoch neben denen des treuesten aus der Meistergeneration der Löwen. Manfred Wagner kam 1955 vom FC Neuhofen, einem Sendlinger Vorstadtverein, zu 1860 und debütierte am 3. Mai 1958 in einem Pokalspiel bei Amicitia Viernheim in der ersten Mannschaft, deren Kader er von der folgenden Saison an bis zum Ende der ersten Regionalligasaison 1970/71 angehörte. Er war bei allen großen Erfolgen der Sechzigerjahre dabei und ist der einzige Spieler, der in den Fünfzigern, den Sechzigern und den Siebzigern das Löwentrikot trug. Insgesamt absolvierte er über 360 Pflichtspiele, mehr als jeder andere Löwenspieler seit dem Krieg, bevor er seine Laufbahn wegen Unstimmigkeiten mit Trainer Hans Tilkowski beendete.

Auch nach seiner aktiven Laufbahn blieb er dem Verein erhalten. Er spielte lange Jahre in der Traditionsmannschaft und koordinierte deren Spielbetrieb. Und er hielt die Meisterlöwen beieinander, deren herausragender Repräsentant er bis zu seinem Tode blieb.

110. GRUND

Weil der TSV 1860 für die deutsch-arabische Freundschaft einsteht

Es war einmal ein Fußballverein namens TSV 1860 München, der sich im Frühjahr 2011 durch die verfehlte Beteiligung an einem Stadionprojekt und fortdauernde Misswirtschaft in eine Situation gebracht sah, in der die Einleitung eines Insolvenzverfahrens unvermeidlich schien. Rettung kam in Gestalt eines arabischen Investors, der durch die Übernahme von Anteilen an der KGaA, in der der Profifußball bei diesem Verein organisiert ist, die Zahlungsunfähigkeit verhinderte. Dies war der Beginn eines für den deutschen Fußball neuen Experiments, das von allen Seiten mit kritischem Blick betrachtet wurde. Würde es gelingen, 1860 wieder in ruhiges Fahrwasser zu bringen, würde es Probleme mit der 50+1-Regel geben?

Nun, allen Unkenrufen zum Trotz entwickelte sich das Experiment zu einer Erfolgsgeschichte ohnegleichen. Mit Präsident Dieter Schneider, Investor Hasan Ismaik und dessen Münchner Statthalter Hamada Iraki hatten sich drei gefunden, die gut miteinander konnten. Man pflegte einen regen Meinungsaustausch und besuchte sich gegenseitig regelmäßig. In Abu Dhabi vergnügte man sich beim Zocken auf der örtlichen Kamelrennbahn, in München ließ man sich wiederholt beim Rauchen von Wasserpfeifen ablichten, der Dolmetscher soll ein schwarzer Afghane gewesen sein.

So konnte es sportlich nur bergauf gehen. Die erste gemeinsame Saison diente der Konsolidierung, trotz prominenter Neueinkäufe wie Dennis Malura, Collin Benjamin und Arne Feick. In der Saison 2012/13 gelang unangefochten der Aufstieg in die Bundesliga, bereits zwei Jahre später spielte man in der Champions League. 2017 erreichte man das Finale dieses Wettbewerbs, das zum ersten Mal seit 2012 wieder nach München vergeben worden war. Da sich das neue Löwen-Kolosseum noch im Bau befand, musste man in der Fröttmaninger Arena zum »Finale dahoam« antreten. Gegner waren die Löwen von Eintracht Braunschweig, mit denen man die letzten Bundesligaspielzeiten beherrscht hatte. Es wurde ein großes, wenn auch einseitiges Finale. Das Löwenspiel dominierten die Heimkehrer Lars Bender, Sven Bender, Kevin Volland und Moritz Leitner, stolze Weltmeister von 2014, im Sturm wirbelte immer noch Benny Lauth, der sich mit Kevin Volland wie schon 2011/12 blendend verstand. So stand am Ende ein ungefährdetes 18:6 für die Münchner und Europa verneigte sich vor einem neuen Champion.

Und wenn sie nicht gestorben sind …

111. GRUND

Weil die Löwen Münchens große Liebe sind

Was will der Fußballfan von seinem Verein? Erfolg, natürlich, der gehört dazu im Sport und gleich gar im Profifußball. Aber nicht alle sind bereit, ihren Verein allein darauf zu reduzieren. Sie wollen keine Geldmaschine, sie wollen ein Identifikationsangebot, sie wollen eine familiäre Atmosphäre, sie wollen einen etwas anderen Verein.

Der Stadionsprecher der Löwen, Stefan Schneider, hat den Satz vom TSV 1860 als »Münchens großer Liebe« geprägt, und so wird die Mannschaft angekündigt, wenn sie bei Heimspielen den Rasen betritt. Das mag absurd erscheinen, denn da gibt es ja noch diesen anderen Verein, der ungleich größere Erfolge hat und der zweifellos viele Münchner zu seinen Fans zählen darf.

Aber es ist nicht absurd. Sicher, der FC Bayern gehört zu München. So wie BMW, Siemens oder die Allianz zu München gehören, er ist das DAX-Unternehmen unter den Fußballclubs. Und ohne jenen Fans zu nahe treten zu wollen, die so lang dabei sind, dass sie den FC Bayern noch anders kennen: Wie liebt man so einen Koloss? Der TSV 1860 gehört in anderer und vielleicht tieferer Weise genauso zum Geflecht der Stadt, sein Verschwinden würde nicht nur von Löwen-Fans als Verlust empfunden und eine große Lücke hinterlassen, das Bekenntnis zu 1860 gehört in vielen Familien zur Tradition.

Der TSV 1860 hat sich in den letzten Jahren nicht so dargestellt, wie es der Anspruch, Münchens große Liebe zu sein, verlangt hätte. Bereits in der Ära Wildmoser tat der Verein sich schwer, seine Rolle zu definieren. Einerseits wollte man ganz anders sein als der große Rivale, anderseits kursierte das Wort vom »FC Bayern light«. Der Anspruch, eigentlich so zu sein, wie der FC Bayern, kulminierte in dem völlig verfehlten Projekt des gemeinsamen Stadionbaus. Auch nach dem Abstieg 2004 tat man sich schwer, eine angemessene Rolle zu finden. Gegen den Anspruch, ein Erstligist zu sein, ist nichts einzuwenden, doch die Erkenntnis, dass man im Schatten des anderen Vereins nur überleben kann, wenn man sich eindeutig als Alternative mit eigener Identität positioniert, war in der Führungsspitze des Vereins nicht immer Allgemeingut.

In anderen Städten ist man da weiter. Die Situation beim FC St. Pauli und Union Berlin ist in vieler Hinsicht anders als bei 1860, dennoch gäbe es von diesen Vereinen viel zu lernen. Es geht nur mit den Fans, gerade den kritischen. Die wollen einen Verein, der sich seiner Identität bewusst ist, bar allen »Mia san mia«-Gehabes, einen Verein, der finanziell solide aufgestellt ist, ohne mit dem Festgeldkonto zu protzen, einen Verein, der auf den eigenen Nachwuchs setzt, und nicht einfach dem Hauptkonkurrenten mal schnell einen Spieler wegkauft, weil er zu haben ist. Wenn sich diese Einschätzung durchsetzen sollte, könnte der tiefe Fall des Jahres 2017 der Beginn eines neuen Weges zurück in die Erfolgsspur sein. Und man wird weiterhin mit Fug und Recht vom TSV München 1860 als Münchens großer Liebe sprechen können.

Und wer trotz der in diesem Buch aufgeführten erstklassigen Gründe nicht an dieser großen Liebe teilhaben will, dem ist ohnehin nicht zu helfen.

12. KAPITEL

DIE BONUSGRÜNDE

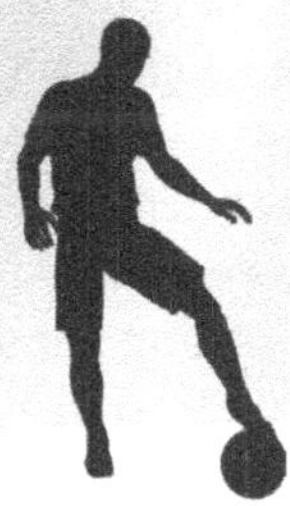

BONUSGRUND 1

Weil Kai Bülow im richtigen Moment an der richtigen Stelle stand

Im Sommer 2014 herrschte beim TSV München 1860 wieder mal Aufbruchstimmung. Ein neuer Sportdirektor, Gerhard Poschner, schien den Kader wesentlich verstärkt zu haben; ein neuer Trainer, Ricardo Moniz, erklärte seine Mannschaft zum Meisterschaftsfavoriten. Die Meisterschaft, wohlgemerkt, sollte es sein, nicht einfach nur um den Aufstieg mitspielen, was gegenüber den Jahren zuvor schon ein Fortschritt gewesen wäre. Wie unkonventionell Moniz dachte, zeigte auch seine Ernennung des knapp neunzehnjährigen Julian Weigl zum Mannschaftskapitän, der erst während der Vorsaison in den Profikader aufgerückt war.

Das erste Saisonspiel auf dem Betzenberg in Kaiserslautern ließ sich prächtig an; ab der 20. Minute spielten die Löwen wegen eines Platzverweises des Lauterer Keepers in Überzahl und bei Halbzeit führten sie mit 2:0. Doch eine schwache Viertelstunde in der zweiten Hälfte genügte und der scheinbar sichere Vorsprung verwandelte sich in eine 2:3-Niederlage. Solche Blackouts, die meist zu Beginn der Halbzeiten zu mehreren Gegentoren führten, sollten sich im Laufe der Saison noch mehrmals wiederholen und zahlreiche Punkte kosten. Im ersten Heimspiel zeigte der ambitionierte Neuling Rote Brause Leipzig den Löwen mit 3:0 deutlich die Grenzen auf und von Aufbruchstimmung war nicht mehr viel zu spüren. In der Woche nach diesem Spiel folgte eine Posse, in deren Verlauf vier Spieler wegen einer lässlichen Sünde suspendiert wurden. Sie waren in der Woche zuvor in der Nacht vor einem trainingsfreien Tag unterwegs gewesen und hatten das Pech, in den Wagen eines Taxifahrers gestiegen zu sein, der in anderen Zeiten sicherlich einen exzellenten Blockwart abgegeben hatte und das Quartett beim Verein denunzierte. Mit dieser

Suspendierung begann auch die systematische Demontage des gerade erst zum Kapitän ernannten Julian Weigl durch Sportdirektor und Trainer.

Der erste Sieg gelang am fünften Spieltag beim FC St. Pauli unter gütiger Mithilfe des Schiedsrichters, doch es zeigte sich, dass die von Gerhard Poschner planlos zusammengekaufte Weltauswahl für die deutsche 2. Liga nicht geeignet war. Nach zwei weiteren sieglosen Spielen musste Ricardo Moniz gehen und wurde durch Co-Trainer Markus von Ahlen ersetzt, der in den letzten Wochen der Vorsaison als Interimstrainer eine ordentliche Bilanz zu verzeichnen hatte, eigentlich jedoch gar nicht Cheftrainer werden wollte. Die Mannschaft lieferte beim 2:0 im Heimspiel gegen die SpVgg Greuther Fürth umgehend ihr bestes Saisonspiel ab, was jedoch der letzte Heimsieg der Regentschaft von Ahlen bleiben sollte. Auswärts lief es zwar ein wenig besser, doch die Abstiegszone rückte näher und näher.

In der Winterpause vergab Poschner die Chance, seine völlig verfehlte Personalpolitik vom Sommer zu korrigieren. Er durfte aber weiterhin sein Unwesen treiben, während Markus von Ahlen das zweite Spiel nach der Winterpause, immerhin ein 1:1 beim späteren Aufsteiger Darmstadt 98, zum Verhängnis wurde. An seine Stelle rückte Torsten Fröhling, der bis dahin mit Erfolg die 2. Mannschaft der Löwen trainiert hatte. Wie sein Vorgänger konnte er im ersten Heimspiel einen Sieg feiern, ein 2:1 gegen den FC St. Pauli. In den folgenden Wochen setzte er mehr auf Nachwuchsspieler als auf die Fehleinkäufe des Sportdirektors, insgesamt mit wechselndem Erfolg. Im März hätte man sich mit sechs Punkten aus aufeinander folgenden Heimspielen gegen die späteren Absteiger Erzgebirge Aue und VfR Aalen aller Abstiegssorgen entledigen können, heraus kam gerade mal einer.

Am vorletzten Spieltag hievte ein 2:1 gegen den 1. FC Nürnberg vor 68.500 Zuschauern die Löwen auf den rettenden Platz 15, der eine Woche später mit einem blutleeren Auftritt beim Karlsruher

SC wieder verspielt wurde. In der Relegation wartete mit Holstein Kiel, dem Dritten der 3. Liga, ein nicht gerade furchterweckender Gegner. Beim Hinspiel an der Ostsee zeigten sich die Löwen auch als die bessere Mannschaft, erreichten jedoch nur ein torloses Unentschieden, versäumten also das in der Europapokalarithmetik so wichtige Auswärtstor. Beim Rückspiel bildeten 57.000 Fans erneut eine erstligareife Kulisse, doch das Team, daheim notorisch anfällig für Gegentore, musste ab der 16. Minute einem Rückstand hinterherlaufen. Lange sah es so aus, als würde nichts mehr passieren, doch in der 78. Minute gelang Daniel Adlung der Ausgleich und nun rafften sich die Löwen zu einer Leistung auf, die demonstrierte, wer hier der Zweitligist war. Zu spät allerdings, so schien es, die Nachspielzeit war bereits angebrochen. Dann setzte Valdet Rama einen Ball gegen den Pfosten, das Scheitern am Aluminium in letzter Sekunde schien den traurigen Höhepunkt einer völlig verkorksten Saison zu markieren. Doch Kai Bülow war zu Stelle und bugsierte den Ball in den Kasten der Störche. Nicht das erste Beispiel eines oft verkannten Mitläufers, der sich im entscheidenden Moment zum Fußballgott aufschwingt und sich für alle Ewigkeit in die Geschichte seines Vereins einschreibt.

Glücksgefühle, wie sie nun freigesetzt wurden, hatten die Löwen-Fans seit ewigen Zeiten nicht erfahren dürfen, auch wenn sie durch Ereignisse am falschen Ende der Tabelle ausgelöst worden waren.

BONUSGRUND 2

Weil … die beste Nachwuchsarbeit der Welt!

Die in den folgenden Listen aufgeführten Spieler standen in der Saison 2015/16 im Kader von Vereinen der drei obersten Ligen Deutschlands oder der 1. Liga anderer Länder.

Spieler, die der U19 des TSV München 1860 entstammen:

- Nicky Adler (FC Erzgebirge Aue, 3. Liga, U20-Nationalspieler Deutschland)
- Stefan Aigner (Eintracht Frankfurt, Bundesliga)
- Daniel Baier (FC Augsburg, Bundesliga, U21-Nationalspieler Deutschland)
- Julian Baumgartlinger (1. FSV Mainz 05, Bundesliga, Nationalspieler Österreich)
- Lars Bender (Bayer 04 Leverkusen, Bundesliga, Nationalspieler Deutschland)
- Sven Bender (Borussia Dortmund, Bundesliga, Nationalspieler Deutschland)
- Tarık Çamdal (Galatasaray Istanbul, 1. Liga Türkei, Nationalspieler Türkei)
- Nicolas Feldhahn (VfL Osnabrück, 3. Liga)
- Anton Fink (Chemnitzer FC, 3. Liga)
- Timo Gebhart (1. FC Nürnberg, 2. Liga / Steaua Bukarest, 1. Liga Rumänien, U21-Nationalspieler Deutschland)
- Philipp Hosiner (1. FC Köln, Bundesliga, Nationalspieler Österreich)
- Christoph Janker (FC Augsburg, Bundesliga)
- Fabian Johnson (Borussia Mönchengladbach, Bundesliga, Nationalspieler USA)
- Florian Jungwirth (SV Darmstadt 98, Bundesliga, U20-Nationalspieler Deutschland)
- Peter Kurzweg (Würzburger Kickers, 3. Liga)
- Nikolas Ledgerwood (FC Energie Cottbus, 3. Liga, Nationalspieler Kanada)
- Moritz Leitner (Borussia Dortmund, Bundesliga, U21-Nationalspieler Deutschland)
- Sebastian Maier (FC St. Pauli, 2. Liga, U19-Nationalspieler Deutschland)
- Peniel Mlapa (VfL Bochum, 2. Liga, U21-Nationalspieler Deutschland)

- Thomas Pledl (FC Ingolstadt 04, Bundesliga / SV Sandhausen, 2. Liga, U20-Nationalspieler Deutschland)
- Marcel Schäfer (VfL Wolfsburg, Bundesliga, Nationalspieler Deutschland)
- Manuel Schäffler (Holstein Kiel, 3. Liga, U20-Nationalspieler Deutschland)
- Tobias Schilk (1. FSV Mainz 05 II, 3. Liga, U20-Nationalspieler Deutschland)
- Benjamin Schwarz (SC Preußen Münster, 3. Liga)
- Martin Stranzl (Borussia Mönchengladbach, Bundesliga, Nationalspieler Österreich)
- Tobias Strobl (TSG 1899 Hoffenheim, Bundesliga)
- Christian Träsch (VfL Wolfsburg, Bundesliga, Nationalspieler Deutschland)
- Liridon Vocaj (Würzburger Kickers, 3. Liga)
- Kevin Volland (TSG 1899 Hoffenheim, Bundesliga, Nationalspieler Deutschland)
- Stefan Wannenwetsch (FC Ingolstadt 04, Bundesliga / Hansa Rostock, 3. Liga)
- Julian Weigl (Borussia Dortmund, Bundesliga, U21-Nationalspieler Deutschland)
- Mathias Wittek (1. FC Heidenheim, 2. Liga, U18-Nationalspieler Deutschland)
- Bobby Wood (1. FC Union Berlin, 2. Liga, Nationalspieler USA)
- Björn Ziegenbein (Hallescher FC, 3. Liga, U21-Nationalspieler Deutschland)

Spieler aus dem eigenen Nachwuchs (U19 und/oder U21) im Zweitligakader des TSV München 1860:

- Vitus Eicher
- Nico Karger
- Vladimir Kováč (U19-Nationalspieler Slowakei)

- Fejsal Mulić (U21-Nationalspieler Serbien, in der Winterpause gewechselt zu Royal Mouscron-Péruwetz, 1. Liga Belgien)
- Stephane Mvibudulu (in der Winterpause gewechselt zu Stuttgarter Kickers, 3. Liga)
- Michael Netolitzky
- Richard Neudecker (U19-Nationalspieler Deutschland)
- Christopher Schindler (U21-Nationalspieler Deutschland)
- Dominik Stahl
- Emmanuel Taffertshofer (in der Winterpause gewechselt zu Würzburger Kickers, 3. Liga)
- Korbinian Vollmann (in der Winterpause gewechselt zu SV Sandhausen, 2. Liga)
- Maximilian Wittek (U20-Nationalspieler Deutschland)
- Marius Wolf (in der Winterpause gewechselt zu Hannover 96, Bundesliga, U20-Nationalspieler Deutschland)

Spieler, die bei 1860 als U23/U21-Spieler den Sprung in den Profikader geschafft haben und später den Verein wechselten:

- José Holebas (FC Watford, 1. Liga England, Nationalspieler Griechenland)
- Jonatan Kotzke (SV Wehen Wiesbaden, 3. Liga)
- Matthias Lehmann (1. FC Köln, Bundesliga, U21-Nationalspieler Deutschland)
- Philipp Tschauner (Hannover 96, Bundesliga, U21-Nationalspieler Deutschland)

Spieler, die in der U23 des TSV 1860 spielten und von dort den Verein wechselten:

- Nico Hammann (SV Sandhausen, 2. Liga / 1. FC Magdeburg, 3. Liga)
- Mathias Fetsch (SG Dynamo Dresden, 3. Liga)
- Julian Leist (SG Sonnenhof Großaspach, 3. Liga)

Spieler, die in der Jugend bei 1860 spielten, den Verein jedoch schon vor dem Sprung zu den A-Junioren (U19) verließen:

- Philipp Max (U11-U14 / FC Augsburg, Bundesliga)
- Benedikt Saller (U15-U17 / 1. FSV Mainz 05 II, 3. Liga)
- Florian Niederlechner (U13 / 1. FSV Mainz 05, 1. Liga / SC Freiburg, 2. Liga)

Noch zwei Trainer: Julian Nagelsmann, seit Februar 2016 bei der TSG 1899 Hoffenheim jüngster Bundesligatrainer aller Zeiten, entstammt der Nachwuchsabteilung des TSV 1860; Thomas Wörle, Meistertrainer der Frauen des FC Bayern München, spielte zwei Jahre für die U23 der Löwen.

Und zu allerletzt: Leonard Stolz spielte fünf Jahre in der Löwenjugend, ging dann zum Studium in die USA und wurde dort 2014 als bester College-Spieler des Jahres ausgezeichnet. Siehe Überschrift … die beste Nachwuchsarbeit der Welt!

Soweit die, um im Fußballjargon zu bleiben, »Momentaufnahme« aus der Saison 2015/16. Seither hat es den einen oder anderen Vereinswechsel gegeben, vor allem aber lässt sich die Liste fortsetzen: Felix Uduokhai hat beim VfL Wolfsburg den Sprung in die Bundesliga geschafft; Florian Neuhaus ist zu Borussia Mönchengladbach gewechselt und an Fortuna Düsseldorf ausgeliehen; Kilian Jakob spielt beim FC Augsburg, Marin Pongračić bei RB Salzburg und Maximilian Engl und Moritz Heinrich in der 3. Liga bei Rot-Weiß Erfurt bzw. Preußen Münster. Und beim FC Augsburg ist mit Manuel Baum ein Mann Cheftrainer, der in der Jugend ebenfalls für 1860 gespielt hat.

Weiterhin gilt: Der Verein kann stolz auf seine Nachwuchsarbeit sein und zugleich diesen unglaublichen Aderlass beklagen.

BONUSGRUND 3

Weil Geld doch keine Tore schießt

Sommerpause 2016. Zweimal war man dem Tod, d.h. dem Abstieg, gerade noch mal von der Schippe gesprungen, 2015 in der Relegation gegen Holstein Kiel, ein Jahr später am vorletzten Spieltag. Eine weitere Zittersaison war nicht eingeplant.

Mit Kosta Runjaic verpflichtete man einen zweitligaerfahrenen Trainer; den neuen Kader sollte Oliver Kreuzer zusammenstellen, der mit gelungenen Wintereinkäufen in der Vorsaison nicht unerheblich zum Klassenerhalt beigetragen hatte. Gemeinsam wurden die beiden auf der Mitgliederversammlung im Juni 2016 gefeiert, doch nur wenige Tage später musste Kreuzer aus unbekannten Gründen gehen. Als Nachfolger wurde Thomas Eichin geholt, der in Bremen zwar keine überwältigenden sportlichen Erfolge hatte feiern können, aber die Finanzen des Klubs in Ordnung gebracht hatte.

Trotz der verkorksten Saison hatte man im Sommer 2015 auf einen größeren Umbruch verzichtet, doch diesmal sollte der Kader ein ganz neues Gesicht erhalten. Passten erste Verpflichtungen wie Torhüter Jan Zimmermann und die Mittelfeldakteure Karim Matmour und Fanol Perdedaj noch ins Beuteschema eines ambitionierten Zweitligisten, so ging man dann unter Führung des plötzlich sehr engagierten Investors in die Vollen: aus Belgrad holte man mit Filip Stojković einen jungen Verteidiger, der gerade sein Debüt in der Nationalelf Montenegros gegeben hatte; von Benfica Lissabon wurde der Brasilianer Victor Andrade ausgeliehen; der frühere Bayern-Star Ivica Olić kam zwar ablösefrei vom HSV, ihn hatte aber sicherlich ein stattliches Gehaltsangebot gelockt. Große Ablösesummen flossen schließlich für Lucas Ribamar, einen jungen Brasilianer, und Stefan Aigner, der – durchaus zur Freude der Fans – von der Frankfurter Eintracht zurückgeholt wurde. Und plötzlich gehörte der TSV 1860, zumindest was den Etat betraf, zur Spitzengruppe der Liga, vermutlich nur hinter den Bundesligaabsteigern VfB Stuttgart und Hannover 96.

Der Saisonstart ging zwar mit einem 0:1 bei der SpVgg Greuther Fürth daneben, danach aber zeigte das Team ansprechende Leistungen und überzeugte vor allem mit einem 2:1-Sieg beim 1. FC Nürnberg. Da war Stefan Aigner allerdings wegen einer schweren Verletzung schon nicht mehr dabei; auch Stojković und Ribamar fehlten, beide sollten auch im weiteren Verlauf der Saison nur zu ganz wenigen Einsätzen kommen. Dem Sieg in Nürnberg folgte eine Serie von neun Spielen mit nur einem Sieg, und nach einem 1:1 daheim gegen den 1. FC Kaiserslautern musste Kosta Runjaic den Hut nehmen. Investor Hasan Ismaik erschien persönlich, um auf einer Pressekonferenz einen neuen Geschäftsführer vorzustellen, der keinerlei Referenzen aus dem Fußballgeschäft vorzuweisen hatte. Damit war zugleich Thomas Eichin entmachtet, der konsequenterweise auch bald darauf ganz freigestellt wurde. Die fälligen Abfindungszahlungen schnellten in die Höhe.

Als Trainer sprang zunächst einmal Daniel Bierofka ein, in der Winterpause übernahm der Portugiese Vítor Pereira, der mit dem FC Porto und Olympiakos Piräus nationale Meistertitel geholt hatte, zuletzt aber von Fenerbahçe Istanbul gefeuert worden war. Der Kader wurde weiter mit dem Senegalesen Abdoulaye Ba, dem Dänen Christian Gytkjær, dem Ghanaer Lumor, dem Brasilianer Amilton und Frank Boya aus Kamerun verstärkt. Wobei sich eigentlich nur Ba als wirkliche Verstärkung erwies, während Gytkjær, gerade zum Schützenkönig der ersten norwegischen Liga gekrönt, in der Rückrunde gerade zweimal traf, dazu einmal ins eigene Netz, was auf dem Betzenberg einem direkten Kontrahenten wichtige Punkte einbrachte. Wie schon in der Ära Poschner gelang es nicht, mit einer Weltauswahl in der 2. Liga zu reüssieren. Im Gegenteil, Schritt für Schritt rutschte man tiefer in die Abstiegszone. Am vorletzten Spieltag wäre im Heimspiel gegen den VfL Bochum die Rettung möglich gewesen, doch es gab eine Niederlage. Am letzten Spieltag ging die Mannschaft in Heidenheim eine halbe Stunde vor Schluss in Führung, konnte diese aber nicht über die Zeit bringen. So musste man zum zweiten Mal innerhalb von drei Spielzeiten in die Relegation, und anders als zwei Jahre zuvor gab es diesmal kein Happy End. Nach einem glücklichen 1:1 in Regensburg sah es noch danach aus, doch im Rückspiel setzte es in der Arena eine hochverdiente 0:2-Niederlage gegen den Jahn.

Dritte Liga also? Nein, denn es folgte der 2. Juni 2017, der als »Schwarzer Freitag« in die Vereinsgeschichte eingehen sollte. Hasan Ismaik verweigerte die Zahlung der zur Erlangung der Drittligalizenz notwendigen Gelder, der Absturz endete erst in der Regionalliga. Selten wurde binnen einer Saison von einem Fußballverein so viel Geld so sinn- und zweckfrei ausgegeben. Was lernen wir daraus? Manchmal, wenn auch viel zu selten, schießt Geld eben doch keine Tore!

BONUSGRUND 4

Weil man auch Sechzig heißen kann

Es gibt für Fußballfans viele Möglichkeiten, ein Bekenntnis zum Verein des Herzens abzulegen. Man besucht so viele Spiele wie möglich, man wird Mitglied, man kauft jedes Jahr das neue Trikot, man dekoriert die Wohnung mit Fan-Utensilien und Memorabilia aller Art, usw. Manche Fans melden ihre Kinder am Tag der Geburt als Mitglied an, und manche wünschen sich nichts lieber, als nach dem Tod die eigene Asche über dem Spielfeld ausstreuen zu lassen.

Aber wäre es nicht das ultimative Bekenntnis, den Namen des Lieblingsvereins anzunehmen? Der Münchner Radiomoderator Achim Bogdahn hat es versucht. Während jedoch anderswo Fantasienamen aller Art kein Problem sind, ist es hierzulande nicht so einfach, Vornamen durchzusetzen, die penible Standesbeamte nicht für richtige Namen halten. Eine Zahlenkombination wie 1860 geht gar nicht, eine Buchstabenkombination wie TSV wohl auch nicht. Und eigentlich kann man den Standesbeamten auch nicht widersprechen, wenn sie das Wort »Sechzig« ebenfalls nicht für einen Vornamen halten.

Aber es gibt einen Ausweg, nämlich den des Künstlernamens, da sind die Bestimmungen lockerer. Und so ist es Achim Bogdahn tatsächlich gelungen, das »Sechzig« in seinen Personalausweis eintragen zu lassen. Die Hartnäckigkeit, mit der er dieses Ziel verfolgt hat, verdient höchsten Respekt, ebenso wie die Toleranz und Weltoffenheit, die es ihm erlauben, einmal im Moment zusammen mit Mehmet Scholl, der bekanntlich für einen bei Löwen-Fans wenig geschätzten Verein gespielt hat, »Schollplatten« aufzulegen.

BONUSGRUND 5

Weil böse Menschen keine Lieder haben

»Wo man singt, da lass dich ruhig nieder, böse Menschen haben keine Lieder!« sagt der Volksmund in Anlehnung an ein Gedicht von Johann Gottfried Seume. Demnach können Löwen-Fans keine bösen Menschen sein, haben sie doch z.B. von Union Berlin seit einigen Jahren die Tradition des alljährlichen Adventssingens im Stadion übernommen.

Oder vielleicht doch? Manche zumindest hielten es für böse, was einige Löwen-Fans im Mai 2017 bei einem Regionalligaspiel der 2. Mannschaft gegen die SpVgg Unterhaching sangen. Es handelte sich um die Umdichtung eines Ballermann-Schlagers, die eine gewisse Abneigung gegenüber dem Investor zum Ausdruck brachte und »Freiheit für Sechzig« eingeforderte. Große Empörung löste aber vor allem die Platzierung eines Videos dieser Gesangsdarbietung auf der Facebook-Seite der »Freunde des Sechz’ger Stadions« aus. Sicherlich keine brillante Idee, denn der Vorsitzende dieses Vereins gehört zugleich dem Verwaltungsrat des TSV 1860 an. Und auch wenn er mit dem Posting nichts zu tun gehabt haben mag, hätte sich doch sicherlich eine andere Lösung finden lassen, um dem Video Öffentlichkeit zu verschaffen.

Der Liedtext sei rassistisch, hieß es außerdem, ein harter Vorwurf. Die Rassismus-Karte wird vom Investor selbst und seinen Freunden gerne gezogen, wenn es gilt, Unwillen über missliebige Äußerungen zum Ausdruck zu bringen. Nun ist aber keineswegs jede Missfallensbekundung gegenüber einer Person aus einem fremden Kulturkreis bereits rassistisch; auch der beanstandete Liedtext ist es nicht, eine Beleidigung im juristischen Sinne dürfte ebenfalls nicht vorliegen.

Völlig absurd dann die Implikation, die Unruhe um diese »Affäre« habe einen Beitrag zum sportlichen Niedergang, letztlich also dem Abstieg, geleistet. Die Angelegenheit mag als Ausdruck des gestörten Binnenklimas im Verein gelten, mehr als ein Sturm im Wasserglas sollte sie aber auch nicht gewesen sein. »Niedriger hängen!«, hätte wohl der Alte Fritz empfohlen (der preußische König, nicht der Lauterer Weltmeister). Die Löwen-Fans haben andere Lieder, die sie mit Leib und Seele und aus voller Kehle singen können, um zu zeigen, dass Seume Recht hatte.

BONUSGRUND 6

Weil sich auf Daniel Bierofka alle einigen können

Ein tiefer Graben trennte schon seit den Wildmoser-Jahren die Anhänger des TSV 1860, doch nach dem Zwangsabstieg in die Regionalliga Bayern bot die Fanszene erst recht ein Bild der Zerrissenheit. Da gab es Anhänger des Investors, die in den Vertretern des

Vereins die Alleinschuldigen an dem sportlichen Desaster sahen; andere räumten ein, der Investor habe zwar Fehler gemacht, doch er bleibe die einzige Hoffnung auf eine bessere Zukunft und die Hauptschuld liege eher beim Verein; wieder andere bewegten sich ebenfalls zwischen den Polen Investor und Verein, allerdings näher beim Verein; und ein keineswegs kleiner Anteil der Fans sah sich in völliger Opposition zum Investor und wollte ihn lieber heute als morgen loswerden.

Auf einen aber konnten sich alle einigen – der Investor selbst, seine treuesten Unterstützer und Gegner, und auch die Vertreter des Vereins: Daniel Bierofka, der als Cheftrainer nun die junge Regionalligamannschaft in eine bessere Zukunft führen sollte. Diese allumfassende Popularität hat ihre Wurzeln natürlich in Bierofkas Karriere als Spieler beim TSV 1860, die bereits an anderer Stelle in diesem Buch behandelt wurde; doch auch als junger Trainer hat er bereits einiges geleistet und sich damit in die Position als Galionsfigur und Sympathieträger geschoben.

Bierofka, 2007 als Deutscher Meister vom VfB Stuttgart zum TSV 1860 zurückgekehrt, beendete seine von zahlreichen Verletzungen und Operationen überschattete Spielerkarriere nach der Saison 2013/14. Wie sein Vater Willi, der sowohl als Spieler wie auch Trainer für die Löwen tätig gewesen war, strebte er die Trainerlaufbahn an, die er, unmittelbar nach seinem Abschied als Spieler, als Coach der U16 der Löwen begann. Bereits während seiner ersten Saison als Trainer übernahm er im Februar 2015 die 2. Mannschaft, die U21, weil deren Trainer Torsten Fröhling zum Chef der Profimannschaft befördert worden war. Im April 2016 wurde Fröhling von dieser Aufgabe entbunden, und Daniel Bierofka sollte die Mannschaft vier Spieltage vor Saisonschluss vor dem drohenden Abstieg retten, dem man in der Vorsaison ja erst in der Relegation entronnen war. Das Wunder gelang, Siege gegen Eintracht Braunschweig, beim FC St. Pauli und gegen den SC Paderborn sicherten den Klassenerhalt bereits vor dem letzten Spieltag. Im letzten Saisonspiel beim FSV

Frankfurt durfte Bierofka bereits nicht mehr als Cheftrainer fungieren, da er den für diese Position in der 2. Liga erforderlichen Lehrgang zum Fußballlehrer noch nicht absolviert hatte und die erlaube Aushilfszeit abgelaufen war.

Bierofka kehrte zur U21 zurück, die er in der Saison 2016/17 in überzeugender Manier auf den 2. Tabellenplatz der Regionalliga Bayern führte, getoppt nur von der mit weitem Abstand vorauseilenden SpVgg Unterhaching. Bereits im November musste er erneut als Nothelfer bei den Profis einspringen, weil Kosta Runjaic in Ungnade gefallen war. Unter Bierofka ließ die Mannschaft Fortschritte erkennen, doch es langte nur zu einem Heimsieg gegen Dynamo Dresden, Auswärtsspiele in Braunschweig und Bochum gingen knapp verloren. Aus den gleichen Gründen wie im Sommer währte auch dieses Engagement nur drei Spiele. Während der Rückrunde gehörte Bierofka neben seiner Tätigkeit bei der U21 auch zum Stab des neuen Trainers Vitor Pereira, bei dem er vermutlich lernte, wie man es nicht machen soll.

Nach dem tiefen Fall in die Viertklassigkeit musste das im Vorjahr so erfolgreiche Regionalligateam das Gerüst der neuen 1. Mannschaft bilden, und wer außer Daniel Bierofka konnte da als Trainer infrage kommen? Gemeinsam mit dem Leiter des Nachwuchsleistungszentrums, Wolfgang Schellenberg, stellte er in kurzer Zeit und unter schwierigen Rahmenbedingungen ohne Unterstützung eines Sportdirektors eine konkurrenzfähige Mannschaft zusammen, die er binnen weniger Spieltage an die Spitze der Regionalliga führte. Nicht unerheblich zu seiner Popularität trug auch ein rhetorisch gewandter Auftritt bei der Mitgliederversammlung im Juli 2017 bei.

Daniel Bierofka scheint in der Lage, die schwierige Gratwanderung zu bewältigen zwischen dem Einfluss des Investors und den Bestrebungen derer, die Hasan Ismaik am liebsten zum Teufel jagen würden. Im Gegensatz zu vielen Fans würde er sich vermutlich weder als Traditionalist noch als Fußballromantiker bezeichnen, doch auch für solche Löwen steht Bierofka für eine Rückkehr zu längst verschüttet geglaubten Wurzeln. Kurzum: ein Glücksfall für 1860.

Sollte es ihm gelingen, den Verein in höhere Regionen zurückzuführen, so wäre sein Legendenstatus endgültig zementiert. Möge ihm die Zeit bleiben, endlich jenen Fußballlehrerschein zu erwerben, den er vermutlich schon lange hätte, wäre er nicht so regelmäßig als Nothelfer gefragt gewesen.

BONUSGRUND 7

Weil man auch an die Landwirtschaft denken muss

»Man muss auch an die Landwirtschaft denken!«, lautet ein oft gebrauchter Stoßseufzer, wenn das Wetter gar zu trübsinnig stimmt oder geöffnete Himmelsschleusen mal wieder alle Wochenendpläne den Bach runtergehen lassen. Im Regen standen die Löwen mindestens zweimal in ihrer langen Geschichte, als sie nämlich die Lizenzierungsauflagen des DFB nicht erfüllen konnten und jeweils in eine Liga zurückgestuft wurden, deren Gebiet über das des Freistaats Bayern nicht hinausreichte. 1982 war dies die damals drittklassige Amateur-Oberliga Bayern, kurz Bayernliga geheißen, und 2017 die viertklassige Regionalliga Bayern. Jene Partei, die dem großen Journalisten Herbert Riehl-Heyse zufolge das »schöne Bayern erfunden« hat und das Land seit Jahrzehnten regiert, möchte den Freistaat gerne mit »Laptop und Lederhose« assoziiert sehen, aber allen Modernisierungstendenzen zum Trotz spielen Landwirtschaft und ländlicher Raum im bayerischen Selbstverständnis weiterhin eine große Rolle. Auf dem Land wird natürlich auch Fußball gespielt, weshalb es für die Löwen nach diesen Rückstufungen hieß, über die Dörfer zu ziehen, um es etwas despektierlich zu formulieren.

Sicher, in den 1980ern begegnete man in der Bayernliga mit dem FC Augsburg, der SpVgg Unterhaching und den Ingolstädter Vereinen ESV und MTV Klubs, die es seither sogar bis in die Bundesliga schafften (letztere nach der Fusion zum FC Ingolstadt 04); mit dem 1. FC Schweinfurt 05, der SpVgg Fürth und dem SSV Jahn Regensburg hatte man vor Einführung der Bundesliga auf höchster Ebene die Klingen gekreuzt; die SpVgg Bayreuth kannte man aus zahlreichen Zweitligaduellen. Aber Straubing, Plattling, Vilshofen? Tiefstes Niederbayern. Und wo lag eigentlich dieses Ampfing, mit dessen Turn- und Sportverein der große Namensvetter aus der Landeshauptstadt nun plötzlich Punktspiele austragen musste?

Dreißig Jahre später hat man es in der Regionalliga Bayern mit den 2. Mannschaften von Vereinen wie dem FC Augsburg, der SpVgg Fürth und dem FC Ingolstadt zu tun, mit denen man sich eigentlich auf anderer Ebene duellieren möchte; auch die Reserven des ruhmreichen 1. FC Nürnberg und des Rivalen von der Seitenstraße mischen heute wie schon damals mit. Nach langer Zeit gibt's ein Wiedersehen mit den Schweinfurtern und Bayreuthern, auch mit Wacker Burghausen verbinden die Löwen einige gemeinsame Zweitligajahre. Rosenheim und Memmingen sind keine Dörfer, und Schalding-Heining hört sich zwar ländlich an, gehört jedoch zur Bischofs- und Universitätsstadt Passau.

Aber TSV Buchbach, VfB Eichstätt, VfR Garching, FV Illertissen, FC Pipinsried, SV Seligenporten, FC Unterföhring? Gut, Garching und Unterföhring liegen im Münchner S-Bahn-Bereich, aber die anderen Namen klingen, bei allem Respekt, doch sehr ländlich. Keiner dieser Vereine hätte sich wohl jemals träumen lassen, einmal Punktspiele gegen die erste Mannschaft des TSV München 1860 zu bestreiten. Und so bleibt es ein Verdienst der Löwen, dem Profifußball in oberen Ligen entsagt zu haben und stattdessen einen Hauch von großem Fußball durch die bayerischen Lande wehen zu lassen.

In alten Bayernligazeiten hatten die Löwen-Fans einen schlechten Ruf, was die Dorf- und Kleinstadtvereine der Liga nicht daran hinderte, aus dem Gastspiel des TSV 1860 ein Volksfest zu machen und bereits am frühen Morgen in einem eigens aufgestellten Zelt mit dem Bierausschank zu beginnen. Um sich dann darüber zu wundern, dass solcherart abgefüllte Fans in angeheitertem Zustand auch mal gegen einen Zaun bieseln. Womit der schlechte Ruf bestätigt war, eine *self-fulfilling prophecy*. Was sollte auch Gutes aus der großen Stadt kommen, abgesehen natürlich von dem Geld, das die Vandalen dagelassen hatten?

Auch in der Regionalliga sind Auswärtsspiele der Löwen für die meisten Gegner das Spiel des Jahres, bei dem man sich besonders anstrengt. Diesmal sind die Gäste jedoch gern gesehen, und sie benehmen sich auch ordentlich, nicht zuletzt, weil Selbstdisziplin angesagt ist, um keine Argumente gegen einen Verbleib im Stadion an der Grünwalder Straße zu liefern.

Auswärtsreisen dieser Art mögen ihren Reiz haben. Nicht alle jedoch sind über die Revitalisierung des Landlebens durch den TSV 1860 glücklich. Fritz Fehling, seit Jahrzehnten Löwen-Fan und Allesfahrer, bemerkte in einer ARD-Dokumentation über abgestürzte Traditionsvereine deutlich angesäuert: »Jetzt fahrn mir nach Garching, Unterföhring, Eichstätt, Ostfriedhof – was weiß ich, wo mir hinfahrn.« Ganz Unrecht hat er mit seinem Unmut nicht, denn sollte die Regionalliga Bayern kein Intermezzo bleiben und die Löwen auch Jahre später noch über die Dörfer ziehen müssen, dann wäre der Profifußball bei 1860 wohl tatsächlich in allen Ehren auf dem besagten Ostfriedhof zu begraben, wo schon der große Rudi Brunnenmeier seine letzte Ruhestätte gefunden hat.

BONUSGRUND 8

Weil bei 1860 Flüchtlinge willkommen sind

Die zahlreichen in der langen Geschichte des Vereins bei den Löwen spielenden Ausländer sind schon an anderen Stellen in diesem Buch gewürdigt wurden. Eine Geschichte, deren Ende noch nicht absehbar ist, verdient jedoch besondere Erwähnung. Mohamad Awata, syrischer U21-Nationalspieler, verlor im Bürgerkrieg in seiner Heimat mehrere Familienangehörige und floh nach Deutschland. Er fand Aufnahme beim TSV 1860 und erhielt nach langer Wartezeit die Spielberechtigung. Im Frühjahr 2017 durfte Daniel Bierofka ihn erstmals in der 2. Mannschaft in der Regionalliga Bayern einsetzen. In dieser Liga spielt nun die 1. Mannschaft, und Mohamad Awata ist Mitglied des Kaders. Seine Tore schießt er zwar noch vorwiegend für die Reserve, gut denkbar ist jedoch eine Fortsetzung der Geschichte, in der er seinen Platz in der Ersten findet und vielleicht einen entscheidenden Beitrag zum erhofften Aufstieg leisten kann. Und wenn es nicht klappt, so haben die Löwen dennoch das Richtige getan, indem sie dem jungen Mann eine Chance eröffneten.

BONUSGRUND 9

Weil Fußball bei 1860 nicht nur Profifußball ist

Wie aus einer an anderer Stelle in diesem Buch erzählten Anekdote zu erfahren ist, dachte noch zu Zeiten, da Max Merkel als Trainer verpflichtet wurde, nicht jeder bei dem Vereinsnamen München 1860 automatisch an Fußball, denn 1860 war damals in vielen Disziplinen sowohl Spitzen- wie Breitensportverein, ein höchst erfolgreicher dazu. Inzwischen verbindet man 1860 wohl meist eher mit Fußball, und man darf fragen, ob das eigentlich eine positive Entwicklung zu nennen ist.

Klar, die Profifußballer (und sie sind auch in der Regionalliga mehrheitlich Profis) sind das Aushängeschild des Vereins, gerade in Zeiten, da der Fußball in Deutschland das Sportgeschehen in nie gekannter Weise dominiert und alle anderen Sportarten um Aufmerksamkeit hinter diesem Koloss ringen müssen. Innerhalb des Fußballs neigen die Profispieler immer mehr dazu, sich von den Vereinen zu entfernen, aus denen sie hervorgegangen sind und in denen sie verwurzelt sein sollten. Immerhin verhindert die 50+1-Regel bis auf weiteres die völlige Kappung dieser Wurzeln.

Auch beim TSV 1860 ist der Profifußball (einschließlich der 2. Mannschaft und den A-Junioren) aus dem Verein ausgegliedert und in einer KGaA organisiert. Erfreulicherweise hat man bei den Löwen jedoch nicht vergessen, für eine Verankerung im Breitensport zu sorgen. So gibt es seit einigen Jahren eine 3. und eine 4. Mannschaft, in der Amateursportler das Löwentrikot tragen können. Seit Kurzem widmet man sich auch dem Futsal, der zunehmend populärer werdenden Variante des Hallenfußballs. Außerdem spielen bei 1860 die Alten Herren weiterhin Fußball, und es gibt eine Blindenfußballmannschaft. Fehlt also eigentlich nur der Frauenfußball, der nur in den 1970ern bei den Löwen eine kurze Blüte feierte.

Bei aller Würdigung des Breitensports würde es dem TSV 1860 natürlich gut tun, wenn es den Profifußballern gelänge, wieder Zeichen zu setzen, und sie der Rolle als Aushängeschild des Vereins gerecht würden. Nicht, dass es den Fußballern so geht wie den Basketball- und Volleyballspielern, die einst deutsche Spitzenklasse repräsentierten und nun nur noch in unteren Ligen Amateursport betreiben.

BONUSGRUND 10

Weil alle die Löwen sehen wollen

Dass die Rekordzuschauerzahlen für Spiele im Stadion an der Grünwalder Straße und im Olympiastadion bei Spielen des TSV 1860 erreicht wurden, ist an anderer Stelle nachzulesen. Ähnliche Bestleistungen gelangen auch in den Achtzigerjahren in der Bayernliga, als bei zumindest zwei Spielen die Zahl von 30.000 Zuschauern übertroffen wurde und das Stadion an der Grünwalder Straße ausverkauft war. Auch im Abstiegskampf in der 2. Liga ließen die Fans ihre Löwen nicht im Stich. In der Saison 2014/15 kamen gegen den 1. FC Nürnberg sagenhafte 68.500 Zuschauer, beim Relegationsspiel gegen Holstein Kiel waren es 57.000. 2015/16 kamen zweimal mehr als 50.000, 2016/17 waren es bei drei Spielen mehr als 40.000, im Relegationsspiel gegen Jahn Regensburg gar 62.200.

Kein Wunder also, dass 1860 auch in der Regionalliga Bayern auf Rekordjagd bleibt, was das Faninteresse betrifft. Das Gastspiel bei der 2. Mannschaft des FC Augsburg musste in die Bundesliga-Arena der Schwaben verlegt werden, in der dann 21.219 Zuschauer das Spiel verfolgten, Bestmarke für die Regionalliga Bayern. Und die Liveübertragung des Derbys (na ja, Halbderby irgendwie, nicht das große der Profiteams und auch nicht das kleine mit den 2. Mannschaften) brachte dem übertragenden Sender Sport1 eine Rekordquote für die Übertragung von Regionalligaspielen. 650.000 Zuseher im Schnitt verfolgten das Spiel, in der Spitze waren sogar 780.000 Zuschauer dabei. Und das Stadion an der Grünwalder Straße war, wie eigentlich immer, natürlich auch ausverkauft.

BONUSGRUND 11

Weil man auch in Ruinen Fußballs spielen kann

Als der TSV München 1860 bzw. Investor Hasan Ismaik an jenem »Schwarzen Freitag«, dem 2. Juni 2017, die zur Erteilung der Lizenz für die 3. Liga notwendige Zahlung nicht leisten konnten bzw. wollten, stellte sich nicht nur die Frage, in welcher Liga die Löwen künftig antreten würden, sondern auch in welchem Stadion die Spiele der kommenden Saison zum Austrag kommen würden. Die Frage der Liga klärte sich recht bald: sollte die drohende Insolvenz vermieden werden, würde es die Regionalliga Bayern sein.

Die Frage nach der Spielstätte gestaltete sich schwieriger, denn wie nun überraschenderweise bekannt wurde, galten die Verträge mit dem Betreiber der bei den Löwen-Fans so ungeliebten Fröttmaninger Arena bis hinunter in die C-Klasse. Regionalligaspiele in einer Arena mit einem Fassungsvermögen von 70.000? Kaum vorstellbar, zumal das, wie schon bisher, mit erheblichen finanziellen Belastungen einhergehen würde. Letztlich kam es zu einer Einigung der beteiligten Parteien, und am 11. Juli 2017 wurde der endgültige Auszug des TSV 1860 aus der Arena verkündet. (Bayernpräsident Uli Hoeneß hatte schon Jahre zuvor verlauten lassen, sollte es einmal dazu kommen, werde er eine Kapelle dirigieren, die den Auszug der Löwen mit dem Bayerischen Defiliermarsch begleiten solle. Auf diesen musikalischen Leckerbissen warten die Münchner Fußballfreunde bis heute.)

So logisch der Auszug aus der Arena auch schien, er stieß durchaus auf Kritik, nicht zuletzt bei Meisterlöwen wie Petar Radenković und Peter Grosser. Sie konnten nicht verstehen, wie man eines der modernsten Stadien der Welt für ein über ein Jahrhundert altes Stadion mit begrenztem Fassungsvermögen aufgeben konnte; das altehrwürdige Stadion an der Grünwalder Straße wurde in diesem Zusammenhang sogar als »Ruine« abqualifiziert. Geschäftsführer Markus Fauser bezeichnete den Auszug auf der Jahreshauptversammlung vom Juli 2017 jedoch als alternativlos, die durch einen Verbleib entstehenden zusätzlichen Kosten seien nicht zu stemmen gewesen. Er bezifferte diese Kosten auf ca. eine Million Euro, eine überraschend geringe Summe, verglichen mit den in Zweitligazeiten fälligen Beträgen, die die Handlungsfähigkeit des Vereins erheblich beeinträchtigt hatten. Angesichts der drohenden Insolvenz war jedoch wohl auch eine solche Ersparnis nicht unbedeutend.

Die »Ruine«, in der die Löwen nun den Spielbetrieb aufnahmen, hatte in der Tat schon lange nicht mehr das Fassungsvermögen früherer Jahre. Die Stadt hatte das Stadion 2013 umbauen lassen; es erfüllte nun die DFB-Auflagen für ein Drittliga-Stadion, war aber nur noch für 12.500 Zuschauer zugelassen. Die Westkurve, in der sich die Löwen-Fans traditionell unter der berühmten handbetriebenen Anzeigetafel versammeln, durfte nur teilweise genutzt werden.

Doch die Rückkehr nach Giesing elektrisierte große Teile der Löwen-Fans. Das zur Verfügung stehende Jahreskartenkontingent war binnen Kurzem vergriffen, gleiches galt Spiel für Spiel für die Tageskarten. Und die Stimmung war gigantisch; die Mannschaft erfreute sich bedingungsloser Unterstützung durch Fans, die sich mit diesem jungen Team, das zu großen Teilen aus dem eigenen Nachwuchs kam, weit besser identifizieren konnten als mit der wahllos zusammengestellten Weltauswahl der Vorsaison. Die Ruine bebte bei jedem Heimspiel.

Die positive Stimmung übertrug sich nicht nur auf das Stadion, sondern erfasste den ganzen Stadtteil. Vor und nach dem Spiel trafen sich die Löwenanhänger in den umliegenden Wirtschaften, wobei sie sich allen Unkenrufen zum Trotz vorbildlich verhielten und den Anwohnern keinen Grund zur Klage boten. Fußball in Giesing wurde zu einem Erlebnis, wie es in einem sterilen Stadionneubau draußen auf der grünen Wiese einfach nicht zu haben ist.

Regionalligafußball kann auf Dauer natürlich nicht der Anspruch des TSV 1860 sein. Über Jahre ließe sich die Euphorie in dieser Spielklasse wohl kaum aufrechterhalten. Mit jedem künftigen Aufstieg wird sich jedoch die Stadionfrage erneut stellen. 3. Liga im Sechzigerstadion ist vorstellbar, zumal das Fassungsvermögen bis zur Saison 2018/19 auf 15.000 Zuschauer erweitert werden soll. Doch nach einer Rückkehr in die 2. Liga wären Umbaumaßnahmen erforderlich, zu denen die Stadt München allem Anschein nach nicht bereit zu sein scheint, wenn sie denn überhaupt genehmigungsfähig sein sollte. Doch das ist Schnee von morgen. Sollte es den Löwen jedoch gelingen, die Ligenleiter Schritt für Schritt zurück nach oben zu klettern, so wird man eines Tages im Text der alten DDR-Hymne ganz neuen Sinn entdecken können: »Auferstanden aus Ruinen!«

Bibliografie

- Franz Beckenbauer, *Meine Gegner – meine Freunde* (Hamburg: Rasch und Röhring, 1987)
- Roman Beer, Kultstätte an der Grünwalder Straße: *Die Geschichte eines Stadions* (Göttingen: Verlag Die Werkstatt, 2011)
- Roman Beer / Claus Melchior / Aronld Lemke, *Der Triumph der Löwen: Die Meisterschaft 1966 des TSV München von 1860* (Göttingen: Verlag Die Werkstatt, 2016)
- Hans Eiberle/Ludger Schulze, *Die Löwen: TSV München von 1860* (Taunusstein: Dasbach-Verlag, 1977)
- Manfred Fock, *Der letzte Spieltag: Ein Bericht* (Adelshofen: Fangorn Verlag, 1996)
- Hardy Grüne/Claus Melchior, *Die Löwen: Die Fußball-Geschichte des TSV München von 1860* (Göttingen: Verlag Die Werkstatt, 2012)
- Peter Linden, *Einmal Löwe, immer Löwe – Der TSV 1860: Die großen Erfolge. Der tiefe Fall. Die treuen Fans* (Frankfurt: Verlag Georg Simader, 1991)
- Anton Löffelmeier, *Die ›Löwen‹ unterm Hakenkreuz: Der TSV München von 1860 im Nationalsozialismus* (Göttingen: Verlag Die Werkstatt, 2009)
- Sepp Maier, *Ich bin doch kein Tor* (Hamburg: Hoffmann und Campe, 1993)
- Max Merkel, *Mit Zuckerbrot und Peitsche* (München: Moderne Verlags GmbH, 1968)
- Andreas Schmied/Maik Lange, *1860 München Tattoobuch* (Göttingen: Verlag Die Werkstatt, 2014)
- Stefan Weigl, *Marienplatz: Einmal Löwe, immer Löwe* (Köln: Tisch 7, 2007)

Festschriften und Vereinspublikationen

- Claudius Mayer, *Geschichte eines Traditionsvereins: TSV München von 1860* (München: J. Gotteswinter Verlag, 3. Auflage, 2007)
- Christian Ortlepp, *Das Löwenwunder: Die unglaubliche Erfolgsgeschichte des TSV 1860 München* (Berlin: Sportverlag Berlin, 2000)
- o. V., *30 Jahre Fußballabteilung im Turn- und Sportverein München von 1860: 1899-1929* (München, 1929)
- o. V., *75 Jahre Fußballabteilung des Turn- und Sportvereins München von 1860: 1899-1974* (München, 1974)
- o. V., *Ein Verein lebt: 125 Jahre TSV 1860 München* (München: B+V Verlag, 1985)
- o. V., *Hundert Jahre Turn- und Sportverein München von 1860* (München, 1960)

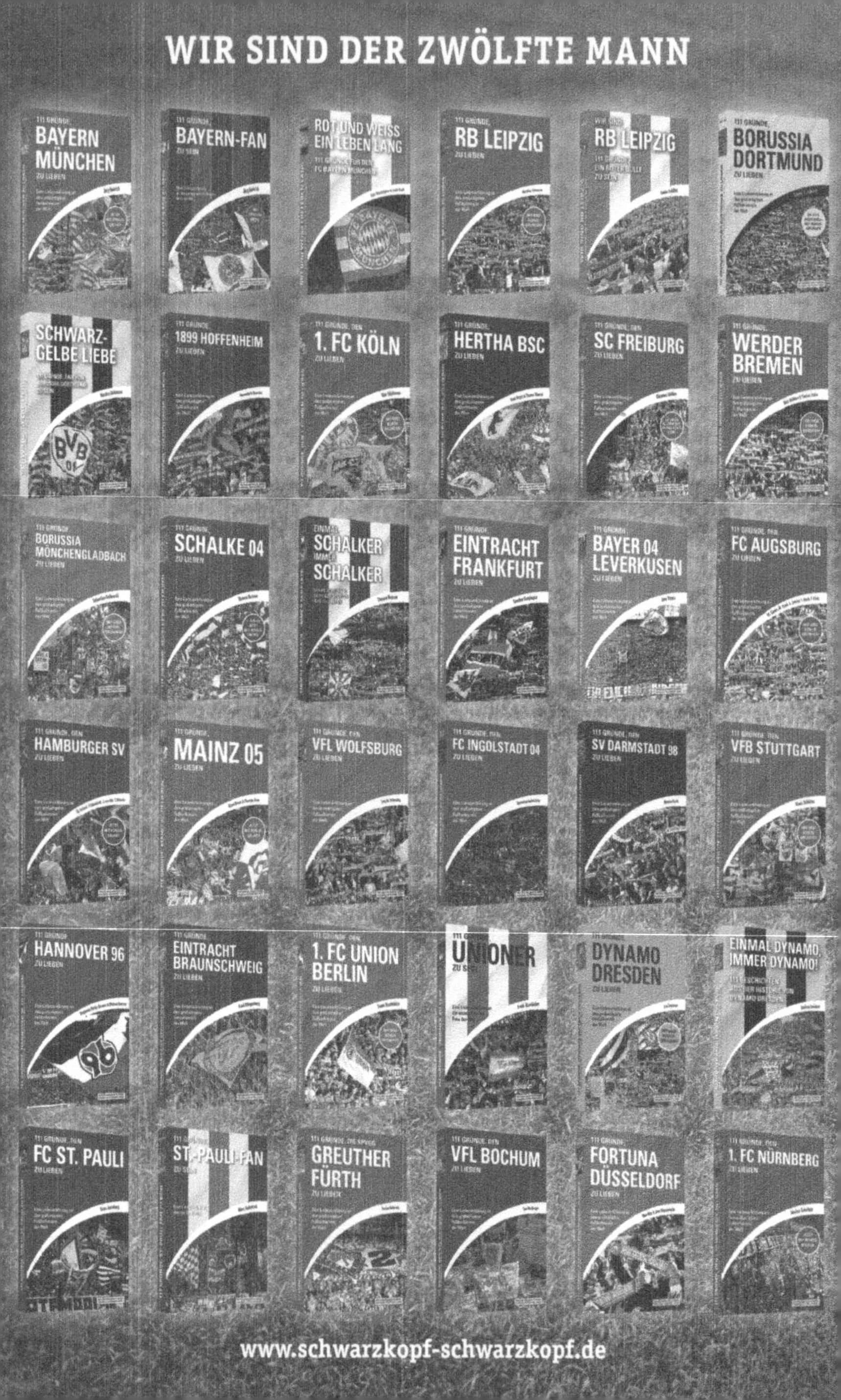
WIR SIND DER ZWÖLFTE MANN
BAYERN MÜNCHEN
BAYERN-FAN
ROT UND WEISS EIN LEBEN LANG
RB LEIPZIG
RB LEIPZIG
BORUSSIA DORTMUND
SCHWARZ-GELBE LIEBE
1899 HOFFENHEIM
1. FC KÖLN
HERTHA BSC
SC FREIBURG
WERDER BREMEN
BORUSSIA MÖNCHENGLADBACH
SCHALKE 04
SCHALKER IMMER SCHALKER
EINTRACHT FRANKFURT
BAYER 04 LEVERKUSEN
FC AUGSBURG
HAMBURGER SV
MAINZ 05
VFL WOLFSBURG
FC INGOLSTADT 04
SV DARMSTADT 98
VFB STUTTGART
HANNOVER 96
EINTRACHT BRAUNSCHWEIG
1. FC UNION BERLIN
UNIONER
DYNAMO DRESDEN
EINMAL DYNAMO, IMMER DYNAMO!
FC ST. PAULI
ST.-PAULI-FAN
GREUTHER FÜRTH
VFL BOCHUM
FORTUNA DÜSSELDORF
1. FC NÜRNBERG
www.schwarzkopf-schwarzkopf.de

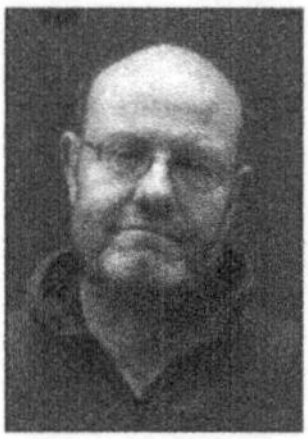

CLAUS MELCHIOR, Jahrgang 1954, lebt seit 1974 in München und ist dort als Buchhändler tätig. Den TSV 1860 hat er schon 1965 vor dem Fernsehschirm bis nach Wembley begleitet. Damals hätte man ihn noch als Erfolgsfan bezeichnen können, ein Problem, das schon bald keines mehr war. Als Fußballpublizist ist er mit einer umfassenden Geschichte des TSV München von 1860 hervorgetreten (gemeinsam mit Hardy Grüne) sowie seit 1995 als Mitglied des Redaktionskollektivs des kleinen, aber feinen Fußballmagazins DER TÖDLICHE PASS.

Claus Melchior
111 GRÜNDE, DEN TSV 1860 MÜNCHEN ZU LIEBEN
Eine Liebeserklärung an den großartigsten Fußballverein der Welt
Aktualisierte und erweiterte Neuausgabe. Mit elf Bonusgründen!

ISBN 978-3-942665-56-8
ZWÖLFTER MANN – Das Programm für Fußballfans von Schwarzkopf & Schwarzkopf | Die Reihe ZWÖLFTER MANN wird von Martin Brinkmann und Oliver Schwarzkopf herausgegeben | Aktualisierte und erweiterte Neuausgabe |

VERLAG
Schwarzkopf & Schwarzkopf Media GmbH
Kastanienallee 32, 10435 Berlin
Telefon: 030 – 44 33 63 00
Fax: 030 – 44 33 63 044

INTERNET | E-MAIL
www.zwoelftermann.de
www.schwarzkopf-schwarzkopf.de
www.facebook.com/schwarzkopfverlag
info@schwarzkopf-schwarzkopf.de